표본조사론

제2판

김재광 지음

자유아카데미

머리말

사회가 발전해 감에 따라 사회 각 구성원들의 다양한 욕구와 사회 현상들을 시의성 있게 파악하고 이를 각종 계획 수립이나 정책 결정에 효율적으로 반영하는 것은 통계학이 이 사회에 기여할 수 있는 주요 측면이 될 것이다. 표본조사론은 이러한 사회적 요구에 부응하기 위하여 발전되어온 통계학의 주요 분야 중 하나로 그 활용 분야가 인구, 경제, 사회, 보건, 교육, 정치 등 이루 열거할 수 없이 다양하다. 이러한 표본 조사론의 중요성과 다양한 활용 범위에도 불구하고 막상 학교에서 강의하기에 적절한 교재가 없었고 또한 실무자들에게 추천할 만한 참고서적이 없었던 것이 사실이다. 필자는 표본조사론에 관하여 그동안 교육받고 연구하고 자문하였던 나름대로의 경험을 바탕으로 표본조사론에 대한 전문 서적을 집필함으로써 그동안 한국 사회에 진 빚을 일부나마 갚고자 한다.

또한 표본조사론에 나오는 주요 개념들, 확률 표본과 설계 기반 추론, 그리고 추정과 분산 추정에 나오는 주요 개념들은 통계학적으로도 매우 중요한 개념이다. 이러한 개념들에 대한 학습 없이 통계학 교육이 이루어지는 오늘의 현실은 대학에 몸담고 있는 통계학과 교수로서 매우 안타까운 일이라 아니할 수 없을 것이다. 따라서 본 저서의 두 번째 목적은 통계학과 학생들이 표본조사론의 주요 개념을 깊이 배울수 있게 함으로써 보다 균형잡힌 통계 교육에 일조하고자 함이다.

이 책의 초판은 2008년에 출간되었으나 절판되었고 그동안 새로 업데이트 된 내용들이 많아서 이번에 새롭게 개정판을 집필하였다. 이 개정판은 크게 3개 부분으로 나눌수 있는데 2장부터 6장까지는 표본 설계와 관련된 기본 이론을 다루었고 7장부터 10장까지는 추정과 관련한 기본 이론을 다루었다. 11장부터 14장까지는 이 분야에서 보다 최근에 연구된 내용을 다루어서 연구자들이 참고할수 있도록 하였다.

추정부분을 제대로 이해하기 위해서는 적어도 학부 수리 통계학 정도의 기본 지식이 필요하다. 그러므로 이 책은 학부 과정 보다는 통계학과 대학원 과목 교재로 적당할 것으로 판단된다. 대학원 수리 통계학 정도의 지식이 있는 사람은 이 책을 혼자 읽고도 표본론에 대한 기본적인 원리와 주요 내용들을 학습할수 있도록 하였다. 통계청과 같은 국가통계 기관에서 일하는 실무자들에게는 이 책이 다소 이론적으로 느껴질수 있을 것이지만 좋은 참고서가 될 수 있을 것이다. 또한 표본 조사론에 나오는 여러가지 개념들은 통계학을 깊이 이해하는데 큰 도움이 되므로 통계학에 관심있는 모든 연구자들에게도 도움이 될 것으로 기대한다. 저자의 홈페이지(https://sites.google.com/view/jaekwangkim/home)에 강의록과 같은 추가 자료를 올려놓고 향후 꾸준히 업데이트 할 계획이니 필요한 분들은 참고할수 있을 것이다.

끝으로 이 책이 나오는데 도움을 주신 자유아카데미 출판사 관계자 분들과 아이오와 주립대의 박사 제자들, 특히 임종호 박사와 오로지 학생에게 감사를 드린다. 본 개정판 집필은 오래 전부터 시작되었지만 이를 완성할수 있었던 것은 카이스트의 정착 연구비 지원으로 가능할수 있었음을 이 자리에서 밝혀 둔다.

2017년 12월
김재광

목차

제 1 장

확률표본추출

제 1 절 서론

어느 특정 시점의 국민 전체의 취업률을 알고자 할 때, 우리는 다음과 같은 두 가지 방법을 사용할 수 있다. 하나는 모든 국민들의 취업여부를 조사하여서 평균 취업률을 구하는 방법이며, 둘째는 일부 국민을 뽑아서 이들의 취업률을 조사한 후, 이를 바탕으로 전체 국민의 취업률을 추정하는 방법일 것이다. 첫째 방법을 전수조사 또는 센서스(census)라 하고 둘째 방법을 표본조사(sample survey)라고 하는데 일반적으로 전수조사는 모든 국민으로부터 자료를 수집하므로 표본조사보다 상대적으로 정확한 실업률을 계산할 수 있지만 조사비용이 너무 많이 든다는 단점을 가지고 있다. 반면에, 둘째 방법은 조사비용을 줄일 수 있는데 반해 실제 취업률과는 동떨어진 추정값을 계산 할 위험성이 커진다는 위험 요인을 가지고 있다.

여기에서 관심대상인 국민 전체의 실제 취업률을 모수(parameter)라고 말하며 그 시점의 대한민국 거주 국민을 모집단(population)이라고 말한다. 표본조사의 경우 표본으로부터 얻어진 자료로 계산되는 관측치의 함수를 통계량(statistic)이라고 하며 이 통계량이 모수의 추정에 사용되면 추정량(estimator)이 되는 것이다. 실제 자료에서 추정량이 구현된 값은 추정치(estimate)가 된다. 즉, 표본조사에서는 전수조사처럼 모집단을 전부 관찰하지 못하므로 모수를 정확히 알 수는 없고, 모수의 추정량을 표본으로부터 계산해 내게 된다. 동일한 모집단으로부터 다양한 방법으로 표본을 추출할 수 있으며 또한 같은 표본으로부터 추정 방법에 따라 여러가지 추정량이 구현될 수 있다. 이러한 여러 가능한 표본과 추정량의 조합 중에서 제일 좋은 경우을 찾아내는 것이 표본론의 주요 목적이라 할 수 있을 것이다.

표본조사는 전수조사에 비해 다음과 같은 장점을 가지고 있다.

1. 표본조사는 전수조사에 비해서 훨씬 적은 비용으로 신뢰할 만한 정보를 얻어낼 수 있다.

2. 표본조사는 전수조사에 비해 훨씬 신속히 진행될 수 있어 시의성(timeliness)있는 결과들을 얻어낼 수 있다.

3. 표본조사는 종종 전수조사보다 더 정확한 결과를 얻어낼 수 있다. 실제로 전수조사에서는 대규모의 조사가 진행되므로 훈련되지 않은 면접원들이 사용되며 이는 1.4절에서 다루게 될 비표본오차를 증가시키는 원인이 된다.

표본조사는 모집단의 일부인 표본으로부터 모집단 전체의 특성을 추정하기에 당연히 실제와는 다른 예측을 하게 될 위험을 항상 가지고 있다. 이러한 위험은 결국 모집단 대신 일부 표본만으로 모수를 추정함으로써 생기는 위험으로 이를 표본오차(sampling error)라고 한다. 표본오차는 두 가지 측면에서 줄일 수 있는데 하나는 편향된 표본추출을 하지 않는 것이다. 가령 전국 취업률조사에서 일부러 서울역 앞의 노숙자만을 대상으로 조사한다면 이는 대단히 왜곡된 통계가 될 것이다. 이러한 위험을 방지하기 위해서는 확률표본(probability sample) 을 사용하게 되는데 이에 대해서는 1.2절에서 더 자세히 다룰 예정이다.

표본오차를 줄이기 위한 그 다음 주요 측면으로는 충분한 표본수를 확보하는 것이다. 동일한 표본설계와 추정기법하에서 표본오차는 표본수가 늘어날수록 줄어든다. 그러나 표본 크기의 증가는 일반적으로 비용의 증가를 의미하므로 표본오차를 어느 한도 아래로 유지하면서 표본수를 최소화하는 최적표본수를 결정하는 것은 표본론에서 다루는 주요 주제 중의 하나이다. 즉, 모수 θ에 대한 추정량 $\hat{\theta}$의 표본오차는

$$\hat{\theta} - \theta \quad = \quad \left\{ \hat{\theta} - E(\hat{\theta}) \right\} + \left\{ E(\hat{\theta}) - \theta \right\} \tag{1.1}$$

으로 분해되고 첫번째 $\hat{\theta}-E(\hat{\theta})$ 항은 $\hat{\theta}$의 변동(variation)으로, 두번째 $E(\hat{\theta})-\theta$ 항은 $\hat{\theta}$의 편향(bias)으로 불린다. 여기서 추정량의 기대값의 의미는 주어진 표본추출을 여러번 반복하였을 때 얻어지는 $\hat{\theta}$ 들의 평균값의 극한값으로 이해될 수 있을 것이다. 일반적으로 말해서, 변동 부분을 줄이기 위해서는 충분한 표본수를 확보하면 되고 편향을 없애기 위해서는 1.2절에서 다루게 될 확률표본을 사용해야 한다.

표본 오차가 0에 가깝다는 것은 추정량이 참값인 모수에 가깝다는 뜻이고 이를 다시 표현하면 추정량이 정확하다는 개념이 된다. 이러한 추정량의 정확성(accuracy)의 정도를 나타내기 위하여 가장 많이 사용되는 측도는 평균오차제곱(Mean Squared Error; MSE)이 있다. 관심모수를 θ 라 하고 표본에서 얻어지는 추정량을 $\hat{\theta}$ 라 하면 평균오차제곱은 (1.1)의 오차제곱의 기대값으로 정의되며 다음과 같이 표현된다.

$$\begin{aligned} MSE(\hat{\theta}) &\equiv E\left\{(\hat{\theta}-\theta)^2\right\} \\ &= Var(\hat{\theta})+\left\{Bias(\hat{\theta})\right\}^2 \end{aligned} \tag{1.2}$$

여기서 추정량의 편향 $Bias(\hat{\theta})=E(\hat{\theta})-\theta$는 확률표본을 사용하면 없어질 수 있는 부분이고 표본수와는 관계가 없다. 표본수와 관련있는 부분은 분산으로서

$$Var(\hat{\theta})=E\left[\left\{\hat{\theta}-E(\hat{\theta})\right\}^2\right]$$

이므로 (1.1)에서 정의된 추정량의 변동의 제곱에 대한 기대값으로 계산되고 일반적으로 표본수에 반비례한다.

앞에서 설명한대로 표본조사는 표본오차를 동반하므로 전수조사에 비해 부정확한 추정값을 얻게 될 것 같지만 실제로 전수조사에서는 표본오차 외의 다른 오차(비표본오차라고 함)가 더 커지게 되므로 잘 만들어진 표본조사가 오히려 전수조사보다 더 정확한 경우가 종종 발생한다. 표본조사가 전수조사보다 비용을 절감할 수 있음은 표본조사의 큰 장점이기도 하다. 이러한 이유(비용절감, 시의성, 정확성) 이외에도 전수조사가 불가능한 경우가 종종 발생하며, 이러한 경우에 역시 표본조사를 사용한다. 예를 들어 자동차의 내구성 테스트와 같이 제품을 파괴해야만 가능한 검사의 경우, 정해진 수의 표본만을 대상으로 테스트하지 모든 제품을 벽에 부딪혀서 검사 할 수는 없을 것이다.

이러한 표본조사의 장점은 표본조사가 잘 설계되고 진행되어야 함을 기본 전제로 한다. 잘 만들어진 표본조사는 비용과 정확성 양쪽 측면에서 전수조사보다 우월하지만 이를 위해서는 최적의 표본설계와 추정 방법론이 필요하다. 표본조사론은 보다 나은 표본조사를 위한 통계적 방법론을 제공하여 준다.

제 2 절 확률표본

표본조사(survey sampling)는 모집단으로부터 표본을 뽑는 표본 추출, 또는 표집 (sampling)에 표본으로부터 원하는 값들을 얻어내는 조사(survey)가 결합된 개념이다. 조사는 일종의 측정(measurement)으로 이해될수 있는데 사람으로부터 설문을 통해 측정을 하는 경우 여러가지 비표본 오차 문제가 발생한다. 이에 대해서는 1.4절에서 간단히 살펴볼 것이다.

표본추출방법은 크게 두 가지 종류로 나눌 수 있는데, 비확률표본추출과 확률표본 추출이다. 확률표본추출(probability sampling)은 모집단의 관심변수값들을 관측하기 전에 각 원소가 뽑힐 확률을 미리 지정하고 그 확률값들이 모두 0보다 크게 되는 표본추출법을 지칭한다. 표본으로 뽑힐 확률을 모르거나 그렇지 않더라도 어느 원소들의 추출확률이 0이 된다면 이를 비확률표본추출 (non-probability sampling)이라고 한다.

비확률표본추출은 모집단으로부터 조사대상을 추출하는데 빠르고, 쉽고, 값싼 방법을 제공하지만 주관적 선택방법을 사용한다. 비확률적으로 추출된 표본은 그 추출 과정의 주관성 때문에 모집단을 대표하지 못할 수가 있고 또한 얻어진 추정값들에 대해 어떠한 통계적인 결론을 내리기 힘들게 된다. 예를 들어, 서울의 한 방송국에서 여론을 알아보기 위해 임의로 그 방송국 앞을 지나가는 행인들을 붙잡고 조사를 한다면 그 여론이 전국의 여론을 대표하지 못한다는 문제점이 있을 뿐만 아니라 조사 대상자들의 표본추출확률을 모르기 때문에 추론에 한계가 있을 것이다.

확률표본추출은 좀 더 복잡하고 오래 걸리며, 보통 비확률표본추출보다 비용이 더 든다. 확률표본추출법은 각 단위가 선택될 확률을 계산할 수 있기 때문에 신뢰할만한 추정치들이 표본추출오차의 추정과 함께 산출되며, 모집단에 관한 추론이 이루어 질 수 있다는 이유로 더 선호된다. 확률표본추출법에 의해서 얻어진 표본을 확률 표본(probability sample)이라고 한다.

확률표본추출법은 여러 가지가 있으며 어떠한 표본추출법을 선택하는가는 조사목적과 비용, 조사방법과 사전정보 등에 따라 달라진다. 이해를 돕기 위하여 다음의 예를 살펴보기로 하자.

예제 1.1. 어느 마을에 아래와 같이 4개의 농장이 있다고 하자.

표 1.1: 농장크기와 수확량의 관계

ID	농장면적	수확량(y)
1	4	1
2	6	3
3	6	5
4	20	15

위의 크기가 4인 농장의 집합을 모집단이라고 하고 이 모집단의 평균 수확량에 관심이 있다고 하자. 여기서 농장 면적은 미리 알고있는 보조정보이고 수확량은 관심변수라 하자. 그런데 비용 등의 제약조건으로 인해 $N = 4$개의 모집단 전체를 조사하기 보다는 크기가 2 인($n = 2$) 표본을 뽑아 그 표본으로부터 모평균을 추정하고자 한다. 이러한 경우 $N = 4$의 모집단으로 부터 $n = 2$의 표본을 뽑는 경우의 수는 총 6 가지의 경우의 수가 있고 이 6개의 가능한 표본의 경우로부터 우리는 하나의 가능한 표본을 선택하여 선택된 표본으로부터 수확량을 관측하여야 할 것이다. 확률표본추출을 통해서 우리는 이 6개의 가능한 표본 중에 하나의 표본을 무작위적(random)으로 뽑게 된다. 여기서 무작위적이라 함은 표본을 뽑는 사람의 주관성이 개입되지 않고 난수 발생을 통해서만 표본이 결정된다는 의미이다. 이를 위해서는 각각의 가능한 표본이 실제 추출될 확률을 미리 부여해야 할 것이다. 이렇게 추출 확률이 부여된 후에는 난수 발생을 통해서 실제 추출되는 최종 표본이 결정된다.

유한모집단에서 표본을 뽑는 경우에는 구현될 수 있는 표본의 경우의 수가 유한하므로 표본의 확률공간이 이산형 확률변수의 확률공간으로 표현된다. 이러한 경우 표본의 확률분포는 나타날 수 있는 표본의 확률공간에 그 확률을 부여하여 결정한다. 이때 부여되는 확률은 표본확률(또는 표본추출확률)이라고 한다. 당연히 표본확률은 그 합이 1 이어야 할 것이다. 단순확률추출, 또는 단순 무작위 추출(simple random sampling)은 각 가능한 표본의 표본확률이 모두 동일한 표본추출 방법을 지칭한다. [표 1.2]는 위의 농장 예에서 단순확률추출로 얻어지는 표본확률분포표를 나타낸다.

표 1.2: 표본확률분포표 - 단순확률추출

표본 ID	표본확률
1, 2	1/6
1, 3	1/6
1, 4	1/6
2, 3	1/6
2, 4	1/6
3, 4	1/6

표본의 확률분포를 결정한다는 것은 표본추출 확률구조를 결정한다는 것과 동일하며 이를 표본을 설계(design)한다고 표현한다. 표본분포표가 주어졌을때 표본을 추출하는 방법은 표본확률로부터 누적표본추출확률을 계산하고 난수를 발생시킨 후 발생시킨 난수가 그 이전 표본의 누적추출확률보다 크고 해당 표본의 누적표본추출확률보다 작으면 그 표본을 추출하면 된다. 예를 들어, [표 1.2]의 경우 난수가 0.4 가 나왔다면 이 0.4 는 2/6보다는 크고 3/6보다는 작으므로 세 번째 표본인 1,4 가 추출된다.

한편, 표본의 표본확률분포로부터 추정량의 확률분포가 유도된다. 추정량의 확률분포는 추정량이 취할 수 있는 값과 그 확률의 조합이 되는데 여기서 추정량이 취할 수 있는 값은 추정량이 결정되면 표본의 관측값으로부터 계산되므로 표본분포로부터 주어진 추정량의 확률분포를 유도해 낼 수 있다. 위의 예에서 [표 1.2]의 단순확률추출의 표본분포로부터 얻어진 표본평균의 확률분포는 [표 1.3]과 같다. 이 확률분포표를 통해 표본평균 $\bar{y}$ 가 2, 3, 4, 8, 9, 10 의 값을 1/6의 확률로 갖는다는 것을 알 수 있고 따라서 $E(\bar{y}) = 6$ 임을 확인할 수 있으며 이는 모평균과 동일하다. 단순확률추출에서는 표본평균의 기대값이 모평균과 동일한데 이처럼 어느 추정량의 기대값이 그 추정하고자 하는 모수와

표 1.3: 표본평균의 확률분포표 - 단순확률추출

표본 ID	y 관측값	표본평균 ($\bar{y}$)	표본확률
1, 2	1, 3	2	1/6
1, 3	1, 5	3	1/6
1, 4	1, 15	8	1/6
2, 3	3, 5	4	1/6
2, 4	3, 15	9	1/6
3, 4	5, 15	10	1/6

같아지는 추정량을 비편향추정량(unbiased estimator)이라고 한다.

비편향성(unbiasedness)은 좋은 추정량이 갖추어야 할 조건 중의 하나이다. 여기서 유의할 점은 이 비편향추정량이 평균적으로는 모수와 일치하지만 우리는 모든 가능한 경우에서 하나의 경우만을 선택하여 그 경우의 표본만 관측하므로 실제로 얻어지는 추정량은 모수와 매우 동떨어질 수 있다는 것이다. 위의 예에서도 표본이 $\{1, 2\}$가 뽑히게 되면 실제 평균 수확량 6에 대해 추정치는 2로 과소추정을 하게 될 것이다. 이렇게 표본 ID가 $\{1, 2\}$ 인 경우처럼 극단적인 표본이 뽑히면 비록 비편향이기는 하나 추정의 정확성(accuracy)이 높다고는 할 수 없을 것이다. 추정의 정확성을 높인다는 것은 추정의 편향(bias)을 줄이고 추정의 정도(precision)을 높인다는 두 개념을 다 포함한다. 표본의 모집단에 대한 대표성(representativeness)이라 함은 표본을 조사하는 것만으로도 모집단 전체를 조사하는 것과 거의 동일한 효과를 가지고자 하는 개념이다. 따라서 대표성을 가지는 표본 하에서의 추정은 결국 정확성이 높은 추정이 될 것이다. 표본의 대표성에 대한 보다 자세하고 구체적인 설명은 Kruskal and Mosteller (1979)을 참고하기 바란다.

위의 예에서 단순확률표본추출으로 표본을 뽑았을 경우 표본이 대표성을 가진다고 보기 어려울 것이다. 그렇다면 어떻게 해야 표본의 대표성(또는 추정의 정확성)을 높일 수 있을 것인가? 여기에는 두가지 해결책이 있는데 하나는 표본수를 늘리는 것이고 다른 하나는 더 효율적인 표본설계를 하는 것이다.

표본수를 늘리면 대수의 법칙에 의해 추정량이 그 기대값으로 (확률적으로) 수렴하고 그 추정량이 비편향인 경우 그 기대값은 모수와 같아지므로 추정량이 모수에 매우 가까워짐을 알 수 있다. 즉, 위의 예처럼 표본의 평균이 모평균을 1/3이나 과소추정하게 되는 표본을 극단적인 표본이라고 한다면 단순확률표본추출에서는 그러한 극단적인 표본이 얻어질 가능성이 여전히 존재하지만 대수의 법칙에 의해 표본수가 충분히 커짐에 따라 그러한 가능성이 매우 작아짐을 알수 있다. 또다른 해결책인 효율적인 표본설계에 대해서는 다음 예(예제 1.2)에서 다루기로 한다.

위의 예에서 주목할 점은 추론의 기반이 실현된 표본을 바탕으로 하기 보다는 나올 수 있는 모든 표본을 바탕으로 한다는 것이다. 즉, 추론의 기반이 주어진 표본추출법과 주어진 표본수 하에서 표본추출을 무한히 반복하였을 때 얻어지는 추정량의 분포를 바탕으로 이루어지는데 이를 설계기반접근법 (design-based approach)이라고 부른다. 설계기반접근법은 관측자료에 대한 모형을 사용하지 않고 오직 임의화(randomization)를 통해 발생하는 확률 분포를 이용하여 추론을 하게 되어서 모형 설정에 따르는 주관성이 배제된다는 장점이 있다.

한편 13장의 소지역 추정(small area estimation)이나 12장의 무응답 자료 분석과 같은 분야에서는 설계기반 접근법을 사용하는데 한계가 있으므로 자료에 관한 모형을 사용하는 모형기반접근법이 주로 사용된다. 또한 두 방법의 절충으로 설계기반접근법을 사용하되 모형을 반영한 모형지지접근법(model-assisted approach) 이 많이 사용되는데 이에 대해서는 7장에서 자세하게 다룰 예정이다.

예제 1.2. 예제 1.1의 농장 모집단에서 $n = 2$인 표본을 추출하는 경우에 단순확률추출 대신 다음과 같은 추출방법을 생각해 보기로 하자.

이러한 표본추출법을 생각하는 기본적인 이유는 모집단의 각 농장에 대해서 농장 크기에 대한 정보가 있으므로 이를 표본설계에 반영하고자 하기 때문이다. [표 1.1]에서 볼 수 있듯이 농장 4는 다른 농장에 비해 농장 면적이 월등히 크므로 전체 수확량을 산정하는데 농장 4가 차지하는 비중이 더욱 클 것이다. 즉, 농장 4가 표본으로 들어가는지의 여부가 추정량의 변동에 크게 영향을 미치므

표 1.4: 새 표본추출법의 표본확률분포표

표본 ID	표본확률
1, 4	1/3
2, 4	1/3
3, 4	1/3

로 농장 4를 일단 뽑아놓고 나머지 농장중에서 하나를 뽑는 표본설계를 생각해 볼 수 있을 것이다. [표 1.4]는 이러한 표본설계 하에서의 표본확률분포표를 나타낸다.

표 1.5: 새 표본추출법의 평균 추정량의 확률분포표

표본 ID	y 관측값	평균 추정량	표본확률
1, 4	1, 15	4.5	1/3
2, 4	3, 15	6	1/3
3, 4	5, 15	7.5	1/3

[표 1.5]는 평균 추정량의 확률분포를 보여주고 있는데 표본 관측값이 y_k, y_4 $(k = 1, 2, 3)$ 인 경우 평균 추정량으로 단순 평균이 아닌 $0.75y_k + 0.25y_4$ 이 사용되었다. 그 이유는 새로운 표본설계가 하나의 y_k 가 세 개의 농장을 대표하고 나머지 값 y_4는 농장 4만을 대표하도록 표본이 만들어졌기 때문이다. 새 표본추출법의 평균 추정량의 평균은 6으로 단순확률표본추출과 동일하지만 분산은 1.5 로 단순확률표본추출 하에서의 분산인 9.67 에 비해 월등히 낮다.

위의 예에서 볼수 있듯이 [표 1.5]의 새로운 표본설계는 단순확률표본추출에 비해 추정량의 분산을 현저히 낮추어 준다. 효율적인 표본설계는 표본수를 늘리지 않고도 추정의 효율을 높혀주는 효과가 있다.

제 3 절 표본조사의 기본 과정

표본조사를 수행하는 것은 통계 생산을 위하여 질문을 하고, 응답결과를 수집하는 단순한 과정인 것처럼 보인다. 그러나 조사의 결과로부터 정확하고 의미있는 정보를 도출하기 위해서는 조사 과정과 방식을 단계별로 철저하게 지키면서 표본조사가 수행되어야만 한다. 전 과정을 이해하기 위해서는 각 업무들을 이해하는 것이 필요하고, 그것들이 어떻게 상호 연계되어 있는지를 이해하는 것이 필요하다.

조사의 단계를 업무 진행 관점에서 보면 크게 기획(planning), 설계와 개발 (Design and Development), 수행(Implementation), 평가 (Evaluation)의 4단계로 나누어 볼 수 있다. 기획 단계에서는 조사목적 , 방법론, 예산 그리고 활동 일정 등이 수립된다. 설계와 개발 단계는 기획 단계에서 수립된 목적들을 달성하기 위한 방법론을 제공하는 단계로써 설문지 설계, 표본추출틀 결정, 표본설계와 추정방식의 결정 등의 과정이 포함된다. 이 단계는 표본론의 전문 지식이 가장 많이 요구되는 단계이기도 하다. 수행 단계에서는 조사원을 훈련시키고 표본을 추출하고 조사하며 얻어진 자료를 코딩(coding)하고 에디팅(editing)과 대체(imputation)한 후 자료 발표까지의 전 수행 과정이 이루어진다. 이러한 수행 단계의 각 과정에서는 조사 자료의 품질에 대한 측정과 관리가 필수적이다. 마지막으로 평가 단계에서는 조사의 모든 과정을 효율(efficiency)과 효과 (effectiveness) 그리고 비용(cost)의 측면에서 평가함으로써 설계 개발과 수행 단계가 시간이 지남에 따라 개선되어 질 수 있도록 하게 된다.

주요 조사단계와 각 단계의 간단한 특징은 아래와 같다. 이에 대한 보다 자세한 내용은 캐나다 통계청에서 발간한 "Survey Methods and Practice" 라는 책을 참고하기 바란다 (Statistics Canada, 2003).

3.1 조사목적의 정의

조사를 기획하는 것에 있어 첫번째 과제는 조사의 목적을 가능한 한 구체적이고 명확하게 상술하는 것이다. 목적의 명확한 기술은 조사의 모든 단계들을 잘 이끌어 갈 수 있게 한다. 이러한 단계들은 최종 결과가 원래의 목적에 잘 부합되는지를 확인할 수 있도록 계획되어져야 한다.

예를 들어 빈곤에 대한 조사가 수행된다고 가정해 보자. 조사의 목적을 "가난한 사람들의 주거조건에 관한 정보를 제공하는 것이다" 라고만 하는 것은 충분하지 않다. 이러한 모호한 진술은 조사의 일반적 주제에 대한 광범위한 기술일 수 있으나 궁극적으로는 좀더 구체적인 언어로 확장되어야 한다. '주거조건(housing condition)'이 의미하는 것은 무엇인지 '빈곤(poor)'이 의미하는 것은 정확하게 무엇인지 등을 구체적으로 정의하는 것이 필요하다.

조사를 기획하고 통계작성요구자와 상담하게 되는 통계작성기관은 처음에 필요한 정보와 주요 이용자들, 그리고 자료의 이용에 대해 좀 더 완전하고 정확하게 정의하는 것이 필요하다. 광범위하게는, 가난한 사람들을 위한 주거조건에는 어떤 정보가 요구되고 있는가? 누가 자료를 필요로 하며 무슨 목적인가? 등이 있다. 조사를 요구한 통계작성요구자가 시의회라고 가정해보자. 시의회는 가난한 사람들의 주거조건이 열악하다고 보고, 지방정부가 보조하는 주택을 지어야만 한다고 판단한다고 하자. 시의회는 새로운 주택이 얼마나 필요하며, 비용은 얼마나 드는지 알고싶어 할 것이다. 시의회는 가난한 사람들에게 새로운 주택이 어디에 지어지기를 원하는지 물어보고 싶을 것이다. 그 시는 빈곤정도에 따라 보조금을 다양하게 조정하려고 빈곤 정도를 정하기 위한 자료를 요구할 수도 있다.

그 다음으로 목표모집단의 정의를 포함한 세부적인 업무적 정의가 진전될 필요가 있다. 조사하고자 하는 대상들의 집합을 목표모집단(target population)이라 정의하는데 이러한 정의는 누가 또는 무엇이 관찰되어야 하고, 무엇이 측정되어야 하는지를 보여준다. '빈곤'의 경우에 그 정의는 총수입이 어떤 수준 이하인 모든 가족들을 의미할 것이다. '가족(family)'과 '수입(income)'이라는 용어들도 정의되어야 한다. 목표모집단의 정의에는 어떠한 지리적 지역을 지칭하는지 그리고 조사기준이 되는 기간은 언제인지 등을 포함한다.

또한 조사내용에 대한 정확한 기술이 필요하다. 예를 들어, 소득집단별, 주거형태별(예: 아파트, 단독주택 등), 건축물 수명별, 그 안에 사는 사람의 수 등에 따라 어떠한 정보를 원하는지, 각 주제에 따라서 어떤 수준의 상세함이 필요하며, 결과물 형식은 어떻게 되어야 하는지 등이 될 것이다. 이것은 보통 제안되는 분석표의 형태를 취한다. 조사내용의 결정은 구체적이면서 조사목적에 부합하는 적절성(relavance)을 가져야 한다. 조사내용이 구체적일수록 설문지설계가 용이하지만, 조사내용이 적절하지 않으면 응답 부담이 높아져 비표본오차가 증가할 가능성이 높아진다.

분석계획도 미리 정해 놓는 것이 중요하다. 조사된 자료를 원자료 형태로 공개하는 경우와 분석될 결과를 분석표(table)등의 형태로 발표하는 경우가 있는데 각 경우에 따라 설계와 개발 단계에 영향을 미친다. 특히 분석표의 형태로 발표하는 경우에는 어떠어떠한 표가 작성되어야 하는지를 미리 정해 두어야 한다. 이러한 기획 작업의 결과로 목적기술서(statement of objectives)를 작성하게 되는데 목적기술서에는 다음과 같은 주제들이 정리될 것이다.

- 조사의 필요성
- 조사자료의 주된 사용자와 이용 용도
- 주요 개념과 목표모집단의 정의
- 조사내용
- 분석계획

보통 목적기술서는 명확한 문장으로 작성하는 것이 좋고 이렇게 함으로써 조사를 통하여 광범위하게 요구되는 정보뿐만 아니라 사용될 조작적 정의들, 그리고 구체적으로 제시해야 될 주제와 분석계획이 수립된다. 이 단계에서는 조사에서 무엇이 포함되고, 무엇이 제외되며, 통계작성요구자가 알아야 할 것과 알면 좋을 내용을 확정한다.

3.2 표본추출틀의 선택(Selection of a Sampling Frame)

표본조사가 잘 진행되려면 모집단을 잘 정의하는 것이 중요하다. 먼저 대상모집단 또는 목표모집단이 정해지면 이를 바탕으로 조사모집단 (survey population)을 결정해야 한다. 조사모집단은 목표모집단에서 실제 조사가 가능한 모집단을 지칭한다. 예를 들어, 어느 조사에서 "2006년 5월 1일 대한민국 영토에 거주하는 모든 20세 이상의 성인 남녀"를 목표모집단이라고 한다면, 이 경우에 정신병원이나 감옥에 거주하는 사람과 노숙자 등을 포함하지만 실제로 조사를 하는 경우에는 편의상 이들을 제외하게 되고 따라서 이 경우 조사모집단은 "2006년 5월 1일 대한민국 영토에 거주하는, 정신병원과 감옥에 거주하는 사람과 노숙자를 제외한 모든 20세 이상의 성인 남녀"가 된다. 여기서 목표모집단이 정의되려면 "대한민국 영토" 가 정의되어야 하고 (도서 지역이 포함 되는지 여부) 또한 "성인"이 정의되어야 하는데 성인의 정의를 위해서는 생년월일로 정확하게 구분할 수 있을 것이다. 만약 "성인"이 아니라 "취업자"가 대상이 된다면 목표모집단의 정의를 위하여 "취업자"의 정의가 아주 구체적으로, 예를 들어 지난 일주일간 10시간 이상 유급의 활동을 한 사람으로 정의되어야 한다.

조사틀, 또는 표본추출틀,은 조사모집단의 명부(list)를 의미한다. 조사틀을 통해서 조사모집단의 구성원이 구체적으로 파악되고 이 조사틀의 각 원소에 표본추출확률을 부여하여 확률표본추출(probability sampling)이 구현되어 진다. 이 확률추출로 얻어진 표본으로부터 얻어진 관측값으로 모집단에 대한 추정이 이루어질 수 있을 것이다. 만약 전화 번호부를 표본추출틀로 사용하여 전화조사를 한다면 이 전화조사의 조사모집단에는 전화를 갖고 있지 않은 가구는 포함되지 않을 것이다. 어떠한 추출틀을 가지고 있느냐가 조사모집단(survey population)의 정의를 결정하고 조사비용과 그 결과의 품질뿐만 아니라 자료수집, 표본추출(sample selection) 그리고 평가방법에 영향을 미칠 수 있다.

3.3 표본설계 (Sample Design)

표본추출틀이 결정이 되면 이 표본추출틀로부터 표본을 뽑아야 하는데 표본추출방법으로써 확률표본추출법을 사용하게 된다. 주어진 제약 조건하에서 최적의 표본추출방법과 적정 표본수를 결정하는 작업을 표본설계(sample design)라고 하는데 이러한 표본설계는 표본론의 주요 연구 주제중의 하나이다. 표본설계에 영향을 미치는 제약 조건으로는 조사틀, 모집단 단위의 다양성, 그리고 비용 등이 될 수 있는데 비용에는 조사비용, 조사를 마치는데 소요되는 시간, 필요한 조사원의 수, 그리고 다른 운영상 고려되는 중요한 사항들이 포함된다.

3.4 조사표설계(Questionnaire Design)

조사표는 응답자로부터 한 주제에 대한 정보를 얻기 위해 고안된 일련의 질문들이다. 조사표는 자료수집에서 중심적 역할을 담당하는데, 왜냐하면 그것들이 자료의 품질에 주요한 영향을 미치며, 통계작성기관이 사회에 주는 이미지에 영향을 주기 때문이다. 조사표는 지면에 기록된 서면 조사표 형식이거나 컴퓨터 파일형태로 가능하다.

조사표설계시 제기되는 문제로는, 무엇을 질문할까? 어떻게 말로 적절하게 표현할까? 그리고 원하는 정보를 얻기 위해 어떤 식으로 질문을 나열할까? 등이다. 목표는 조사응답자들로 하여금 질문을 잘 이해하고, 쉽게 대답할 수 있게 하면서 자료수집 후의 자료처리와 자료 분석에 적합한 형태가 되도록 하는 것이다.

조사표설계를 위해서 잘 수립된 원리들이 있는데, 우수한 조사표를 만드는 것은 정교함과 많은 경험, 그리고 검정을 요구하는 하나의 기술이다. 만약 자료의 요구조건들이 제대로 된 체계적인 양질의 자료수집 도구로 바뀌지 않는다면, '좋은' 표본이 '나쁜' 결과를 낳을 수도 있다.

3.5 자료수집(Data Collection)

자료수집은 조사에 있어 각각의 선택된 단위(unit)로부터 요구된 정보를 모으는 과정이다. 자료수집의 기본 방법은 응답자들이 조사원의 도움을 받지 않고 하는(개별적으로 또는 전화면접을 통해) 자기기입식이 있고 또는 조사원면접식으로 조사표를 완성하는 것이 있다. 자료수집의 다른 방법에는 직접관찰(direct observation), 전자자료보고(electronic data reporting), 행정자료의 사용 등이 있다.

자료수집은 종이에 기록하는 조사표 형식이나 컴퓨터를 통하여 가능하다. 서면조사표 방식은 응답결과를 인쇄된 조사표 위에 기록하며, 컴퓨터를 통한 방법에서는 조사표가 화면에 나타나게 되고 화면에서 바로 응답을 하게되면 응답결과가 수집되는 동안 즉시 기계가 읽을 수 있는 형식으로 변형된다. 따라서, 수집 이후 필요했던 처리작업을 하지 않게 하는 것이다. 컴퓨터를 통한 방법의 또 다른 이점은 유효하지 않거나 일관성 없는 자료가 서면조사표에서보다 더 쉽게 식별되어 조사품질관리가 더 용이하다는 점이다.

3.6 자료입력과 코딩(Data Capture and Coding)

자료가 수집된 후, 그것들은 코딩되고, 컴퓨터를 활용한 수집방법이 사용되었다면 바로 입력이 된다. 코딩(coding)은 일반적으로 자료입력과 그 과정을 쉽게 하기 위하여 숫자를 부여하는 과정이다. 어떤 질문들은 조사표 상에서 응답 범주를 코딩하고, 다른 질문들은 수집 후 수작업이나 자동화(automation)

과정을 통해서 코딩된다. 자료입력과 코딩은(어떤 실수가 끼어들면 최종적인 조사결과에 영향을 크게 미칠 수 있기 때문에) 비용이 많이 들고, 시간이 소요되는 활동이다. 그러므로 초기단계에서 실수방지를 강조해야만 한다. 실수를 감시하고 조절하는 두 가지 방법은 품질보증과 품질관리다. 품질관리(quality control)의 목적이 발생하는 실수의 수를 합격 판정할 수 있는 어떤 범위안에 있도록 노력하는 것이라면, 품질보증의 목적은 문제를 예상하고, 그것을 미연에 방지하는 것이다.

3.7 에디팅과 결측치대체(Editing and Imputation)

에디팅(editing)이란 오류일 수 있는 자료라고 판정하게 되는 결측치나, 타당하지 않거나 일관성 없는 입력사항을 확인하기 위해 점검하는 것을 말한다. 에디팅의 목적은 최종 조사자료가 완전하고 일관성 있으며 타당하도록 하기 위하여 조사과정과 조사자료를 더 잘 이해하는 것이다. 에디팅의 범위는 현장에서 조사원이 실행하는 수동점검에서부터 컴퓨터 프로그램이 실행하는 복잡한 검증에 이른다.

에디팅을 얼마나 해야 하느냐는 모든 기록이 완벽하도록 하는 목적을 달성하는것과 시간과 돈이라는 자원의 합리적 사용 사이에서 결정된다.

일부 발견된 오류는 응답자의 추적재조사나 조사표의 개념 검토를 통해 해결되는데, 이런 방법으로 모든 실수를 점검하는 것은 거의 불가능하다. 그래서 남은 문제를 다루기 위해 종종 결측치 대체법(imputation)이 사용된다. 대체란 누락되고 유효하지 않으며, 일관성 없는 자료의 문제를 해결하기 위해 대체값을 확정하고 할당하기 위해 사용되는 과정이다.

결측치 대체가 최종자료의 품질을 개선할 수는 있지만 적절한 결측치 대체법을 선택하기 위해서는 신중해야만 한다. 몇가지 결측치 대체법들은 변수들 사이의 관계를 유지시키지 못하거나, 자료에서 변수간의 관계를 왜곡시킬 수 있다.

선택된 결측치 대체법의 적합성은 조사의 유형, 목적, 그리고 오류의 성격에 의존한다.

3.8 추정(Estimation)

자료가 수집되고, 코딩되고, 입력되어 에디팅되고, 결측치가 대체되면, 그 다음 단계는 추정(estimation)이다. 추정이란 모집단에서 추출된 오직 하나의 표본으로부터 얻어진 정보에 기초해서 모집단에 관한 결론을 도출하기 위해 모수, 즉 관심있는 모집단에 대한 값들을 얻는 수단이다.

표본조사에 있어서 추정의 기본은 조사단위의 가중치로서 그 조사단위가 대표하는 모집단의 평균단위의 수를 가리킨다. 예를 들면, 모집단 총합(a population total)은 표본으로 추출된 조사단위의 가중치를 이용한 가중합의 형태로 추정될 수 있다. 초기 설계 가중치는 표본설계에 의해 확정된다. 때로는 이 가중치에 조정이 가해지는데, 예를 들면 조사에 응하지 않는 단위들을 상쇄하거나, 보조정보(auxiliary information)를 활용하기 위해서이다. 무응답조정은 전수조사의 자료에도 적용될 수 있다.

표본조사에서 표본추출오차는 모집단에서 일부만이 조사되었고, 표본으로 추출된 개체들이 그들이 대표하는 모집단 단위들과 똑같은 특성을 갖지 않기 때문에 발생한다. 추정치에 대한 표본추출오차의 크기에 대한 추정은 사용자에게 자료의 품질을 보여주기 위해 제공되어야 한다.

3.9 자료분석(Data Analysis)

자료분석은 조사를 시작하게 된 질문들에 대해 정확한 결과를 얻도록 하기 위하여 자료를 요약하고, 그 의미를 해석하는 것이다. 자료분석은 조사결과를 질문과 기술된 목적에 의해 인지된 이슈들과 연결해야만 한다. 이것은 분석의 품질이 전체 조사의 유용성에 실질적인 영향을 미칠 수 있기 때문에 조사에서 가장 중요한 단계이다.

자료분석은 조사자료에만 국한되거나 조사의 추정치를 다른 조사, 또는 다른 자료로부터 얻은 결과와 비교할 수도 있다. 자료분석은 결과표, 차트, 그리고 자료를 요약하기 위한 도수분포표와 평균 등과 같은 다양한 요약 방법들로 이루어진다. 가설을 검정하거나 특성들 사이의 관계를 연구하기 위해서, 예를 들면, 회귀분석, 분산분석 또는 카이제곱검정을 사용한 통계적 추론이 사용되기도 한다.

3.10 자료보급(배포)(Data Dissemination)

자료보급(배포)는 다양한 매체를 통해 사용자들에게 조사자료를 보급(배포)하는 것인데, 예를 들면 보도자료, TV나 라디오 인터뷰, 특별한 요청에 대한 전화나 팩스응답, 출판, 마이크로 필름 카드, 인터넷이나 마이크로 자료를 담은 CD를 포함하는 전자매체(electronic media) 등이다.

최종 결과의 보급(delivery)와 발표(presentation)는 매우 중요하다. 사용자들이 조사결과를 찾고, 이해하고, 사용하고, 정확하게 연구하기 위해서 자료를 해석하는 것은 매우 용이해야만 한다. 조사로부터 얻은 결과는 요약되어서, 표와 도표를 넣은 서면보고서를 통해 자료의 장점과 단점의 중요한 세부사항이 강조되어서 제시되어야 한다.

자료를 보급하기 전에, 조사결과와 조사품질을 평가하고, 해석하는 것을 돕기 위해서 자료의 품질평가가 이루어져야 한다. 그렇게 함으로써 사용자들이 스스로 자료의 유용성을 판단할 수 있게 된다. 또한 그것은 조사가 반복될 경우나 또는 다른 조사들을 더 발전시키는 데에도 가치있는 정보를 제공할 수도 있다. 이러한 평가와 그에 동반되는 보고서는 측정 방법과 오차의 원인과 함께 조사방법론에 대한 내용도 포함해야만 한다.

자료보급 과정의 일부로서 응답자들의 정보에 대한 비밀보호(confidentiality)를 법적으로 보장해 줄 것을 많은 통계작성기관들에게 요구하고 있다. 정보공개의 관리는 응답자들의 비밀이 침해당하지 않게 하기 위하여 보급되는 자료에 조치를 취하는 방법들을 말한다. 예를 들면 개인에 관한 정보가 드러날 위험이 있는 결과표의 셀값을 확인해서 제거하는 것(또는 수정하는 것)을 포함한다. 보통 어떤 자료는 비밀로 하거나 수정되어져야 한다.

정보공개 관리방법을 선택하기 전에 다양한 방법들이 조사결과에 미치는 영향과 개인의 비밀이 공개되는 위험의 관점에서 비교해 봐야만 한다.

3.11 문서화(Documentation)

문서화는 조사의 기록을 제공하고, 모든 조사단계와 국면을 총망라 해야 한다. 그것은 조사의 다른 측면들을 기록할 수 있고, 다른 그룹들을 대상으로, 예를 들면 관리자, 통계학자, 그리고 사용자 같은 사람들을 대상으로 할 수도 있다. 예를 들면, 자료의 품질에 관한 보고서는 사용자에게 자료의 폭넓은 사용을 위하여 배경이나 전후관계를 제공한다. 어떤 결정이 이루어졌으며, 왜 그렇게 되었는지를 말해주는 조사보고서는 관리자들과 기술직원들에게 향후 새로운 조사를 개발하거나 유사한 조사를 할 경우에 정보를 제공한다. 조사를 진행중인 직원을 위해 절차를 문서화하는 것은 직원들의 효과적인 수행을 도와준다.

제 4 절 오차의 종류

표본에서 얻어진 추정치와 모집단의 참값인 모수와의 차이를 오차라고 한다. 오차에는 전수조사를 사용하지 않고 표본조사를 사용함으로써 발생하는 표본오차(sampling error)와 전수조사를 하더라도 발생할 수 있는 비표본오차(nonsampling error)로 구분할 수 있는데 비표본오차에는 포함오차(coverage error), 무응답오차(nonresponse error), 측정오차(measurement error), 처리오차(processing error) 등이 있다. 포함오차는 목표모집단과 표본추출틀의 차이에서 생기는 오차로 표본추출틀의 불완전성(불포함, 중복, 분류 오류)에 기인한다. 무응답오차는 표본으로 선택된 모든 원소중 일부가 응답하지 않음으로써 발생되는 오차이고 측정오차는 응답된 값과 실제 값의 차이로 발생되는 오차로 설문 문항에 대한 오해, 거짓 응답, 부적절한 질문 등에 기인한다. 처리오차는 응답된 값을 조사표나 자료 분석에 필요한 자료로 옮기는 과정에서 발생하는 오차를 지칭한다.

포함오차, 표본오차, 무응답오차 등을 합하여 비관측오차(error of nonobservation)라고 하는데 이는 모든 원소를 관측하지 못함으로써 발생하는 오차를 지칭한다. 측정오차와 처리오차는 관측을 하여도 정확하게 하지 못함으로써 발생하는 오차로 이를 관측오차(errors of observation)라고 한다. 이를 정리하면 다음과 같다.

1. 비관측오차 (errors of nonobservation)

    (a) 포함오차 (coverage error) : 표본추출틀이 목표모집단과 같지 않기 때문에 생기는 오차 (frame $\neq$ population)

    (b) 표본오차 (sampling error) : 표본추출틀에서 전부를 관측하지 않고 일부를 관측하기 때문에 발생하는 오차 (frame $\neq$ sample)

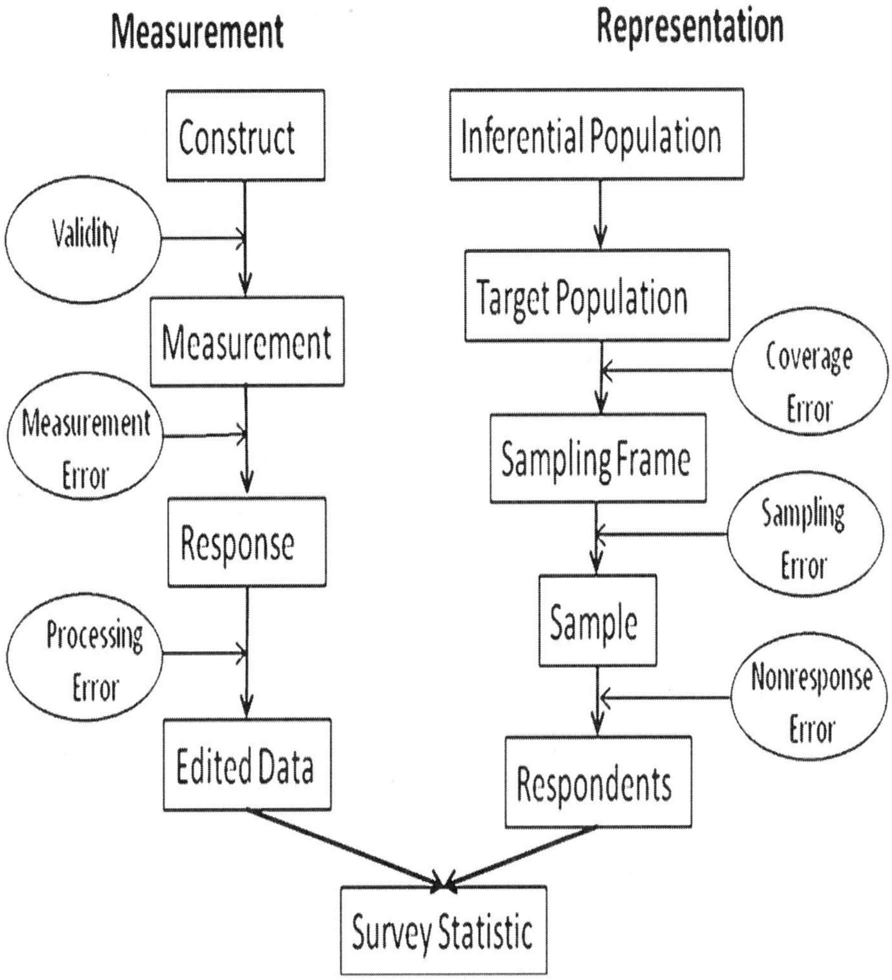

그림 1.1: **Total survey errors**

(c) 무응답오차 (nonresponse error) : 추출된 표본으로부터 모두 관측하지 못함으로써 발생하는 오차 (sample $\neq$ respondents)

2. 관측오차 (errors of observation)

(a) 측정오차 (measurement error) : 참값을 정확하게 측정하지 못함으로써 발생하는 오차이다.

i. 면접원 (interviewer) : 면접원의 면접 기술(skill), 성별, 나이 등으로 인해 생기는 측정오차

ii. 응답자 (respondent) : 응답자의 거짓 진술 등으로 생기는 측정오차

iii. 도구 (instrument) : 설문 문항이나 또는 측정 도구의 부실로 인해 발생하는 측정오차

iv. 면접 모드 (mode) : 우편조사이냐 전화조사이냐 아니면 직접 면접이냐에 따라 발생될수 있는 측정오차

(b) 처리오차 (processing error) : 정확하게 측정된 값을 코딩(coding) 하는 과정에서 발생하는 오차

그림 1.1 은 서베이(survey)를 통해서 얻어지는 통계에 발생할 수 있는 총 조사 오차(total survey error)를 각각의 공정 (process) 별로 나누어 기술하였다. 그림 왼쪽에 있는 부분은 측정과 관련되는 공정과 오차를 나타내고 그림 오른쪽에 있는 부분은 샘플링과 관련되는 공장과 그 오차를 나타낸다.

표 1.6 은 표본 조사와 관련된 학문 분야를 크게 조사 방법론(Survey Methodology)과 조사 통계 (Survey Statistics)로 구분하고 각 분야의 특징을 간단하게 정리하였다. 이 표에서 볼 수 있듯이 조사 방법론은 사회 과학의 한 분야로써 사회학과나 심리학과에서 주로 다루고 조사 통계는 통계학의 한 분야로써 통계학과에서 다룬다. 이 책에서는 조사 통계와 관련된 내용을 주로 다룰 것이며 조사 방법론에 대한 대표적인 참고 서적으로는 Groves et al. (2009)을 들 수 있을 것이다.

일반적으로 여러가지 비표본 오차 중에서 포함 오차를 줄이기 위해서는 좋은 표본 추출틀을 사용하여야 한다. 예를 들어 전화번호부를 바탕으로 여론 조사를 실시한다면 유선전화를 가지지 않는 사람들은 누락되므로 이를 보완할

표 1.6: 조사 방법론과 조사 통계

조사 방법론(Survey Methodology)	**조사 통계(Survey Statistics)**
사회학, 심리학 (인지과학) 에서 연구	통계학에서 연구
표본 오차보다는 비표본 오차에 초점	비표본 오차보다는 표본 오차에 초점
조사 오차(비표본 오차)를 줄이는	조사 오차를 측정하고 추정에
것에 관심	반영하는 것에 관심
설문지 설계, 조사 방법 연구	표본 추출, 에디팅, 추정 연구

수 있는 다른 리스트를 확보해야 할 것이다. 여러개의 표본 추출틀을 복합적으로 사용하는 multi-frame survey 를 사용하는 것도 하나의 방법이지만 이러한 경우 중복(duplication)을 제거하는 것도 중요한 문제가 될 것이다. 무응답 오차를 줄이기 위해서는 조사원의 교육, 조사 홍보, 조사 대상 관리, 다양한 응답 기회 부여 등의 다각적인 노력이 필요하며 이러한 후에도 발생하는 무응답에 대해서는 통계적인 모형을 사용하여 사후 보정을 하게 된다. 측정 오차는 조사 방법, 면접원의 성실성 및 훈련 정도, 설문 문항의 명료성 등에 의해 발생하는 것으로 사전에 이러한 오차를 줄이기 위해 조사 방법에 대한 충분한 검토와 사전 조사(pre-test)가 필요하면 면접원에 대한 충분한 동기부여와 훈련이 필요하다.

일반적으로 표본수가 증가하면 표본오차가 줄어들지만 비표본오차를 관리하기가 더 힘들어 진다. 예를 들어 표본수가 매우 크면 면접원 관리가 힘들어지고 이는 무응답오차나 측정오차가 증가할 위험이 크게 된다. 이러한 오차가 어떠한 방향성을 가지지 않고 랜덤한 경향을 가지면 단순히 효율의 감소만을 의미하지만 체계적(systematic)인 경향성을 가지면 매우 심각한 문제가 될 것이다. 따라서 비용 문제를 떠나서도 적절한 크기의 표본조사를 실시하는 것은 비표본오차를 줄일 수 있다는 점에서 매우 중요하다 할 것이다.

제 2 장

비편향 추정

제 1 절 서론

이 장에서는 일반적인 확률 표본하에서의 비편향 추정에 대한 기본 이론을 다루고자 한다. 확률표본추출을 위하여 목표모집단에 대한 리스트(명부)인 표본 추출틀 (list frame)이 있다고 하자. 이 경우 표본 추출틀의 크기를 N이라 하면 이 추출틀의 모든 원소를 1 부터 N 까지 숫자를 매길 수 있고, $U = \{1, 2, \ldots, N\}$ 를 그 조사모집단의 인덱스 집합(index set)이라고 정의하자. 이 모집단에서 부분 집합인 표본을 뽑는 경우 그 표본의 인덱스 집합을 A 라 정의하자. 이 경우 표본설계는 집합 U 에서 집합 A 를 뽑는 문제로 생각할 수 있을 것이다. 그러한 모든 가능한 표본 A 의 집합을 $\mathcal{A} = \{A; A \subset U\}$ 으로 정의하면 표본추출과 관련하여 다음과 같은 정의를 내릴수 있다.

정의 2.1

1. 표본분포 (sampling distribution)는 $\mathcal{A}$에서 정의된 확률밀도함수(probability mass function)이다. 즉, $P(\cdot)$ 은 다음을 만족한다.

   (a) $P(A) \in [0, 1], \qquad \forall A \in \mathcal{A}$

   (b) $\sum_{A \in \mathcal{A}} P(A) = 1.$

2. 랜덤표본추출 (random sampling) $\iff P(A) < 1, \qquad \forall A \in \mathcal{A}$

3. 유의추출 (purposive sampling) $\Longleftrightarrow$ $P(A) = 1$ for some A $\in \mathcal{A}$

여기서 $\forall A \in \mathcal{A}$ 는 $A \in \mathcal{A}$ 를 만족하는 모든 A에 대해서 성립한다는 뜻이다.

표본의 확률분포, 또는 표본분포를 안다는 것은 모든 가능한 표본의 조합과 그 확률값들을 안다는 것을 의미한다. 랜덤표본추출법은 얻어지는 표본값이 그 표본추출을 반복할 경우 달라질 수 있다는 것을 의미하고 유의추출은 그렇지 않은 경우로써 유의추출은 확률추출이라고 할 수 없고 따라서 표본의 대표성을 보장할 수 없다.

모집단의 관심모수가 $\theta_N = \theta\,(y_i;\ i \in U)$ 의 형태로 표현되는 모집단 전체에서 얻어지는 y 값들의 함수라 하면 통계량(statistic)은 $\hat{\theta} = \hat{\theta}\,(y_i;\ i \in A)$의 형태로써 표본에서 얻어지는 y 값들의 함수로 표현된다. 이 통계량이 모수 θ의 추정에 쓰이게 되면 추정량(estimator)이 되는데 1.2절에서 살펴보았듯이 추정량의 확률분포는 표본의 표본분포로부터 유도된다. 따라서 표본의 표본분포에 사용되는 확률밀도함수 $P\,(A)$는 각 표본에서 구현되는 추정량의 확률분포에서의 확률밀도함수로도 사용될수 있다. 따라서 추정량의 확률분포로부터 추정량의 평균이나 분산 등이 계산될 수 있다.

정의 2.2

모수 θ_N의 추정량을 $\hat{\theta}\,(A) = \hat{\theta}\,(y_i;\ i \in A)$이라 할 때 다음과 같이 기대값과 분산이 정의된다.

1. 기대값 : $E(\hat{\theta}) = \sum_{A\in\mathcal{A}} P\,(A)\,\hat{\theta}\,(A)$
2. 분산 : $V(\hat{\theta}) = \sum_{A\in\mathcal{A}} P\,(A) \left\{\hat{\theta}\,(A) - E(\hat{\theta})\right\}^2$
3. 평균제곱오차 : $MSE(\hat{\theta}) = \sum_{A\in\mathcal{A}} P(A) \left\{\hat{\theta}\,(A) - \theta_N\right\}^2$

여기서 기대값은 $\{y_1, y_2, \cdots, y_N\}$ 을 고정시킨 상태에서 표본 A를 반복적으로 뽑을 경우 얻어지는 값들의 확률 분포를 바탕으로 계산된다.

1 장에서도 언급하였듯이 $E(\hat{\theta})$과 모수 θ_N의 차이를 편향(bias)이라고 정의하고 편향이 0인 추정량을 비편향추정량(unbiased estimator)라고 한다. 추정

량의 정도(precision)가 높다는 것은 추정량의 분산이 낮다는 의미이지 정확도 (accuracy)가 높다는 뜻은 아니다. 정확도가 높다는 뜻은 평균제곱오차(MSE)가 낮다는 것을 의미한다. 제 1장에서 언급하였듯이 평균 제곱 오차는 편향의 제곱과 분산의 합으로 표현되어진다.

제 2 절 Horvitz-Thompson 추정량

모든 확률표본에서 비편향추정량이 항상 존재하는가? 이 질문에 대답하기 위해서는 표본포함확률이 정의되어야 한다. 표본포함확률의 정의는 아래와 같다.

정의 2.3

1. 일차 표본포함확률(first-order inclusion probability):

$$\pi_i = Pr\,(i \in A) = \sum_{A;\ i \in A} P\,(A)$$

2. 이차 표본포함확률(second-order inclusion probability) 또는 결합표본포함확률(joint inclusion probability):

$$\pi_{ij} = Pr\,(i, j \in A) = \sum_{A;\ i,j \in A} P\,(A)$$

3. 확률표본추출(probability sampling design) : $\pi_i > 0, \quad \forall i \in U$

4. 가측표본추출(measurable sampling design) : $\pi_{ij} > 0 \quad \forall i, j \in U$.

즉, 일차 표본포함확률 π_i는 모집단 원소 i가 표본에 포함될 확률을 지칭하고 이차 표본포함확률 π_{ij}는 모집단 원소 i와 j가 동시에 표본에 포함될 확률을 지칭한다. 당연히 $\pi_{ii} = \pi_i$이 성립한다. 확률표본추출은 모집단의 모든 원소들에 대하여 일차 표본포함확률이 0보다 큰 표본추출로 모집단 총계의 비편향추정량이 존재하기 위한 충분조건이다. 가측표본추출은 모집단의 모든 원소들의 쌍(pair)들에 대하여 이차 표본포함확률이 모두 0보다 큰 표본추출로 비편향 분산추정량이 존재하기 위한 충분조건이다.

표본포함확률은 다음과 같은 성질을 가지고 있다.

보조 정리 2.1. 표본수를 n이라 하면

$$\sum_{i=1}^{N} \pi_i = n \tag{2.1}$$

이 성립한다. 또한 표본수가 일정한 고정표본수 추출(fixed-size sampling design)의 경우 (즉, $V(n) = 0$인 경우),

$$\sum_{i=1}^{N} \pi_{ij} = n\pi_j \tag{2.2}$$

가 성립한다.

증명 표본 A 가 주어지면 모집단의 모든 원소에 대하여 다음과 같은 표본포함 지시변수를 정의할 수 있다.

$$I_i = \begin{cases} 1 & \text{if } i \in A \\ 0 & \text{if } i \notin A \end{cases} \tag{2.3}$$

이 경우 지시변수 I_i는 확률분포를 가지는 표본 A로부터 유도되는 확률변수로써 $E(I_i) = \pi_i$ 가 되고 $E(I_iI_j) = \pi_{ij}$이 성립한다. 또한 표본수 n의 정의에 의하면

$$\sum_{i=1}^{N} I_i = n \tag{2.4}$$

이 된다. 따라서 (2.4)의 양변에 기대값을 취하면 (2.1) 이 성립하고 (2.4)의 양변에 I_j 를 곱한 후 기대값을 취하면 (2.2)가 성립한다. □

확률표본추출로 추출된 표본에서 모집단 총계 $Y = \sum_{i=1}^{N} y_i$ 의 비편향추정량은

$$\hat{Y}_{HT} = \sum_{i \in A} \frac{y_i}{\pi_i} \tag{2.5}$$

으로 알려져 있다. 이를 Horvitz-Thompson(HT) 추정량이라고 지칭하는데 (Horvitz and Thompson, 1952) 확률표본의 추정에 기본적으로 사용되는 추정량이다. 이 HT 추정량의 성질은 다음과 같다.

정리 2.1. 확률표본추출에서 정의된 y의 모집단 총계에 대한 Horvitz-Thompson 추정량은 다음을 만족한다.

$$E\left(\hat{Y}_{HT}\right) = Y \tag{2.6}$$

$$V\left(\hat{Y}_{HT}\right) = \sum_{i=1}^{N}\sum_{j=1}^{N}\left(\pi_{ij} - \pi_i\pi_j\right)\frac{y_i}{\pi_i}\frac{y_j}{\pi_j} \tag{2.7}$$

또한 표본수가 일정한 고정표본수 추출의 경우 (즉, $V(n) = 0$인 경우),

$$V\left(\hat{Y}_{HT}\right) = -\frac{1}{2}\sum_{i=1}^{N}\sum_{j=1}^{N}\left(\pi_{ij} - \pi_i\pi_j\right)\left(\frac{y_i}{\pi_i} - \frac{y_j}{\pi_j}\right)^2 \tag{2.8}$$

이 성립한다.

증명 식 (2.3)에서 정의된 표본포함지시변수 I_i를 사용하면 HT 추정량은 다음과 같이 표현된다.

$$\hat{Y}_{HT} = \sum_{i=1}^{N}\frac{y_i}{\pi_i}I_i. \tag{2.9}$$

여기서 $\{y_1, y_2, \cdots, y_N\}$ 을 고정시킨 표본분포에서의 기대값을 취하고자 할 때 확률변수는 I_i이다. 따라서,

$$\begin{aligned} E\left(\hat{Y}_{HT}\right) &= \sum_{i=1}^{N}\frac{y_i}{\pi_i}E\left(I_i\right) \\ &= \sum_{i=1}^{N}\frac{y_i}{\pi_i}\pi_i = Y \end{aligned}$$

이며 따라서 (2.6)이 성립한다. 마찬가지로,

$$\begin{aligned} V\left(\hat{Y}_{HT}\right) &= \sum_{i=1}^{N}\sum_{j=1}^{N}\frac{y_i}{\pi_i}\frac{y_j}{\pi_j}Cov\left(I_i, I_j\right) \\ &= \sum_{i=1}^{N}\sum_{j=1}^{N}\frac{y_i}{\pi_i}\frac{y_j}{\pi_j}\left(\pi_{ij} - \pi_i\pi_j\right) \end{aligned}$$

으로 (2.7)을 보일 수 있다. 마지막으로 식 (2.8)의 증명을 위해 먼저 $\Delta_{ij} = \pi_{ij} - \pi_i\pi_j$ 라 정의하면 식 (2.8)은

$$-\frac{1}{2}\sum_{i=1}^{N}\sum_{j=1}^{N}\Delta_{ij}\left(\frac{y_i}{\pi_i}-\frac{y_j}{\pi_j}\right)^2 = -\sum_{i=1}^{N}\sum_{j=1}^{N}\Delta_{ij}\left(\frac{y_i}{\pi_i}\right)^2 + \sum_{i=1}^{N}\sum_{j=1}^{N}\Delta_{ij}\frac{y_i}{\pi_i}\frac{y_j}{\pi_j} \tag{2.10}$$

으로 전개된다. 이때 (2.2) 와 (2.1)을 이용하면

$$\sum_{j=1}^{N}\Delta_{ij} = n\pi_i - n\pi_i = 0$$

이 얻어지고 따라서 식 (2.10)의 오른쪽 첫번째 항은 0이 되므로 오른쪽 항이 (2.7)의 분산 형태로 표현되어 증명된다. □

예제 2.1. 모집단 $U = \{1, 2, 3\}$ 에서 다음과 같은 표본추출법을 생각해 보자.

$$P(A) = \begin{cases} 0.5 & \text{if } A = \{1,2\} \\ 0.25 & \text{if } A = \{1,3\} \\ 0.25 & \text{if } A = \{2,3\} \end{cases}$$

이 경우 $\pi_1 = 0.5 + 0.25 = 0.75$, $\pi_2 = 0.5 + 0.25 = 0.75$, 그리고 $\pi_3 = 0.25 + 0.25 = 0.5$ 이다. 따라서 모집단 총계에 대한 HT 추정량은 다음과 같다.

$$\hat{Y}_{HT} = \begin{cases} y_1/0.75 + y_2/0.75 & \text{if } A = \{1,2\} \\ y_1/0.75 + y_3/0.5 & \text{if } A = \{1,3\} \\ y_2/0.75 + y_3/0.5 & \text{if } A = \{2,3\} \end{cases}$$

따라서,

$$\begin{aligned} E\left(\hat{Y}_{HT}\right) &= 0.5\,(y_1/0.75 + y_2/0.75) + 0.25\,(y_1/0.75 + y_3/0.5) \\ &+ 0.25\,(y_2/0.75 + y_3/0.5) = y_1 + y_2 + y_3 \end{aligned}$$

로 모집단 총계에 대해 비편향추정이 됨을 알수 있다.

즉, HT 추정량의 장점은 모집단 총계에 대하여 비편향추정을 가능케한다는 것이다. 이를 위해서는 모든 모집단 원소에 대하여 $\pi_i > 0$이어야 할 것이다. 따라서 HT 추정량을 사용하기 위해서는 확률추출방법으로 정의된 표본이어야만

하는 것이다. 그러나 이러한 HT 추정량은 location-scale invariant하지 않다는 단점이 있다. 즉, 임의의 상수 a, b에 대해서

$$\frac{1}{N}\sum_{i\in A}\frac{a+by_i}{\pi_i} \neq a+b\frac{1}{N}\sum_{i\in A}\frac{y_i}{\pi_i}$$

가 성립한다. 예를 들어, 섭씨 단위로 표현된 기상 자료를 화씨 단위로 변환하는 경우 HT 추정량은 변환되기 전의 추정값을 변환한 것과 변환된 자료로부터 추정한 값이 달라질 수 있다는 위험이 존재한다.

식 (2.8)의 분산식은 Sen (1953)과 Yates and Grundy (1953)이 동시에 발견하여 보통 Sen-Yates-Grundy(SYG) 분산 공식으로 불린다. 또한 HT 추정량의 분산의 최소값은 0이고, 표본수가 일정할 때 (2.8)의 분산 공식을 이용하면 그 최소값을 갖는 경우는 모든 i 에 대하여 $\pi_i \propto y_i$ 임을 알 수 있다. 즉, 일차 표본포함확률이 y값에 비례하도록 표본을 추출하면 HT 추정량이 매우 효율적인 추정량이 될 것이다. 그러나 실제로는 y_i 값들은 표본을 뽑기 전까지는 알 수 없으므로 정확하게 $\pi_i \propto y_i$인 표본설계를 구현하는 것은 조사 이전의 시점에서는 불가능하다. 만약 y_i에 대한 사전 정보가 있을 때 이를 모형화하여 표본설계에 반영할수 있다. 이에 대해서는 7장에서 다루게 된다.

다음으로는 추정량의 분산을 표본값으로 부터 추정하는 분산 추정을 알아보자. 식 (2.7) 과 (2.8)의 분산식은 모수이지 표본으로부터 계산되어질 수 있는 통계량이 아니다. 대부분의 경우 분산식의 형태가 y_i 들의 이차 함수들로 이루어진 이차 형식(quadratic form)이므로 이 분산을 추정하기 위해서는 이차 표본포함확률 π_{ij} 이 모두 양수인 가측표본추출(measurable sampling design)의 조건이 필요하다. 즉, 분산 추정의 기본 아이디어는 다음과 같다. 만약 모수가 다음과 같은 형태라면

$$Q=\sum_{i=1}^{N}\sum_{j=1}^{N}q\left(y_i,y_j\right)$$

가측표본추출하에서 Q의 비편향추정량은

$$\hat{Q}=\sum_{i\in A}\sum_{j\in A}\frac{1}{\pi_{ij}}\ q\left(y_i,y_j\right) \tag{2.11}$$

이 될 것이다. 따라서 분산식 (2.7)에 대한 비편향추정량은

$$\hat{V}\left(\hat{Y}_{HT}\right)=\sum_{i\in A}\sum_{j\in A}\frac{\pi_{ij}-\pi_i\pi_j}{\pi_{ij}}\frac{y_i}{\pi_i}\frac{y_j}{\pi_j} \tag{2.12}$$

이 되고 고정 표본수 추출의 경우에는 식 (2.8)의 SYG 공식을 사용하여

$$\hat{V}\left(\hat{Y}_{HT}\right) = -\frac{1}{2}\sum_{i\in A}\sum_{j\in A}\frac{\pi_{ij}-\pi_i\pi_j}{\pi_{ij}}\left(\frac{y_i}{\pi_i}-\frac{y_j}{\pi_j}\right)^2 \quad (2.13)$$

이 된다.

HT 추정량의 또 다른 성질으로는 일치성(consistency)과 근사적 정규성(asymptotic normality)으로 표본수가 충분히 큰 경우에만 적용되는 대표본(large sample) 성질이다. 무한 모집단의 경우 표본평균의 일치성이라함은 표본평균이 모평균으로 확률적으로 수렴(converge in probability)한다는 개념으로 대수의 약법칙(weak law of large numbers)라고도 한다. 표본평균이 모평균으로 확률적으로 수렴한다는 말은 표본평균과 모평균과의 차이가 주어진 임계점(ϵ)을 벗어나게 되는 확률이 표본수가 증가하면서 0 으로 수렴한다는 뜻이다. 즉,

$$Pr\left(\left|\bar{y}_n-\bar{Y}_N\right|>\epsilon\right)\to 0 \quad \text{as } n\to\infty, \quad \forall\epsilon>0.$$

근사적 성질을 다루기 위해서는 표본수를 무한대로 늘려야 하는데 유한모집단의 경우 표본수를 단순하게 늘리면 전수조사의 경우가 되므로 보다 다른 접근법이 필요하게 되는데 n이 증가함에 따라 N도 이에 비례하여 함께 증가하는 것으로 간주한다. 이와 관련하여서는 7장에서 보다 자세하게 다루기로 한다. 유한 모집단에서 계산되는 HT추정량의 경우에는 모평균 추정량으로써 $\bar{Y}_{HT} = \hat{Y}_{HT}/N$을 사용할 수 있는데 이 경우 체비세프 부등식(Chebyshev's inequality)을 사용하면

$$Pr\left(\left|\bar{Y}_{HT}-\bar{Y}_N\right|>\epsilon\right)\le\epsilon^{-2}V\left(\bar{Y}_{HT}\right)$$

이 성립한다. 따라서

$$\lim_{n\to\infty}V\left(\bar{Y}_{HT}\right)=0 \quad (2.14)$$

이 성립하는 경우 HT추정량의 일치성이 보장된다. 예를 들어 단순확률추출의 경우 3장에서 배우게 될 공식을 사용하면

$$V\left(\bar{Y}_{HT}\right)=\frac{1}{n}\left(1-\frac{n}{N}\right)S^2$$

이 얻어지므로 S^2이 유계(bounded) 조건을 만족하면 식 (2.14)가 성립하고 따라서 일치성을 만족한다.

근사적 정규성은 표본 자료로부터 신뢰구간을 계산하거나 가설검정을 하고자 할 때 사용되는 성질이다. 일반적으로 HT 추정량은 적절한 조건하에서 표본수가 충분히 클때

$$\frac{\hat{Y}_{HT} - Y}{\sqrt{\hat{V}(\hat{Y}_{HT})}} \xrightarrow{d} N(0,1)$$

을 따름이 알려져 있다. 따라서 이 경우 모집단 총계의 근사적 95% 신뢰구간은

$$\left(\hat{Y}_{HT} - 1.96\sqrt{\hat{V}(\hat{Y}_{HT})}, \quad \hat{Y}_{HT} + 1.96\sqrt{\hat{V}(\hat{Y}_{HT})}\right)$$

으로 구현된다. HT 추정량의 근사적 정규성에 대한 보다 깊이 있는 논의는 Fuller (2009)의 제 1장을 참고하기 바란다.

제 3 절 기타 모수 추정

앞의 2절에서는 모수가 모집단 총합 $Y = \sum_{i=1}^{N} y_i$으로 표현되는 총계 추정에 대하여 다루었다. 그러나 많은 비용을 들여서 조사하는 표본 조사에서 총합만 추정하는 경우는 드물다. 예를 들어, 가계소득 조사의 경우, 전국 단위의 평균 소득뿐만 아니라 지역별 평균 소득, 빈곤 지수나 지니계수와 같은 불평등 지수도 함께 추정한다. 이러한 다양한 모수를 추정하고자 하는 욕구는 표본 조사를 설계하는데 제대로 반영되어야 하는데 이를 위해서는 상당한 수준의 통계학적 지식과 경험이 요구된다.

모집단 총계나 모집단 평균 외에 많이 사용되는 모수로는 부차 모집단 (subpopulation) 총계나 부차 모집단 평균이 있다. 부차 모집단은 도메인(domain) 이라고도 불리우는데 모집단 전체가 아닌 모집단의 부분 집합으로 특정한 속성을 갖는 집단이 될 것이다. 예를 들어 임금 근로자의 평균 소득을 계산하고자 할때 모집단 프레임에는 임금 근로자인지 아닌지에 대한 정보가 없다고 하자. 이러한 경우에는 전체 모집단으로 부터 샘플링을 한 다음에 얻어진 표본에서 임금 근로자 여부를 확인한 후, 임금 근로자에 대해서만 통계를 내는 경우가 그것에 해당될 것이다. 이러한 경우 임금 근로자 집단은 부차 모집단이 될 것이고, 이 임금 근로자 여부를 나타내는 지시변수를 δ 라고 하면 (즉, 임근 근로자이면 $\delta_i = 1$ 을 갖고 그렇지 않으면 $\delta_i = 0$이 된다) 임금 근로자의 평균 소득은

다음과 같이 표현된다.

$$\theta_d = \frac{\sum_{i=1}^{N} \delta_i y_i}{\sum_{i=1}^{N} \delta_i}. \tag{2.15}$$

이러한 지시 변수 δ 는 조사 대상이 특정한 속성을 가지는 집단에 대해서 모수를 추정하고자 할때 유용하게 사용될 수 있다. 여기서 $\delta_i = 1$ 인 경우는 적격(eligible)한 원소라고 부른다. 식 (2.15)으로부터 모수값은 두 개의 총합의 비(ratio)로 이해될 수 있는데 따라서 $\theta_d = Y_d/D$으로 표현하고 $Y_d = \sum_{i=1}^{N} \delta_i y_i$, $D = \sum_{i=1}^{N} \delta_i$으로 나타내면 θ_d에 대한 추정량으로는

$$\hat{\theta}_d = \frac{\sum_{i \in A} \delta_i y_i / \pi_i}{\sum_{i \in A} \delta_i / \pi_i} \tag{2.16}$$

을 사용할 수 있다. 식 (2.16)의 도메인 평균 추정량은 두 개의 총계에 대한 HT 추정량의 비(ratio)로써 표현되는 비추정(ratio estimation)의 일종으로써 HT 추정량과는 달리 비편향성(unbiasedness)를 만족하지 못하지만 표본수가 커질수록 편향의 상대 크기가 줄어들어 무시할 수 있게 된다. 즉, 비추정량의 편향은 근사적(asymptotic)으로 무시할 수 있게 되는데 이와 관련한 자세한 내용은 7장에서 다루어질 것이다.

도메인 추정 외에도 모집단 분포 자체가 관심이 있는 경우도 많다. 예를 들어, 가계 소득이 일정 수준 이하의 빈곤층의 비율을 계산하고자 할때 모수는 $\theta_p = N^{-1} \sum_{i=1}^{N} I(y_i < c)$ 이 될 것이고 여기서 c는 빈곤 가계 여부를 결정하는 기준선이 된다. 실제로는 이러한 기준선은 가족수에 따라 달라지지만 여기서는 편의상 일정한 것으로 가정하자. 이러한 경우 θ_p 에 대한 HT 추정량은 $\hat{\theta}_{p,HT} = N^{-1} \sum_{i \in A} \pi_i^{-1} I(y_i < c)$으로 계산될 수 있다. 만약 N을 모를 경우에는 $\hat{N} = \sum_{i \in A} \pi_i^{-1}$을 사용한다. 이러한 비율 추정은 결국 모집단의 누적분포함수(cumulative distribution function)인

$$F(y) = \frac{1}{N} \sum_{i=1}^{N} I(y_i \leq y)$$

의 추정도 가능하게 한다. 즉, $F(y)$의 HT 추정량은

$$\hat{F}(y) = \frac{1}{\sum_{i \in A} 1/\pi_i} \sum_{i \in A} I(y_i \leq y)/\pi_i$$

으로 계산하면 된다. 이러한 $\hat{F}(y)$의 계산은 분위수(quantile) 추정도 가능하게 한다. 모집단의 $q\%$ quantile $(0 < q < 1)$ 을 $\theta_q = \inf\{y; F(y) \geq q\}$으로 정의하면 $\hat{\theta}_q = \inf\{y; \hat{F}(y) \geq q\}$으로 계산될 수 있을 것이다.

한편 많은 경우에 모수가 $\sum_{i=1}^{N} U(\theta; y_i) = 0$ 의 해로 표현된다. 예를 들어, $q\%$ quantile 은 $U(\theta; y) = I(y < \theta) - q$으로 근사적으로 표현할 수 있다. 이때 $U(\theta; y)$를 추정 함수(estimating function)라고도 부르는데 이렇게

$$\sum_{i=1}^{N} U(\theta; y_i) = 0$$

의 해로 표현되는 모수 θ 에 대한 추정으로는

$$\sum_{i \in A} \pi_i^{-1} U(\theta; y_i) = 0$$

의 해를 구하여 이를 추정량으로 사용하는 방법을 생각할 수 있다. 이러한 추정량에 대한 통계적 성질에 대해서는 7장에서 자세히 다루기로 하자.

연습 문제

1. 식 (2.11)에서 정의된 $\hat{Q}$의 비편향성을 증명하시오.

2. $N = 3$인 모집단 $U = \{1, 2, 3\}$에서 예제 2.1의 표본확률분포를 생각해 보기로 하자. 단, $y_1 = 15, y_2 = 18, y_3 = 11$ 이라고 하자.

표 2.1: 새 표본추출방법의 표본확률분포표

표본 (A)	표본확률	HT 추정치	HT 분산 추정치
$A_1 = \{1, 2\}$	0.5		
$A_2 = \{1, 3\}$	0.25		
$A_3 = \{2, 3\}$	0.25		

위 표본확률분포표 테이블의 빈 칸을 채우고 분산 추정치들의 비편향성을 확인하시오.

3. 유한 모집단 $U = \{1, 2, 3\}$ 에서 다음과 같은 표본설계를 생각해 보자. y_i 를 모집단에서 단위 i인 관심 연구 대상이라고 하자. 여기서 우리는 y의 모집단 총계를 추정하는 것에 관심이 있다.

표 2.2: 표본확률분포표

Sample (A)	표본확률	HT 추정치	HT 분산 추정치
$A_1 = \{1, 2\}$	0.4		
$A_2 = \{1, 3\}$	0.3		
$A_3 = \{2, 3\}$	0.2		
$A_4 = \{1, 2, 3\}$	0.1		

(a) 모든 일차 표본포함확률 π_i 과 모든 이차 표본포함확률 π_{ij} 을 구하시오.

(b) $E(n)$의 값을 다음의 두가지 방법으로 구하시오: (1) 정의를 이용하여 직접계산 (2) 일차 포함확률의 함수로 $E(n)$를 표현하는 공식사용

(c) $y_1 = 16, y_2 = 21, y_3 = 18$ 이라고 하자. HT 추정량의 기대값과 분산을 구하시오.

(d) 각각 네가지 가능한 표본에 대하여 HT 분산 추정량을 구하고 이 모집단에서 그것이 비편향 추정량인지 확인하시오. (단, $y_1 = 16, y_2 = 21, y_3 = 18$)

4. 모집단 총계 $Y = \sum_{i=1}^{N} y_i$의 추정과 관련하여 다음과 같은 형태의 추정량을 생각하자.

$$\hat{Y}_w = \sum_{i \in A} w_i y_i + C.$$

이때 w_i는 고정된 상수이고 C는 표본에 따라 달라질수 있다. (즉 $C = C(A)$이다.)

(a) $C = 0$인 경우 추정량 $\hat{Y}_w$가 비편향 추정량이 위한 필요충분 조건은 $w_i = 1/\pi_i$임을 보이시오.

(b) $C \neq 0$인 경우 비편향성을 만족하는 추정량은 어떠한 것이 있을지 한가지 예를 찾아보시오.

(c) 어떠한 경우에 $\hat{Y}_w$의 분산을 최소화하는 C를 찾을수 있을지 설명하시오.

6. 일차표본포함확률이 π_i인 확률표본에서 단순표본평균으로 모평균을 추정하고자 한다고 하자. 이 경우 상대편향을

$$RB(\bar{y}) = \frac{E(\bar{y}) - \bar{Y}_N}{\bar{Y}_N}$$

으로 표현할때 다음과 같이 표현됨을 보이시오.

$$RB(\bar{y}) = Corr(\pi, Y) \times CV(\pi) \times CV(Y). \tag{2.17}$$

이때

$$Corr(\pi, Y) = \frac{Cov(\pi, Y)}{\sqrt{V(\pi)}\sqrt{V(Y)}}$$

이고 $CV(Y) = \sqrt{V(Y)}/E(Y)$ 이며 $E(Y) = N^{-1}\sum_{i=1}^{N} y_i$와

$$V(Y) = \frac{1}{N}\sum_{i=1}^{N}(y_i - \bar{Y}_N)^2$$

으로 표현된다. 식 (2.17)의 의미를 설명하시오 (즉, 어떠한 경우에 $\bar{y}$의 편향이 상대적으로 작아진다고 할수 있겠는가?)

제 3 장

원소추출

제 1 절 서론

표본설계를 위해서는 조사모집단의 리스트인 표본추출틀이 있어야 함은 1장에서 설명한바 있다. 표본추출틀은 크게 명부추출틀(list frame)과 지역추출틀(area frame)로 구분된다. 여기서 명부추출틀은 조사모집단의 모든 관측 단위를 나열한 추출틀이고 지역추출틀은 조사모집단의 지리적 정보(예: 시,군,구 리스트)로 이루어진 추출틀이다. 좋은 명부추출틀을 확보하는 것이 좋은 표본설계를 위한 일차 조건이지만 이러한 명부추출틀이 없거나 매우 부실하다고 판단되는 경우에는 그 보충으로 지역추출틀이 사용될 수 있다. 명부추출틀을 간단히 명부라고도 부른다.

표본설계를 시작하기 위해서는 표본추출틀의 확보와 함께 표본추출단위(sampling unit)를 정한다. 표본추출단위는 표본추출틀에서 추출을 하게 되는 단위(unit)로 조사단위(reporting unit)와는 다를 수 있다. 조사단위는 실제로 조사원이 조사를 하게 되는 단위로, 예를 들어 학생들의 학업 성취도를 알아보기 위해서 학교를 표본추출한 후, 그 학교에서 학생들을 조사하였다면 표본추출단위는 학교가 되지만 조사단위는 학생이 된다. 조사단위는 관측단위(observational unit)라고도 하고 그냥 원소(element)라고도 한다.

조사단위와 표본추출단위가 일치하는 표본추출법을 원소추출(element sampling)이라고 한다. 원소와는 반대되는 개념으로 원소들의 묶음(또는 집합)을 집락(cluster)이라고 한다. 표본추출단위가 집락이 되는 표본추출법을 집락추출(cluster sampling)이라고 하고 이에 대해서는 4장에서 다루게 된다.

제 2 절 균등 확률추출

이 절에서는 먼저 모집단의 각 원소가 뽑힐 확률이 동일한 확률추출법을 다루기로 한다. 각 모집단의 원소가 뽑힐 확률이 동일한 확률추출법을 균등 확률추출(equal probability sampling)이라고 하고 그렇지 않은 확률추출법을 비균등 확률추출(unequal probability sampling)이라고 한다. 균등 확률추출법에는 비복원 단순확률추출, 복원 단순확률추출, 베르누이 추출, 계통추출 등이 있으며 이들은 각 원소들이 동일한 일차 표본포함확률을 가지나 이차 표본포함확률이 달라지게 된다.

2.1 비복원 단순확률추출

크기가 N 인 유한모집단으로부터 n 개의 표본을 뽑는 경우를 생각할 때 발생할 수 있는 모든 표본의 경우의 수는 $\binom{N}{n}$ 이 되고 이러한 경우 가장 간단한 표본추출방법은 이 모든 경우를 동등한 추출확률로 뽑는 것이 될 것이다. 이러한 표본추출방법을 비복원 단순확률추출(simple random sampling without replacement; SRS)이라고 하는데 표본 크기가 n 인 비복원 단순확률추출의 표본분포는 다음과 같이 정의될 수 있다.

$$P(A) = \begin{cases} \binom{N}{n}^{-1} & \text{if} \quad |A| = n \\ 0 & \text{otherwise.} \end{cases} \tag{3.1}$$

이 표본분포로부터 일차 표본포함확률은 다음과 같이 계산될수 있다.

$$\begin{aligned} \pi_i &= P(i \in A) \\ &= \sum_{A \in \mathcal{A}} I(i \in A) P(A) \\ &= \frac{\binom{1}{1}\binom{N-1}{n-1}}{\binom{N}{n}} \\ &= \frac{n}{N}. \end{aligned}$$

마찬가지로 하면 이차 표본포함확률이 다음과 같이 계산될 수 있다.

$$\pi_{ij} = \begin{cases} N^{-1}n & \text{if } i = j \\ N^{-1}(N-1)^{-1}n(n-1) & \text{if } i \neq j \end{cases} \tag{3.2}$$

따라서 모집단 총계에 관한 Horvitz-Thompson 추정량은 다음과 같다.

$$\hat{Y}_{HT} = \frac{N}{n}\sum_{i \in A} y_i = N\bar{y}. \tag{3.3}$$

위의 HT 추정량은 단순확률추출 하에서 비편향성을 가진다. 즉, 단순확률추출에서 표본평균($\bar{y}$)은 모평균 $\bar{Y} = N^{-1}\sum_{i=1}^{N} y_i$에 대해 비편향이다. 위의 HT 추정량의 분산은 식 (2.8)에 의하여

$$\begin{aligned} V\left(\hat{Y}_{HT}\right) &= -\frac{1}{2}\sum_{i=1}^{N}\sum_{j=1}^{N}(\pi_{ij} - \pi_i\pi_j)\left(\frac{y_i}{\pi_i} - \frac{y_j}{\pi_j}\right)^2 \\ &= \frac{1}{2}\frac{N}{n}\frac{N-n}{N(N-1)}\sum_{i=1}^{N}\sum_{j=1}^{N}(y_i - y_j)^2 \end{aligned}$$

으로 계산된다. 여기서

$$\begin{aligned} \sum_{i=1}^{N}\sum_{j=1}^{N}(y_i - y_j)^2 &= \sum_{i=1}^{N}\sum_{j=1}^{N}\left(y_i - \bar{Y} + \bar{Y} - y_j\right)^2 \\ &= 2N\sum_{i=1}^{N}\left(y_i - \bar{Y}\right)^2 \end{aligned} \tag{3.4}$$

임을 이용하면

$$V\left(\hat{Y}_{HT}\right) = \frac{N^2}{n}\frac{N-n}{N}S^2$$

으로 표현되고 이 때

$$\begin{aligned} S^2 &= \frac{1}{N-1}\sum_{i=1}^{N}\left(y_i - \bar{Y}\right)^2 \\ &= \frac{1}{2}\frac{1}{N(N-1)}\sum_{i=1}^{N}\sum_{j=1}^{N}(y_i - y_j)^2 \end{aligned} \tag{3.5}$$

이다. 따라서, 표본 평균의 분산은

$$V(\bar{y}_n) = \frac{1}{n}\frac{N-n}{N}S^2 \tag{3.6}$$

이 된다. 식 (3.6)에서 $n = 1$을 대입하면 그 값은

$$\frac{1}{N}\sum_{i=1}^{N}\left(y_i - \bar{Y}\right)^2$$

으로 종종 모분산 σ_y^2 으로 표현된다. 즉, 모분산 σ_y^2 은 주어진 유한모집단에서 크기가 1인 표본을 추출하였을 때 얻어지는 값들의 분산으로 이해할 수 있을 것이다. 모분산을 사용하면 식 (3.6)의 분산 공식이 다음과 같이 표현된다.

$$V(\bar{y}_n) = \frac{1}{n}\left(1 - \frac{n-1}{N-1}\right)\sigma_y^2 \tag{3.7}$$

여기서 $1 - (N-1)^{-1}(n-1)$ 은 비복원 추출때문에 생기는 분산의 감소량을 나타내며 FPC(finite population correction)항이라고도 한다. 복원 추출인 경우에는 FPC항이 없어진다.

비복원 단순 임의 추출을 실제로 구현하기 위해서는 draw-by-draw method을 사용할 수 있을 것이다. 이 방법은 첫번째 뽑히는 원소를 $1/N$의 확률로 뽑고 두번째로 뽑히는 원소는 첫번째 뽑힌 원소를 제외한 나머지 $N-1$개의 모집단 원소 중에서 $1/(N-1)$의 확률로 뽑고, 이런 식으로 계속해서 마지막 n-번째로 뽑히는 원소는 남은 $N-n+1$개의 원소중에서 하나를 뽑아서 전체 n개의 원소를 가진 표본을 만들수 있을 것이다. 이러한 경우 특정원소가 뽑힐 확률은 첫번째로 뽑힐 확률이 $1/N$이고 두번째로 뽑힐 확률이 $(N-1)/N \times 1/(N-1) = 1/N$이 되고 이런 식으로 모든 경우에 대해 $1/N$의 확률을 가지므로 $\pi_i = n/N$이 됨을 확인할 수 있다. 이러한 draw-by-draw 방법은 뽑을 당시 모집단 리스트 전체를 가지고 있어야 하고 각각의 추출에서 모집단 리스트를 읽어내는 작업을 n번 반복해야 한다.

McLeod and Bellhouse (1983)은 모집단 리스트를 한번만 읽어가면서 표본을 추출하는 방법을 제안했는데 후에 이 방법은 reservoir sampling 방법이라고도 불리운다. 이 reservoir sampling 방법은 가상의 저장 공간 (이를 reservoir라고 하자)에 첫 n-개의 모집단 원소를 저장한 다음 순차적으로 다음 원소를

저장 공간에 추가할 것인지를 확률적으로 결정한 후 만약 추가되는 경우에는 저장 공간에 있는 원소 중에서 하나를 등확률로 랜덤하게 뺀다. 이때 k-번째 모집단 원소 $(k = n+1, \cdots, N)$가 저장공간에 추가되는 확률은 n/k를 사용한다. 이러한 방법론은 인터넷 자료처럼 모집단 리스트가 계속 업데이트되는 경우에 특히 유용하다.

다음으로 분산 추정을 생각해 보자. 비복원 단순확률추출은 고정표본수 추출이므로 식 (2.13)의 SYG 공식을 사용할 수 있고 이 경우

$$\begin{aligned}\hat{V}\left(\hat{Y}_{HT}\right) &= -\frac{1}{2}\sum_{i\in A}\sum_{j\in A}\frac{(\pi_{ij}-\pi_i\pi_j)}{\pi_{ij}}\left(\frac{y_i}{\pi_i}-\frac{y_j}{\pi_j}\right)^2 \\ &= \frac{1}{2}\frac{N}{n}\frac{N-n}{n(n-1)}\sum_{i\in A}\sum_{j\in A}(y_i-y_j)^2\end{aligned}$$

으로 계산되고, 식 (3.4)에서와 같은 방식으로 계산하면

$$\sum_{i\in A}\sum_{j\in A}(y_i-y_j)^2 = 2n\sum_{i\in A}(y_i-\bar{y})^2 \tag{3.8}$$

임을 얻어낼수 있고 따라서

$$\hat{V}\left(\hat{Y}_{HT}\right) = \frac{N^2}{n}\frac{N-n}{N}s^2 \tag{3.9}$$

으로 표현되며 이 때

$$s^2 = \frac{1}{n-1}\sum_{i\in A}(y_i-\bar{y})^2$$

으로 정의된다. 따라서 단순확률추출에서는

$$E\left(s^2\right) = S^2 \tag{3.10}$$

이 성립함을 확인할수 있다.

만약 y-변수가 0 또는 1을 갖는 지시변수인 경우에는 y-변수의 모평균은 $y = 1$인 확률과 같아지므로 모비율 $P = P(Y = 1)$로 생각할 수 있다. 이 경우 모분산 σ_y^2 은 $\sigma_y^2 = P(1-P)$으로 표현되므로 모비율의 비편향 추정량인 $\hat{P} = \bar{y}$ 의 분산은

$$V\left(\hat{P}\right) = \frac{1}{n}\left(1-\frac{n}{N}\right)\frac{N}{N-1}P(1-P)$$

가 되고, 따라서 그 비편향 추정량은

$$\hat{V}\left(\hat{P}\right) = \frac{1}{n-1}\left(1 - \frac{n}{N}\right)\hat{P}\left(1 - \hat{P}\right) \tag{3.11}$$

이 된다.

다음으로는 표본수의 결정에 대해 알아보기로 하자. 모평균 추정의 경우 유의수준(α)과 오차한계(이를 d라 하자)가 주어질 경우 표본수를 결정할 수 있다. 여기서 오차 한계라 함은 추정량 $\hat{\theta}$와 모수 θ와의 차이(즉, 오차)에 대한 최대 허용치로써

$$\left|\hat{\theta} - \theta\right| \leq d$$

을 만족하는 값으로 정의할 수도 있겠으나 실제로는 오차값이 유계(bounded) 되어 있지 않으므로 확률적으로 그 상한값을 계산하게 된다. 즉, 주어진 유의수준 α 하에서 확률적으로 그 오차의 최대 허용치(또는 상한값)를 계산하면 오차 한계 d는

$$Pr\left\{\left|\hat{\theta} - \theta\right| \leq d\right\} = 1 - \alpha$$

으로 정의되며 결국 d는 신뢰구간 길의의 1/2로 계산되어진다. 따라서, 주어진 모집단이 중심극한정리의 조건을 만족한다고 한다면

$$z_{\alpha/2}\sqrt{\frac{1}{n}\left(1 - \frac{n}{N}\right)S^2} \leq d$$

를 표본수 n에 대해 풀 수 있고

$$n \geq \frac{S^2}{\left(d/z_{\alpha/2}\right)^2 + S^2/N} \tag{3.12}$$

으로 표현된다. 그러나 실제로는 표본을 관측하기 전이므로 S^2을 알 수 없고 따라서 예비조사나 과거 유사 조사등을 통하여 S^2을 추정하여야 한다. 여론조사 같은 경우에는 y-변수가 찬성 여부를 나타내는 지시변수인 경우가 많다. 이러한 경우에 S^2의 최대값은 $P = 1/2$에서 얻어짐을 이용하여 대략적으로

$$n \geq 0.25\left(\frac{z_{\alpha/2}}{d}\right)^2 \tag{3.13}$$

으로 구현되는데 95% 신뢰구간에서 $z_{\alpha/2} \doteq 2$이므로

$$n \geq d^{-2} \tag{3.14}$$

으로 간단하게 사용한다.

2.2 복원 단순확률추출

주어진 유한모집단으로부터 n 개의 표본을 같은 추출확률로 뽑되 복원으로 추출하는 경우를 생각해 보자. 유한모집단의 N개의 원소를 동일한 확률로 뽑을 때 첫 번째 시행에서 특정 원소 i를 뽑을 확률은 $1/N$이며 이러한 경우 첫 번째 시행에서 관측된 y-값을 z_1라 하면 z_1의 확률분포는 다음과 같다.

$$z_1 = \begin{cases} y_1 & \text{with probability } 1/N \\ y_2 & \text{with probability } 1/N \\ \vdots & \\ y_N & \text{with probability } 1/N. \end{cases}$$

마찬가지로 k-번째 표본추출에서 얻어진 y값을 z_k로 정의한다면 복원 추출 (replacement sampling)은 $z_1, z_2, \cdots, z_n$의 분포가 독립적이며 동일하게(independently and identically distributed; IID) 되도록 만들어준다.

이러한 경우 n개의 표본 관측치들$(z_1, z_2, \cdots, z_n)$은 IID 분포를 가지며 이때 평균과 분산은 위의 확률분포로부터

$$E(z_1) = N^{-1}\sum_{i=1}^{N} y_i = \bar{Y} \tag{3.15}$$

$$V(z_1) = N^{-1}\sum_{i=1}^{N} (y_i - \bar{y}_N)^2 = \sigma_y^2 \tag{3.16}$$

이 됨을 유도할수 있다. 따라서 모평균 $\bar{Y}$의 비편향 선형추정량으로써

$$\hat{\bar{Y}}_w = \sum_{i=1}^{n} w_i z_i \tag{3.17}$$

을 고려하면 분산을 최소화 하는 최적 가중치는 다음의 보조 정리를 이용하여 구할수 있다.

보조 정리 3.1. 확률변수 $X_1, X_2, \cdots, X_n$가 서로 독립이고 $E(X_i) = \mu$와 $V(X_i) = \sigma_i^2$이 성립한다면 $\sum_{i=1}^{n} w_i = 1$을 만족하는 임의의 상수 w_i에 대하여 $\bar{X}_w = \sum_{i=1}^{n} w_i X_i$는 μ의 추정에 대해 비편향성을 만족하고 그 분산은 $w_i \propto \sigma_i^{-2}$에서 최소값을 갖는다.

증명 코쉬 부등식을 사용하면

$$\left(\sum_{i=1}^{n} w_i^2\sigma_i^2\right)\left(\sum_{i=1}^{n}\sigma_i^{-2}\right) \le \left(\sum_{i=1}^{n} w_i\right)^2$$

이 성립하고 $\sum_{i=1}^{n} w_i = 1$이므로

$$\sum_{i=1}^{n} w_i^2\sigma_i^2 \le \text{Constant}$$

가 성립하며 이 하한은 $w_i\sigma_i \propto \sigma_i^{-1}$인 경우, 즉 $w_i \propto \sigma_i^{-2}$인 경우 발생한다. □

위의 보조정리를 이용하면 (3.17)의 추정량의 분산은

$$V(\hat{\bar{Y}}_w) = \sum_{i=1}^{n} w_i^2\sigma_y^2$$

이고 따라서 이 분산의 최소값은 $w_i = 1/n$에서 얻어지게 된다. 즉, 모평균 $\bar{Y}$에 대한 최소분산 비편향선형추정량(best linear unbiased estimator)은 표본평균인 $\bar{z} = n^{-1}\sum_{i=1}^{n} z_i$이 되고 이 경우 분산은, z_i들이 서로 독립이므로,

$$V(\bar{z}) = \frac{1}{n}\sigma_y^2 \tag{3.18}$$

이 된다. 비복원 추출에서의 분산 공식 (3.7) 과 복원 추출에서의 분산 공식 (3.18)을 비교하면 복원 추출에서의 분산이 더 커지게 됨을 알수 있다. 이는 복원 추출이 동일한 원소를 중복하여 뽑을 수 있기 때문에 생기는 효율의 저하로 설명할 수 있을 것이다.

분산 추정은 IID 자료에서 표본분산 $s_z^2 = (n-1)^{-1}\sum_{i=1}^{n}(z_i - \bar{z})^2$ 이 모분산에 대해 비편향임을 이용하여 구현할 수 있다. 즉, $z_1, z_2, \ldots, z_n$이 IID 이므로

$$E\left(s_z^2\right) = \sigma_y^2 \tag{3.19}$$

이 성립하고 따라서 표본평균의 분산 추정량은

$$\hat{V}(\bar{z}) = \frac{1}{n}s_z^2$$

이 된다. 복원 단순확률추출은 3.3.2절에서 다루게될 PPS 추출의 특별한 경우로 보다 자세한 내용은 3.3.2절을 참조하기 바란다.

2.3 베르누이 추출

베르누이 추출은 모집단의 각 원소에 대하여 베르누이 시행을 실시하여 성공이면 표본으로 뽑고 그렇지 않으면 표본으로 뽑지 않는 추출법이다. 즉, 식 (2.3)에서 정의된 표본포함지시변수 I_i가 다음과 같은 분포를 따르게 된다.

$$I_i \overset{i.i.d.}{\sim} Bernoulli\,(\pi)\,, \quad i = 1, 2, \cdots, N. \tag{3.20}$$

여기서 π는 기대표본추출률로 $N^{-1}n_0$이 될 것이고 이 때 표본수 n_0는 표본을 추출하기 전에 결정되는 기대표본수(또는 목표표본수)가 된다. 이러한 베르누이 추출의 가장 큰 특징은 실현된 표본수 n가 $Bin\,(N, \pi)$의 분포를 따르는 확률변수가 된다는 점이다. 또한 표본수가 랜덤이라는 점은 HT추정량의 효율을 크게 저하시킬수 있다.

이 베르누이 추출하에서 구현되는 모평균의 HT 추정량은 다음과 같이 표현된다.

$$\bar{Y}_{HT} = \frac{1}{N}\sum_{i \in A}\frac{y_i}{\pi} = \frac{n}{n_0}\bar{y}. \tag{3.21}$$

여기서 n은 기대표본수가 아닌 실현표본수이다. 위의 식에서 모평균의 HT추정량은 n/n_0이 1보다 아주 크거나 작아지는 경우에 실현된 표본평균과 크게 달라지는 비현실적인 추정량이 될 위험이 있다. 이러한 경우 HT 추정량을 사용하는 것은 별로 바람직하지 않다.

다음의 예를 살펴보면 모평균의 추정에서 단순 표본평균을 사용하면 그 분산이 근사적으로

$$V\,(\bar{y}) = \frac{1}{n_0}\left(1 - \frac{n_0}{N}\right)S^2 \tag{3.22}$$

계산되며 (3.3.1절 참조) HT 평균 추정량의 분산인

$$V\left(\bar{Y}_{HT}\right) = \frac{1}{n_0}\left(1 - \frac{n_0}{N}\right)\frac{1}{N}\sum_{i=1}^{N} y_i^2 \tag{3.23}$$

보다 대부분의 경우 훨씬 작게 된다.

다음의 예를 살펴보기로 하자.

예제 3.1. 어느 대학교에서 졸업생들의 취업률을 추정하기 위해서 $N = 600$명의 졸업생 명단으로부터 표본을 추출하여 취업률을 추정하였는데 이를 위해

주사위를 던져서 6의 눈이 나오는 경우의 학생들만을 조사하였다고 하자. 이 결과 총 90명의 학생이 표본으로 선정되었으며 이 중 60명의 학생이 취업한 것으로 밝혀졌다고 한다. 이 경우, 식 (3.21)에 의해서 $n_0 = N \times (1/6) = 100$이고 $n = 90$이므로 취업률에 HT추정량은 2/3 가 아닌 $0.9 \times 2/3$로 과소추정하는 우를 범하게 된다. 극단적인 경우 모집단의 $N = 600$명이 모두 취업하였을지라도 HT추정량은 0.9가 된다.

만약 베르누이 추출 후 실현된 표본수(n)가 목표표본수(n_0)와 같아지는 경우에만 전체 표본을 채택하고 그렇지 않으면 그 표본을 버리고 다시 베르누이 추출을 실시하는 경우에는 애초에 표본수 n_0의 비복원 단순확률추출을 하는 것과 동일하다. 이를 유도하기 위해서 $\sum_{i=1}^{N} I_i = n_0$하에서 $I_1, I_2, \cdots, I_N$의 조건부 분포를 구해야 할 것이다. 즉,

$$Pr\left(I_1, I_2, \cdots, I_N \mid \sum_{i=1}^{N} I_i = n_0\right) = \frac{Pr\left(I_1, I_2, \cdots, I_N, \sum_{i=1}^{N} I_i = n_0\right)}{Pr\left(n = n_0\right)} \tag{3.24}$$

이고

$$\begin{aligned} Pr\left(I_1, I_2, \cdots, I_N, \sum_{i=1}^{N} I_i = n_0\right) &= \begin{cases} \prod_{i=1}^{N} p^{I_i}\left(1-p\right)^{1-I_i} & \text{if } \sum_{i=1}^{N} I_i = n_0 \\ 0 & \text{otherwise} \end{cases} \\ &= \begin{cases} p^{n_0}\left(1-p\right)^{N-n_0} & \text{if } \sum_{i=1}^{N} I_i = n_0 \\ 0 & \text{otherwise} \end{cases} \end{aligned}$$

와

$$Pr\left(n = n_0\right) = \begin{pmatrix} N \\ n_0 \end{pmatrix} p^{n_0}\left(1-p\right)^{N-n_0}$$

이므로 (3.24)의 조건부 확률은 단순확률추출의 표본분포식 (3.1)과 동일해진다. 베르누이 추출은 3.3.1절에서 다루게될 포아송 추출의 특별한 경우이다.

2.4 계통추출

모집단의 크기가 클 때 단순확률추출로 표본을 추출하면 방대한 작업을 필요로 한다. 그러나 계통추출을 하면 작업이 단순해 진다. 따라서, 계통추출

(systematic sampling)은 컴퓨터가 발달하지 않았던 시절 조사모집단의 크기가 클 때 주로 사용되었는데, 표본추출 과정이 단순하다. 만약 조사모집단이 3,000,000명으로 구성되어 있고 1,500명을 표본으로 추출하기를 원한다면, 일련번호를 매기는 일이나 난수표에서 표본을 선정하는 작업이 매우 어려운 일이다. 계통표본추출의 표본선정 과정은 임의로 선택된 출발점에서 시작하여 매 2,000번째 마다의 표본추출단위를 선정하는 것이다. 이 때 출발점은 명부상에서 첫 번째와 2,000번째 사이의 표본추출단위 중에서 선정한다. 계통추출은 표본추출틀에서 첫 원소로부터 2,000 번째 원소사이에서 한 원소를 랜덤추출하고 그 후에는 첫 번째 뽑힌 원소로부터 매 2,000번째가 되는 원소를 추출하는 방법이다.

즉, 순차적으로 정렬된 N개의 원소를 가진 모집단에서 표본수 n이 주어진 경우

$$N = n \times a + c, \quad 0 \le c < a$$

으로 표현한 후, 1부터 a까지의 정수 중에서 한 숫자를 랜덤하게 뽑고 (이 숫자를 r 이라고 하자) 그 다음 매 a번째에 해당하는 원소를 추출하는 것이다. 즉, 계통추출은 총 a개의 가능한 표본이 $A_1, A_2, \ldots, A_a$이며 이 중 하나의 $A_r(0 \le r < a)$을 $1/a$의 확률로 뽑는 표본추출법이다. 따라서 최종적으로 얻어지는 표본은 다음과 같다.

$$A_r = \begin{cases} \{r, r+a, r+2a, \cdots, r+(n-1)\,a\} & \text{if } c < r \le a \\ \{r, r+a, r+2a, \cdots, r+na\} & \text{if } 1 \le r \le c. \end{cases}$$

이 경우 일차 표본포함확률은 모두 $\pi_i = 1/a$이 되지만 이차 표본포함확률 π_{ij}은 0 또는 $1/a$가 된다. 즉, a개의 집락 중에서 하나의 집락을 추출하는 집락추출법과 동일하고 이 경우 이차 표본포함확률은 같은 집락에 속하여야만 양수의 값을 가지게 된다. 따라서 비편향(unbiased) 분산추정량이 존재하지 않는다. 한편, 추정량의 효율은 정렬(sorting)을 어떠한 방식으로 하느냐에 달려있다. 계통추출자료에 대한 모형 기반 분산추정 방법은 Wolter (1984)를 참고할수 있다.

계통 추출은 5장에서 다루게 될 집락 추출의 특수한 경우로 이해될수 있다. 먼저 위에서 다룬 정렬법을 통해서 모집단 U가 다음과 같은 a개의 그룹으로

나누어 짐을 확인할수 있다.

$$U = A_1 \cup A_2 \cup \cdots \cup A_a$$

이때 A_i는 상호 배반적(mutually disjoint)이다. 이 경우 모집단 총계는 다음과 같이 표현될수 있는데

$$Y = \sum_{i \in A} y_i = \sum_{r=1}^{a} \sum_{k \in A_r} y_k = \sum_{r=1}^{a} t_r$$

여기서 $t_r = \sum_{k \in A_r} y_k$은 r-번째 그룹 A_r에 속하는 원소값들의 총합이다. 따라서 총계를 추정하는 문제는 $\{t_1, \cdots, t_a\}$로 구성되는 a개의 원소를 가지는 모집단의 총계를 추정하는 문제와 동일해진다. 이 a개의 A_r중에서 하나를 같은 확률로 뽑을 경우 HT 추정량은 다음과 같이 구현된다.

$$\hat{Y}_{HT} = \frac{t_r}{1/a} = a \sum_{k \in A} y_k,$$

이때 A는 추출된 표본 집합을 나타낸다. 또한 분산은

$$Var\left(\hat{Y}_{HT}\right) = \frac{a^2}{1}\left(1 - \frac{1}{a}\right) S_t^2 \tag{3.25}$$

으로 표현될수 있는데 이때

$$S_t^2 = \frac{1}{a-1} \sum_{r=1}^{a} (t_r - \bar{t})^2$$

으로 표현되고 여기서 $\bar{t} = \sum_{r=1}^{a} t_r / a$이다.

식 (3.25)의 분산식을 좀더 이해하기 위해서 편의상 $N = na$이라고 가정하자. 이 경우

$$\begin{aligned} V\left(\hat{Y}_{HT}\right) &= a(a-1) S_t^2 \\ &= n^2 a \sum_{r=1}^{a} (\bar{y}_r - \bar{y}_u)^2 \end{aligned} \tag{3.26}$$

으로 표현될수 있는데 여기서 $\bar{y}_r = t_r/n$이고 $\bar{y}_u = \bar{t}/n$이다. 이때 $U = \cup_{r=1}^{a} U_r$ 이므로 분산분석(analysis of variance) 기법을 이용하면

$$\begin{aligned} SST &= \sum_{k \in U} (y_k - \bar{y}_u)^2 = \sum_{r=1}^{a} \sum_{k \in A_r} (y_k - \bar{y}_u)^2 \\ &= \sum_{r=1}^{a} \sum_{k \in A_r} (y_k - \bar{y}_r)^2 + n \sum_{r=1}^{a} (\bar{y}_r - \bar{y}_u)^2 \\ &= SSW + SSB. \end{aligned}$$

으로 표현되고 따라서 식 (3.28)의 분산 공식은

$$V\left(\hat{Y}_{HT}\right) = na \cdot SSB = N \cdot SSB = N\left(SST - SSW\right).$$

으로 표현된다. 만약 SSB 가 상대적으로 작다면 이는 $\bar{y}_r$값들이 서로 비슷하다는 것이므로 $V\left(\hat{Y}_{HT}\right)$이 작아질 것이고, 그와는 반대로 만약 SSW 이 상대적으로 작다면 $V\left(\hat{Y}_{HT}\right)$이 크게 될 것이다.

이러한 계통추출의 분산을 단순확률추출의 그것과 비교하면, 먼저

$$\begin{aligned} V_{SRS}\left(\hat{Y}_{HT}\right) &= \frac{N^2}{n}\left(1 - \frac{n}{N}\right) \frac{1}{N-1} \sum_{k=1}^{N} \left(y_k - \bar{Y}_N\right)^2 \\ V_{SY}\left(\hat{Y}_{HT}\right) &= n^2 a \sum_{r=1}^{a} (\bar{y}_r - \bar{y}_u)^2 \end{aligned}$$

이므로 어느 하나가 다른 하나보다 항상 크거나 작다는 결론을 내릴수 없게 된다. 하지만 모집단 값에 대한 추가적인 모형 가정이 있는 경우에는 이 두 분산의 비교가 가능할수도 있다. 이를 초모집단 모형(superpopulation model) 이라고도 하는데 만약 초모집단 모형이 $\zeta : \{y_k\} \overset{i.i.d.}{\sim} (\mu, \sigma^2)$ 라고 한다면

$$\begin{aligned} E_\zeta\left\{V_{SRS}\left(\hat{Y}_{HT}\right)\right\} &= \frac{N^2}{n}\left(1 - \frac{n}{N}\right)\sigma^2 \\ E_\zeta\left\{V_{SY}\left(\hat{Y}_{HT}\right)\right\} &= \frac{N^2}{n}\left(1 - \frac{n}{N}\right)\sigma^2 \end{aligned}$$

이 성립함을 보일수 있다. 따라서 이러한 IID 모형 하에서는 두 분산의 기대값이 같아짐을 확인할수 있고 이러한 경우 두 방법이 동일한 효율을 가진다고 할수 있을 것이다.

제 3 절 비균등 확률추출

비균등 확률추출은 각 모집단 원소가 뽑힐 확률이 다른 확률추출이다. 비균등 확률추출을 하는 이유는 표본추출 당시 존재하는 보조정보를 추출확률에 반영함으로써 추정의 효율을 높여주고자 하기 위함이다.

예제 3.2. 다음의 가상의 사업체 모집단을 생각해 보자. 표본추출 당시 종업원수는 전체 모집단 원소에 대하여 미리 알려져 있지만 매출은 표본에서만 관측된다.

표 3.1: 사업체 모집단 자료

사업체	Size (종업원수)	y (매출)
A	100	11
B	200	20
C	300	24
D	1,000	245

만약 하나의 사업체를 표본으로 선정하여 전체 모집단의 매출을 추정하고자 할 때 다음과 같은 두 가지 추출 방법을 생각할 수 있을 것이다.

1. 등확률(equal-probability) 추출법

2. 종업원수에 비례하는 추출법

등확률추출법으로 계산되는 총계 추정량의 분포는 다음과 같다.

$$\hat{Y} = \begin{cases} 11 \times 4 & \text{if A is sampled} \\ 20 \times 4 & \text{if B is sampled} \\ 24 \times 4 & \text{if C is sampled} \\ 245 \times 4 & \text{if D is sampled} \end{cases}$$

따라서

$$
\begin{aligned}
E(\hat{Y}) &= 11 + 20 + 24 + 245 = 300 \\
V(\hat{Y}) &= 154,488
\end{aligned}
$$

으로 계산된다. 종업원 수에 비례하는 추출법의 경우에는

$$
\hat{Y} = \begin{cases} 11 \times 16 & \text{if A is sampled} \\ 20 \times (16/2) & \text{if B is sampled} \\ 24 \times (16/3) & \text{if C is sampled} \\ 245 \times (16/10) & \text{if D is sampled} \end{cases}
$$

이고 따라서

$$
\begin{aligned}
E(\hat{Y}) &= 11 + 20 + 24 + 245 = 300 \\
V(\hat{Y}) &= 14,248
\end{aligned}
$$

으로 계산될 것이다. 따라서 종업원 수에 비례하는 추출법이 등확률 추출법보다 훨씬 효율적이다. 이는 종업원 수가 많은 사업체가 매출도 클 것이기 때문이다.

이렇게 모집단의 각 원소에 대하여 규모나 크기에 대하여 정보가 있을 경우에는 그러한 정보를 표본 설계 시점에서 반영하여 각 원소가 추출될 확률이 다를 수 있도록 하는 것이 종종 더 효율적이다.

비균등 확률추출이 중요한 또다른 이유는 자료의 샘플링 단위가 분석 단위와 달라지는 경우 비균등 확률 추출의 효과를 가져올수 있다는 점이다. 예를 들어, 어느 학교에서 학생들을 대상으로 학생 가정의 특정 속성(예: 자가 소유 여부)을 조사했다고 하자. 이경우 샘플링 단위는 학생이지만 분석 단위는 가구 (household)이다. 문제는 가구의 가구원수는 동일하지 않고 가구당 자녀수와 자가 소유 여부간에 상관관계가 있기 때문에 이를 무시하고 분석하면 다자녀 가구의 속성이 통계 분석에 과대 반영되는 편향이 발생한다. 이를 해결하기 위해서는 이 자료가 가구 단위로 보았을때 비균등 확률추출로 얻어진 자료임을 이해하고 그에 합당한 가중치 방법을 적용해야 한다. 5장에서 이와 관련한 보다 자세한 내용을 찾을수 있다.

3.1 Poisson 추출

포아송(Poisson) 추출은 베르누이 추출의 비균등 확률추출버전으로 식 (2.3)에서 정의된 표본포함지시변수 I_i가 다음과 같은 분포를 따르게 된다.

$$I_i \overset{indep}{\sim} Bernoulli\left(\pi_i\right), \quad i = 1, 2, \cdots, N. \tag{3.27}$$

이 때, π_i는 일차 표본포함확률을 나타낸다. 포아송 추출은 실제로는 거의 사용되지 않으나 일차 표본포함확률만 알면 되므로 비균등 확률추출의 이론적 성질을 규명하는데 많이 사용된다. 이 포아송 추출 하에서 HT 추정량의 분산은, 식 (2.7)에서 $\pi_{ij} = \pi_i \pi_j$ $(i \neq j)$를 사용하면

$$V\left(\hat{Y}_{HT}\right) = \sum_{i=1}^{N} \left(\frac{1}{\pi_i} - 1\right) y_i^2 \tag{3.28}$$

으로 계산된다.

다음의 정리는 이러한 포아송 추출의 분산을 최소화하는 표본설계에 대해 다루고 있다.

정리 3.1. 일차 표본포함확률이 π_i인 포아송 추출을 고려하자. 동일한 표본수 하에서 HT 추정량의 분산을 최소화하는 π_i를 찾으면

$$\pi_i \propto y_i \tag{3.29}$$

가 된다.

증명 Cauchy-Schwarz 부등식에 의하여

$$\left(\sum_{i=1}^{N} \frac{y_i^2}{\pi_i}\right)\left(\sum_{i=1}^{N} \pi_i\right) \geq \left(\sum_{i=1}^{N} y_i\right)^2$$

이 성립하고 $\sum_{i=1}^{N} \pi_i = n$은 상수이므로 (3.28)의 분산은 π_i가 (3.29)을 만족할 때 최소가 된다. □

따라서 포아송 추출에서 분산을 최소화하기 위해서는 y값에 비례하게 일차 표본포함확률을 정해주면 된다. 실제로는 y값을 알 수 없으므로 y와 비례하는 보조변수 x를 찾아 그 보조변수에 비례하게 일차 표본포함확률을 정해주는 것이 포아송 추출의 효율을 높이는 방법이 될 것이다.

그러나 포아송 추출은 베르누이 추출과 마찬가지로 표본수 n이 랜덤이라는 단점이 있다. 극단적인 경우 표본수가 0이 될 확률이 있기 때문에 현실적으로는 의미가 없지만, 각 원소의 추출이 독립이라 이론적 성질을 규명하기에 용이해 연구용으로 적합하다.

만약 실제로 포아송 추출을 하는 경우에는 HT 추정보다는 다음의 추정량을 사용하는 것이 바람직하다.

$$\hat{Y}_{Hj} = N \frac{\sum_{i \in A} \pi_i^{-1} y_i}{\sum_{i \in A} \pi_i^{-1}}. \tag{3.30}$$

위의 추정량은 Hajék 에 의해 처음 사용되었으므로 Hajék 추정량이라고 부른다. Hajék 추정량은 7장에서 다루게될 비추정량(ratio estimator)의 일종으로 써 그의 근사적 성질은 테일러 일차 전개를 통해서 얻어진다. 즉, 테일러 일차 전개를 적용하면

$$\begin{aligned}
\hat{Y}_{Hj} &= N \frac{\hat{Y}_{HT}}{\hat{N}_{HT}} \\
&\cong N \frac{E(\hat{Y}_{HT})}{E(\hat{N}_{HT})} + N \frac{1}{E(\hat{N}_{HT})} \left\{ \hat{Y}_{HT} - E(\hat{Y}_{HT}) \right\} \\
&\quad - N \frac{E(\hat{Y}_{HT})}{\{E(\hat{N}_{HT})\}^2} \left\{ \hat{N}_{HT} - E(\hat{N}_{HT}) \right\} \\
&\cong Y + \left(\hat{Y}_{HT} - \bar{Y} \hat{N}_{HT} \right)
\end{aligned}$$

으로 나타내진다. 따라서

$$V(\hat{Y}_{Hj}) \cong V \left\{ \sum_{i \in A} \frac{1}{\pi_i} (y_i - \bar{Y}) \right\} = \sum_{i=1}^{N} \left(\frac{1}{\pi_i} - 1 \right) \left(y_i - \bar{Y} \right)^2 \tag{3.31}$$

으로 표현되고 (3.28)의 분산과 비교하면 식 (3.31)의 분산값이 일반적으로 더 작아진다. 특히 Hajék 추정량은 location invariant 하므로 HT추정량과는 달리 $y_i \to y_i + c$의 변환에도 분산이 달라지지 않는다.

3.2 PPS 추출

예제 3.2에서 살펴본 바와 같이 종업원 수에 비례하는 표본추출이 총 매출의 추정에 매우 효율적일 수 있음을 알았다. 이와같이 관심변수 y값이 얼마나 큰

지를 대략적으로 나타내는 정도를 크기척도(measure of size, MOS)라고 하는데 크기척도에 비례하도록 표본을 복원(with-replacement)으로 뽑는 방법을 PPS (probability proportional to size) 추출이라고 한다. 표본 크기가 1인 경우에 크기척도에 비례하게 추출하는 것은 어렵지 않으므로 그러한 시행을 n번 복원으로 반복하는 것이 PPS 추출이다. 이 PPS 추출은 알고리즘 구현이 매우 쉽다는 장점이 있지만 중복 추출의 위험이 있다.

모집단이 $\{y_1, y_2, \cdots, y_N\}$ 이고 각 원소 i에서 크기척도가 M_i로 알려져 있는 경우를 생각해 보자. 이 때

$$p_i = \frac{M_i}{\sum_{i=1}^{N} M_i}$$

는 원소 i 의 일회 추출확률이 된다. 이 경우 k-번째 추출에서 추출된 원소의 index 값을 a_k라고 하자. PPS 샘플링의 경우 a_k는 $P(a_k = i) = p_i$를 갖는 확률변수가 되고 k-번째 추출에서 얻어지는 y값은 $y_{a_k} = \sum_{i=1}^{N} I(a_k = i) y_i$가 될 것이다. PPS추출에서의 표본포함확률은

$$\begin{aligned} \pi_i &= P(a_k = i, \text{for some} \ \ k = 1, \cdots, n) \\ &= 1 - P(a_k \neq i, \forall k = 1, \cdots, n) \\ &= 1 - (1 - p_i)^n \end{aligned}$$

으로 계산된다. 근사적으로는 $\pi_i \cong np_i$가 성립함을 확인할수 있다.

총계 추정을 위해서

$$z_k = \frac{y_{a_k}}{p_{a_k}} = \sum_{i=1}^{N} I(a_k = i) \frac{y_i}{p_i}, \quad k = 1, \cdots, n$$

으로 정의하면 $z_1, z_2, \cdots, z_n$ 들은 IID 표본이며 그 분포는 다음과 같다.

$$z_k = \begin{cases} y_1/p_1 & \text{with probability } p_1 \\ y_2/p_2 & \text{with probability } p_2 \\ \vdots & \\ y_N/p_N & \text{with probability } p_N. \end{cases}$$

따라서 모든 k에 대해

$$\begin{aligned} E(z_k) &= \sum_{i=1}^{N} y_i \\ Var(z_k) &= \sum_{i=1}^{N} p_i \left(\frac{y_i}{p_i} - Y \right)^2 \end{aligned}$$

이 성립한다. 이러한 경우

$$\hat{Y}_{HH} = \frac{1}{n}\sum_{k=1}^{n} z_k = \frac{1}{n}\sum_{k=1}^{n} \frac{y_{a_k}}{p_{a_k}} \tag{3.32}$$

을 점추정량으로 사용하면 모집단 총계 Y에 대해 비편향이 될 것이다. 이를 Hansen-Hurwitz(HH)추정량이라고 하는데 (Hansen and Hurwitz, 1943) 이 HH 추정량의 분산 추정을 위해서 다음의 보다 일반적인 정리를 살펴보자.

정리 3.2. 확률 변수 $X_1, X_2, \cdots, X_n$가 서로 독립이고 $E(X_i) = \mu$과 $V(X_i) = \sigma_i^2$이 성립한다면 $\bar{X}_n = n^{-1}\sum_{i=1}^{n} X_i$의 비편향 분산 추정량은

$$\hat{V}(\bar{X}_n) = \frac{1}{n}\frac{1}{n-1}\sum_{i=1}^{n} (X_i - \bar{X}_n)^2 \tag{3.33}$$

이다.

증명 먼저 X_i들은 독립이므로

$$V(\bar{X}_n) = \frac{1}{n^2}\sum_{i=1}^{n} \sigma_i^2$$

으로 표현된다. 또한

$$\hat{V}(\bar{X}_n) = \frac{1}{n}\frac{1}{n-1}\left\{ \sum_{i=1}^{n} (X_i - \mu)^2 - n(\bar{X}_n - \mu)^2 \right\}$$

이므로 위의 식의 양변에 기대값을 취하면

$$E\left\{\hat{V}(\bar{X}_n)\right\} = \frac{1}{n}\frac{1}{n-1}\left\{ \sum_{i=1}^{n} \sigma_i^2 - n\frac{1}{n^2}\sum_{i=1}^{n} \sigma_i^2 \right\} = \frac{1}{n^2}\sum_{i=1}^{n} \sigma_i^2$$

으로 계산되어서 식 (3.33)에서 정의된 분산추정량의 비편향성이 증명된다. □

따라서 위의 정리를 사용하면 비편향 분산 추정량은

$$\hat{V}(\hat{Y}_{HH}) = \frac{1}{n}S_z^2 = \frac{1}{n}\frac{1}{n-1}\sum_{k=1}^{n}\left(\frac{y_{a_k}}{p_{a_k}} - \hat{Y}_{HH}\right)^2 \tag{3.34}$$

으로 구현될 수 있다. 편의상 (3.32)의 HH 추정량을

$$\hat{Y}_{HH} = \sum_{i=1}^{n} w_i y_{a_i}$$

으로 표현하는 경우 식 (3.34)의 분산 추정량은

$$\hat{V}(\hat{Y}_{HH}) = \frac{n}{n-1}\sum_{i=1}^{n}\left(w_i y_{a_i} - \frac{1}{n}\sum_{j=1}^{n} w_j y_{a_j}\right)^2$$

으로 표현될수 있다.

만약 y_i가 원소 i의 총계의 의미를 갖는다면 $\bar{y}_i = y_i/M_i$ 으로 표현할 수 있을 것이다. 예를 들어, 원소 i가 과수원이고 M_i를 과수원 i의 면적이라 하고 y_i를 과수원 i의 생산량이라고 한다면 $\bar{y}_i$는 단위 면적당 생산량을 의미 할 것이다. 이 경우 모집단 총계 Y의 추정량은

$$\hat{Y}_{HH} = \left(\sum_{i=1}^{N} M_i\right) \times \frac{1}{n}\sum_{k=1}^{n}\bar{y}_{a_k}$$

$$\hat{V}\left(\hat{Y}_{HH}\right) = \left(\sum_{i=1}^{N} M_i\right)^2 \times \frac{1}{n}\frac{1}{n-1}\sum_{k=1}^{n}\left(\bar{y}_{a_k} - \bar{\bar{y}}^*\right)^2$$

으로 표현될 수 있을 것이다. (여기서 $\bar{\bar{y}}^* = \frac{1}{n}\sum_{k=1}^{n}\bar{y}_{a_k}$.) 모수가 모평균 $\bar{Y} = \left(\sum_{i=1}^{N} M_i\right)^{-1} Y$인 경우 모평균의 추정량은

$$\hat{\bar{Y}}_{HH} = \frac{1}{n}\sum_{k=1}^{n}\bar{y}_{a_k}$$

이고 그 분산 추정은

$$\hat{V}\left(\hat{\bar{Y}}_{HH}\right) = \frac{1}{n}\frac{1}{n-1}\sum_{k=1}^{n}\left(\bar{y}_{a_k} - \hat{\bar{Y}}_{HH}\right)^2$$

으로 계산된다. 즉, PPS 추출에서 평균 추정은 각 표본원소들의 평균들, 즉 $\bar{y}_{a_1}$, $\bar{y}_{a_2}, \cdots, \bar{y}_{a_n}$, 이 n개의 IID 표본으로 간주하고 그의 평균에 대해 추론을 하는 것과 동일한 방법을 따른다.

3.3 πps 추출

앞에서 살펴본 PPS 추출은 추출이 간편하고 추정이 간단하게 구현되는 장점이 있지만 복원 추출이기 때문에 표본이 중복을 허용하여 추정의 효율이 떨어질수 있다는 단점이 있다. πps(π proportional to size) 추출은 x_i 를 원소 i의 크기 척도라 할 때 $\pi_i \propto x_i$가 되는 비복원 표본추출법을 지칭한다. 바람직한 πps 추출은 크게 다음과 같은 조건을 만족해야 한다.

1. 표본수가 일정한 고정표본수 표본추출로 구현된다.
2. 일차 표본포함확률은 $\pi_i \propto x_i$를 만족한다.
3. 이차 표본포함확률은 $\pi_{ij} > 0$과 $\pi_{ij} < \pi_i \pi_j$ $(i \neq j)$를 만족한다.

위의 조건중에서 세 번째 조건은 SYG 분산 추정량이 항상 0 이상의 값을 취하기 위한 조건이다.

조건 1과 조건 2를 항상 만족할수 있는 것은 아니다. $\pi_i \propto x_i$ 와 $\sum_{i=1}^{N} \pi_i = n$을 만족하려면

$$\pi_k = n \frac{x_k}{\sum_{i=1}^{N} x_i}$$

이 얻어지는데 x_i가 큰 경우에는 위의 π_k가 1보다 큰 값을 취할수 있다. 따라서 이러한 경우에는 가장 큰 x_k값을 미리 뽑아놓고 그 나머지 원소들로부터 $n-1$ 개의 표본을 뽑는 경우로 간주한후 π_i값을 다시 계산한후 $\pi_i \leq 1$이 만족되는지를 확인하는 방식으로 진행할수 있다.

$n = 1$인 경우에는 PPS 샘플링과 πps 추출은 동일해진다. 양의 값을 갖는 x_k값들이 주어졌을때 이를 MOS로 하는 PPS 추출을 실제로 구현하는 방법으로는 누적합 방법(cumulative total method)와 Lahiri's method 가 있다. 누적합 방법은 다음과 같이 기술된다.

[Step 1] x_k값을 바탕으로 하는 누적합

$$T_k = T_{k-1} + x_k, \quad k = 1, \cdots, N$$

을 구한다 (이때 $T_0 = 0$이다)

[Step 2] $\epsilon \sim U(0,1)$에서 랜덤 넘버 ϵ를 발생시켜서

$$\epsilon \in (T_{k-1}/T_N, T_k/T_N)$$

에 해당되는 원소 k를 표본 원소로 선택한다.

이 누적합 방법은 $T_N = \sum_{i=1}^{N} x_i$를 일단 계산해야 한다.

Lahiri 방법은 T_N을 계산하지 않고 x_i의 상한값을 알때 적용할수 있는 방법으로써 다음과 같이 기술된다. 이때 M은 $M > \{x_1, x_2, \cdots, x_N\}$을 만족하는 상수라고 하자.

[Step 0] Set $r = 1$.

[Step 1] 정수 k_r을 $\{1, 2, \cdots, N\}$으로부터 랜덤하게 뽑는다. (즉, discrete uniform (1,N)으로부터 정수를 k_r을 뽑는다.)

[Step 2] 또한 $\epsilon_r \sim \text{Unif}(0,1)$을 뽑는다.

[Step 3] 만약 $\epsilon_r \le x_{k_r}/M$ 을 만족하면 k_r이 최종 표본으로 선택된다. 그렇지 않으면 k_r 은 채택되지 않고 $r = r + 1$로 바꾼 후에 Step 1 으로 간다.

Lahiri 방법은 von Neumann 이 개발한 rejection sampling 의 특수한 경우이다.

이러한 πps 추출법에 대해서는 많은 연구가 있어 왔으나 대부분이 매우 복잡한 계산을 필요로 하는 것이 사실이다. 여기서는 표본 크기가 $n = 2$인 경우의 πps 추출에 대해서만 다루고자 한다. 보다 일반적인 표본 크기의 경우에 대해서는 Tillé (2006)을 참고하기 바란다. 실제로는 πps 를 직접 사용하기 보다는, 다음 절에서 다루게 될 층화추출을 사용한 후 층 내에서 $n = 2$의 πps 추출을 하는 것이 일반적이다.

표본 크기가 2인 경우의 πps 추출법을 다루기 위해서 θ_i를 원소 i가 첫 번째 추출에서 뽑힐 확률로 정의하고 $\theta_{j|i}$를 원소 i가 첫 번째 추출에서 뽑힌 경우에 원소 j가 두 번째 추출에서 뽑힐 조건부 확률이라 정의하자. 이 경우 $\sum_{i=1}^{N} \theta_i = \sum_{j \neq i} \theta_{j|i} = 1$이 성립하고 적절한 πps 추출법을 구현하는 문제는 θ_i와 $\theta_{j|i}$를 구현하는 문제로 귀결된다. 이러한 초기 추출확률과 조건부 추출확률로부터 표본포함확률을 구현할수 있을 것이다. 이차 표본포함확률은 다음과 같이 표현된다.

$$\pi_{ij} = \theta_i \theta_{j|i} + \theta_j \theta_{i|j} \tag{3.35}$$

여기서, 고정표본수 표본추출을 사용하므로 식 (2.2)로부터 $\sum_{j \neq i} \pi_{ij} = \pi_i$이고 따라서

$$\pi_i = \theta_i + \sum_{j \neq i} \theta_j \theta_{i|j} \tag{3.36}$$

이 성립한다. 따라서 $p_i = x_i / \sum_{i=1}^{N} x_i$로 정의할 때, 제한 조건은

$$\theta_i + \sum_{j \neq i} \theta_j \theta_{i|j} = 2p_i \tag{3.37}$$

가 될 것이고 이 경우 식의 갯수보다 미지수의 갯수가 더 많아지게 된다. 이를 위해서 Brewer (1963)은

$$\theta_i \propto \frac{p_i (1 - p_i)}{1 - 2p_i}$$

와

$$\theta_{j|i} \propto p_j$$

를 사용할 것을 제안하였고 Durbin (1967)은

$$\theta_i \propto p_i$$

와

$$\theta_{j|i} \propto p_j \left(\frac{1}{1 - 2p_i} + \frac{1}{1 - 2p_j} \right)$$

을 사용할 것을 제안하였는데 이 두 방법은 사실 동일한 표본포함확률을 구현하고 있다. (3.35)를 이용하면 이차 표본포함확률이 $i \neq j$인 경우 두 방법 모두

$$\pi_{ij} = \frac{2p_i p_j}{1 + K} \left(\frac{1}{1 - 2p_i} + \frac{1}{1 - 2p_j} \right) \tag{3.38}$$

으로 표현되며 (이때 $K = \sum_{i=1}^{N} (1 - 2p_i)^{-1} p_i$) 따라서

$$\pi_i = \sum_{j \neq i} \pi_{ij} = 2p_i \tag{3.39}$$

가 성립함을 보일 수 있다.

다음의 정리는 πps 추출이 PPS 추출보다 더 효율적이 될 조건을 제공한다.

정리 3.3. $\pi_i = np_i$를 만족하는 πps 추출에서 얻어지는 HT추정량의 분산이 PPS 추출에서 얻어지는 HH추정량의 분산보다 작을 충분조건은

$$\pi_{ij} > \frac{n-1}{n}\pi_i\pi_j, \quad \forall i \neq j \tag{3.40}$$

이다.

증명 HH추정량의 분산은

$$V\left(\hat{Y}_{HH}\right) = \frac{1}{n}\sum_{i=1}^{N} p_i\left(\frac{y_i}{p_i} - Y\right)^2$$

으로 $\pi_i = np_i$를 이용하면

$$V\left(\hat{Y}_{HH}\right) = \frac{1}{2}\frac{1}{n}\sum_{i=1}^{N}\sum_{j=1}^{N}\pi_i\pi_j\left(\frac{y_i}{\pi_i} - \frac{y_j}{\pi_j}\right)^2$$

으로 표현되며 이를 SYG 분산 공식 (2.8)과 비교하면 (3.40)의 조건 하에서 HT 추정량의 분산이 HH 추정량의 분산보다 작거나 같아지게 된다. □

예를 들어 단순확률추출의 경우

$$\frac{\pi_{ij}}{\pi_i\pi_j} = \frac{N}{N-1} \times \frac{n-1}{n} > \frac{n-1}{n}$$

이 성립하므로 정리 3.3에 의해서 비복원 단순확률추출 하에서의 HT 추정량이 복원 단순확률추출 하에서의 HH 추정량보다 더 효율적이다.

3.4 계통 πPS 추출

계통 PPS 추출은 계통 추출에서 추출 간격을 MOS 에 비례하게 해 줌으로써 각 원소의 추출확률을 다르게 할 수 있게 구현하는 방법이다. 계통 추출처럼 표본 추출이 쉽게 구현되어 실무에서 많이 사용되는 방법이다.

원소 i의 MOS값을 x_i라고 하고 이 x_i에 비례하도록 하는 계통 πPS 추출을 하고자 하는 경우 먼저 추출 구간(sampling interval)인 $a = \sum_{i=1}^{N} x_i/n$를 구해야 한다. 이 경우 모든 모집단 원소 i에 대하여 $x_i < a$를 만족하는지를 확인하고 이를 만족하지 않는 지나치게 큰 x_i값은 표본으로 미리 뽑아놓은후 축소된 모집단을 바탕으로 표본 추출을 실시한다. 계통 πPS 추출은 다음과 같이 기술된다.

1. Uniform$(0, a]$분포로 부터 R을 뽑는다.

2. 만약

$$L_k < R + l \cdot a \leq U_k$$

가 어떤 $l = 0, 1, \cdots, n-1$에서 성립하면 원소 k를 뽑는다. 이때 $L_k = \sum_{j=1}^{k-1} x_j$, $U_k = L_k + x_k$이고 $L_0 = 0$이다.

예를 들어 다음과 같은 모집단 자료를 생각해 보자.

원소 ID	MOS	L	K
1	10	0	10
2	20	10	30
3	30	30	60
4	40	60	100

위의 모집단에서 정렬 순서를 바꾸지 않고 $n = 2$의 표본을 계통 추출하기 위해서는 먼저 $a = 100/2 = 50$을 계산한다. 따라서 0부터 50까지의 range 를 갖는 Uniform 분포에서 확률변수 R을 추출한후 만약 R이 구간 $(0, 10]$에 속하면 $A = \{1, 3\}$이 뽑히고, R이 구간 $(10, 30]$에 속하면 $A = \{2, 4\}$가 뽑히고, 만약 $R \in (30, 50]$이면 $A = \{3, 4\}$이 뽑힌다. 따라서 최종 표본의 확률 분포는 다음과 같이 나타나게 될 것이다.

$$P(A) = \begin{cases} 0.2 & \text{if } A = \{1,3\} \\ 0.4 & \text{if } A = \{2,4\} \\ 0.4 & \text{if } A = \{3,4\} \end{cases}$$

이러한 표본 추출 방법에서 원소 k의 일차표본포함확률을 구하기 위해, 어떤 정수 l에 대하여 $l \cdot a \leq L_k < U_k \leq (l+1)a$이 성립한다고 하면,

$$\begin{aligned} Pr(k \in A) &= Pr\{L_k < R + l \cdot a \leq U_k\} \\ &= \int_{L_k - l \cdot a}^{U_k - l \cdot a} \frac{1}{a} dt = x_k/a = \frac{n x_k}{\sum_{k \in U} x_k}. \end{aligned}$$

으로 얻어짐을 확인할수 있다.

이러한 계통 PPS 추출은 계통 추출과 마찬가지로 표본추출 과정이 단순하게되면서 PPS 추출의 장점인 비균등 추출을 구현할 수 있다는 장점이 있으나 중복 추출의 위험이 있고 분산 추정량 구현이 어렵다는 단점이 있다.

연습 문제

1. 식 (3.5)와 (3.8)를 보이시오.

2. 식 (3.23)를 보이시오.

3. 식 (3.28)를 보이시오.

4. 크기가 N인 유한모집단에서 크기가 3인 표본을 비복원 단순확률추출로 뽑을 때 다음과 같은 순차적 방법을 사용한다고 하자.

   [Step 1] N개의 모집단 원소중 하나의 원소를 $1/N$의 확률로 뽑는다.

   [Step 2] Step 1에서 뽑힌 원소를 제외한 나머지 $N-1$개의 원소들 중에서 하나의 원소를 $1/(N-1)$의 확률로 뽑는다.

   [Step 3] Step 1 과 Step 2 에서 뽑힌 두 원소를 제외한 나머지 $N-2$ 개의 원소들 중에서 하나의 원소를 $1/(N-2)$의 확률로 뽑는다.

   각 Step 에서 임의의 원소 i가 뽑힐 확률은 $1/N$으로 동일함을 보이시오.

5. 비복원 단순확률추출에서 $f = n/N$이라고 할 때 식 (2.3)에서 정의된 표본포함지시변수 I_i가 $E(I_i) = f$ 와

$$Cov(I_i, I_j) = \begin{cases} f(1-f) & \text{if } i = j \\ -(N-1)^{-1} f(1-f) & \text{if } i \neq j \end{cases}$$

   을 만족함을 보이고 이를 이용하여 (3.6)와 (3.10)을 증명하시오.

6. 크기가 N인 유한모집단에서 크기가 n인 표본 A를 비복원 단순확률추출로 뽑는다고 하자.이 표본 A로부터 크기가 n_1인 부차표본(subsample) A_1을 비복원 단순확률추출로 뽑는다고 한다. 이때 $A_2 = A \cap A_1^c$라고 하고 n_2는 A_2의 크기라고 하자. 표본 A의 단순 평균을 $\bar{y}$라 하고 표본 A_1과 A_2의 단순 평균을 각각 $\bar{y}_1$과 $\bar{y}_2$라 하자. 이 경우 다음을 보이시오.

   (a) $V(\bar{y}_1 - \bar{y}) = (1/n_1 - 1/n) S^2$.

   (b) $Cov(\bar{y}, \bar{y}_1 - \bar{y}) = 0$.

(c) $V(\bar{y}_1) = (1/n_1 - 1/N)\, S^2$.

7. 크기가 N인 유한모집단에서 n개의 표본을 중복을 허용하여 뽑는 복원 단순확률추출을 고려하자.

   (a) 임의의 모집단 원소 i가 두번 중복 추출될 확률은 얼마인가 ?

   (b) k-번째 추출에서 그 전 추출의 표본들과 중복이 발생하지 않으면 $x_k = 1$이 되고 그렇지 않으면 $x_k = 0$이 되도록 확률 변수 x_k를 정의하자. $E(x_k) = (1 - 1/N)^{k-1}$이 됨을 보이시오.

   (c) 위의 복원 단순확률추출에서 얻어진 표본과의 중복을 제외한 표본수를 u라 할 때, $u = \sum_{i=1}^{n} x_i$임을 이용하여 중복을 제외한 표본수의 기대값을 구하시오.

8. 복원 단순확률추출에서 각 표본이 뽑힐 확률인 표본포함확률은

$$
\begin{aligned}
\pi_i &= 1 - \left(1 - N^{-1}\right)^n \\
\pi_{ij} &= 1 - 2\left(1 - N^{-1}\right)^n + \left(1 - 2N^{-1}\right)^n, \quad i \neq j
\end{aligned}
$$

   임을 보이시오. 근사적으로 이 표본포함확률들은 어떠한 값으로 수렴하는가 ?

9. 복원 단순확률추출에서 얻어진 n개의 표본값을 $y_1, \cdots, y_n$이라고 할때 $s^2 = (n-1)^{-1} \sum_{i=1}^{n} (y_i - \bar{y})^2$의 평균과 분산을 구하시오.

10. Lahiri 방법에서 $\pi_k = x_k / (\sum_{i=1}^{N} x_i)$이 성립함을 다음의 스텝을 이용하여 보이시오.

   (a) r번째 추출에서 얻어진 표본을 채택하는 사건을 나타내는 확률변수를 R이라고 정의하고 r번째 추출에서 얻어지는 원소 인덱스값을 나타내는 확률변수를 K_r이라고 정의하면

$$
\pi_k = \sum_{r=1}^{\infty} Pr(K_r = k, R = r) = \sum_{r=1}^{\infty} \frac{1}{N} \frac{x_k}{M} \times \prod_{j=1}^{r-1} Pr\left(\epsilon_j > \frac{x_{k_j}}{M}\right)
$$

   으로 표현됨을 보이시오.

(b)

$$Pr\left(\epsilon_j > \frac{x_{k_j}}{M}\right) = 1 - \frac{\bar{X}}{M}$$

을 보이시오.

(c) 위의 두 결과를 결합하여 $\pi_k = x_k/(\sum_{i=1}^{N} x_i)$이 성립함을 보이시오.

11. 3.3.3 절에서 소개된 Brewer (1963) 의 방법과 Durbin (1967)의 방법이 모두 (3.38)와 (3.39)을 만족함을 보이시오.

12. (Chao, 1982) 크기가 k인 모집단 $U_k = \{1, \cdots, k\}$에서 크기가 n인 표본 S_k을 x_i에 비례하게 비복원으로 뽑았다고 하자. 즉, $\pi(k; i)$를 U_k에서 표본 A_k을 추출하였을때의 원소 i의 일차표본포함확률이라고 할때

$$\pi(k; i) = n\frac{x_i}{\sum_{j=1}^{k} x_j}$$

이 성립한다고 하자. 그런데 이 표본으로부터 모집단이 $U_{k+1} = U_k \cup \{k+1\}$인 경우에

$$n\frac{x_i}{\sum_{j=1}^{k+1} x_j} < 1$$

모든 i에 대해 성립한다고 하자. 이로부터 다음과 같은 추출을 사용하였다고 하자.

(a) 먼저 원소 $k+1$을 W_k의 확률로 뽑는다. 이때

$$W_k = n\frac{x_{k+1}}{\sum_{j=1}^{k+1} x_j}$$

이다.

(b) (a)에서 만약 원소 $k+1$이 선택되지 않으면 $A_{k+1} = A_k$로 한다. 만약 원소 $k+1$이 선택된 경우에는 A_k중에서 하나를 $1/n$의 확률로 뽑은후 이를 버리고 대신 원소 $k+1$을 포함시켜 A_{k+1}을 만든다.

이렇게 해서 얻어진 표본 A_{k+1}는 일차표본포함확률이

$$\pi(k+1; i) = n\frac{x_i}{\sum_{j=1}^{k+1} x_j}$$

으로 계산됨을 보이시오.

제 4 장

층화 추출

제 1 절 서론

층화추출은 모집단을 몇 개의 층(strata)으로 나누고 각 층에서 독립적으로 표본을 추출하는 것을 의미한다. 이를 기호를 사용하여 표현하면 다음과 같다.

층화추출의 정의

1. 모집단(U)을 서로 겹치지 않고 모집단을 전부 포함하는 H개의 부차 모집단(층)으로 나눈다.

$$U = U_1 \cup U_2 \cup \ldots \cup U_H$$

여기서 $U_i \cap U_j = \phi,\ i \neq j$ 가 된다.

2. 각 층화된 모집단 U_h내에서 층별 표본 A_h를 독립적으로 추출한다.

$$Pr\,(i \in A_h, j \in A_{h'}) = Pr\,(i \in A_h)\,Pr\,(j \in A_{h'})\,, \quad h \neq h' \tag{4.1}$$

그렇다면 왜 이러한 층화추출을 하는 것일까 ? 먼저 단순임의추출을 하게 되면 어느 특정 부분에 표본이 몰릴 위험이 존재한다. 예를 들어 전국의 가구로부터 단순임의추출로 표본 가구를 뽑을 경우에 어느 특정 지역에서 표본 가구가 대부분 뽑힌다면 표본의 모집단 대표성을 많이 훼손시킬 것이다. 이러한 위험성을 미연에 방지하기 위하여 전국을 시도별로 층화를 한 후에 그 층 내에서 랜덤하게 표본을 뽑으면 층화추출을 하지 않은 경우보다 훨씬 더 모집단 대표성을 확보할 수 있을 것이다. 특히 전국 통계뿐만 아니라 지역별 통계도 보고자 한다면 이러한 층화추출은 필수적일 것이다. 이러한 층화추출로 전체적으로 균형잡힌 표본을 뽑아 표본의 대표성을 확보하고 지역별 추정의 정도(precision)를 조정함으로써 전반적인 추정의 효율을 높이는 효과를 기대할 수 있을 것이다. 또한 층별로 독립적인 추출을 하게 되므로 전체 모집단에 일률적인 추출 방법을 적용하지 않고 각 층내에서 각 층별 형편에 맞는 별개의 추출 방법을 적용할 수 있게 됨으로써 전체적인 표본 추출이 보다 원활하고 효율적으로 구현될 수 있다는 장점이 있다.

층 h내에서의 i-번째 원소의 관심변수 y의 값을 y_{hi}라 하면 층 h내에서의 y의 총계는 $Y_h = \sum_{i=1}^{N_h} y_{hi}$ 로 표현되고 $Y = \sum_{h=1}^{H} Y_h$가 된다. 총계 Y 의 HT 추정량은 각 층별 Y_h의 HT 추정량의 합으로 표현된다.

$$\hat{Y}_{HT} = \sum_{h=1}^{H} \hat{Y}_{HT,h}.$$

각 층내에서 Y_h의 HT추정량들이 비편향이므로 총계 Y 의 HT 추정량은 비편향 추정량이다. 이 경우 분산은 식 (4.1)의 독립 추출에 의해서

$$V\left(\hat{Y}_{HT}\right) = \sum_{h=1}^{H} V\left(\hat{Y}_{HT,h}\right)$$

이 된다.

예제 4.1. (층화 단순 임의 추출) 층내에서 독립적으로 비복원 단순임의추출로 표본을 뽑는 경우를 층화 단순 임의 추출 (stratifed random sampling) 이라고 부르는데 이 경우 총계 Y의 HT 추정량은

$$\hat{Y}_{HT} = \sum_{i=1}^{H} \frac{N_h}{n_h} \sum_{i \in A_h} y_{hi} = \sum_{i=1}^{H} N_h \bar{y}_h$$

으로 표현되고 이 때 N_h는 모집단 U_h의 크기를, n_h는 표본 A_h의 크기를 나타

낸다. 이 경우 평균과 분산은

$$\begin{aligned} E(\hat{Y}_{HT}) &= \sum_{h=1}^{H} N_h E(\bar{y}_h) = \sum_{h=1}^{H} N_h \bar{Y}_h \\ V(\hat{Y}_{HT}) &= \sum_{h=1}^{H} N_h^2 V(\bar{y}_h) = \sum_{h=1}^{H} \frac{N_h^2}{n_h}(1-\frac{n_h}{N_h})S_h^2 \end{aligned} \tag{4.2}$$

이고 여기서 $\bar{Y}_h = N_h^{-1}\sum_{i=1}^{N_h} y_{hi}$를,

$$S_h^2 = \frac{1}{N_h - 1}\sum_{i=1}^{N_h}(y_{hi} - \bar{Y}_h)^2$$

을 나타낸다. 분산 추정은

$$\hat{V}(\hat{Y}_{HT}) = \sum_{h=1}^{H} \hat{V}(\hat{Y}_{HT,h}) = \sum_{h=1}^{H} \frac{N_h^2}{n_h}(1-\frac{n_h}{N_h})s_h^2 \tag{4.3}$$

을 사용하고 여기서 s_h^2 은 S_h^2의 비편향 추정량으로

$$s_h^2 = \frac{1}{n_h - 1}\sum_{i \in A_h}(y_{hi} - \bar{y}_h)^2$$

이 된다.

제 2 절 표본배정

전체 표본 크기 n이 주어진 경우, 각 층에 얼마만큼의 표본수 n_h를 배정할 것인가는 실제 표본조사에서 아주 중요한 문제중의 하나이다. 표본배정법으로는

1. 비례배정
2. 최적배정 (또는 네이만(Neyman) 배정)
3. 멱배정 (power allocation)

등이 있다.

먼저 층내 표본 크기 n_h가 N_h에 비례하는 경우, 즉,

$$n_h = N_h \frac{n}{N} \tag{4.4}$$

인 경우를 비례배정(proportional allocation)이라고 한다. 이러한 비례배정의 경우, 식 (4.2)의 분산값은

$$V(\hat{Y}_{HT}) = \frac{N^2}{n}\left(1 - \frac{n}{N}\right)\sum_{h=1}^{H}\frac{N_h}{N}S_h^2 \tag{4.5}$$

으로 표현된다. 각 층내에서 N_h가 충분히 클 경우

$$\begin{aligned}\sum_{h=1}^{H}\frac{N_h}{N}S_h^2 &= \frac{1}{N}\sum_{h=1}^{H}\frac{N_h}{N_h-1}\sum_{i=1}^{N_h}\left(y_{hi}-\bar{Y}_h\right)^2 \\ &\doteq \frac{1}{N-1}\sum_{h=1}^{H}\sum_{i=1}^{N_h}\left(y_{hi}-\bar{Y}_h\right)^2 \\ &\le \frac{1}{N-1}\sum_{h=1}^{H}\sum_{i=1}^{N_h}\left(y_{hi}-\bar{Y}\right)^2 = S^2 \end{aligned} \tag{4.6}$$

이므로 식 (4.5)의 분산은 단순임의추출하에서의 HT 추정량의 분산보다 작아짐을 알수 있다. 따라서, 비례배정의 경우 층화추출이 거의 대부분 단순임의추출보다 더 효율적이 됨을 알수 있다. 여기서 식 (4.6)의 부등식은 층화추출이 단순임의추출보다 더 효율적인 근거가 되는 식으로

$$\sum_{h=1}^{H}\sum_{i=1}^{N_h}\left(y_{hi}-\bar{Y}\right)^2 = \sum_{h=1}^{H}N_h\left(\bar{Y}_h-\bar{Y}\right)^2 + \sum_{h=1}^{H}\sum_{i=1}^{N_h}\left(y_{hi}-\bar{Y}_h\right)^2$$

으로부터 유도될수 있으며 총 변동(SST)=층간 변동(SSB) + 층내 변동(SSW)으로도 표현된다. 이 경우 (4.6)의 부등식에서 등호가 성립하는 경우는 $SSB = 0$인 경우로 $\bar{Y}_h$ 가 모든 층(h)에 대해 같아지는 경우가 될 것이다. 즉, 층간 변동이 없는 경우이다. 만약, $SSW = 0$인 경우는 그 반대의 극단적인 경우로 층내의 모든 원소가 같아지는 ($y_{hi} = \bar{Y}_h$) 경우로, 이 경우 층화추출의 분산식 (4.5)은 0이 된다. 따라서 층을 나눌때 층내 변동을 최소화하고 층간 변동을 최대화하는 방향으로 층을 나눈다면 층화추출은 매우 효율적이 될 것이다. 이러한 층화추출이 일반적으로 단순임의추출보다 효율적이긴 하지만 반드시 그런 것은 아니다. 식 (4.6)의 부등식은 식 (4.4)의 비례배정으로부터 얻어지는 것이므로 비례배정이 아닌 경우 층화추출이 반드시 단순임의추출보다 더 효율적이라고는 말할 수 없다.

비례배정의 또다른 특징은 점추정량의 가중치가 모두 같다는 것이다. 즉, 모집단 총계나 평균에 대한 점추정량이 단순임의추출과 동일하게 됨으로써 표본설계도 편리할 뿐 아니라 사용자들도 역시 사용하기 편리하여 실제로 많이 사용된다. 이렇게 표본의 모든 원소에서 동일한 가중치가 사용되는 표본을 자체가중(self-weighting)표본이라고 한다.

다음으로는 최적배정을 살펴보자. 최적배정이라 함은 주어진 비용하에서 HT 추정량의 분산을 최소화하는 배정법이다. 이 경우 제한조건은 비용이 될 것이고 초기 비용을 c_0 그리고 각 층 h에서 한 조사단위당 소요되는 조사비용을 c_h라 하면 총비용은 $c_0 + \sum_{h=1}^{H} c_h n_h$으로 표현된다. 최적배정을 구현하기 위하여 다음의 정리를 사용하고자 한다.

정리 4.1. 분산이

$$V\left(\hat{\theta}\right) = A_0 + \sum_h A_h / n_h$$

의 형태로 표현되고 (A_h는 상수) 총비용이

$$C = c_0 + \sum_{h=1}^{H} c_h n_h$$

의 형태로 표현되는 경우, 주어진 비용하에서 $\hat{\theta}$의 분산을 최소화하는 표본배정은

$$n_h \propto \frac{\sqrt{A_h}}{\sqrt{n_h}} \tag{4.7}$$

이다.

증명 Cauchy-Schwartz 부등식 $\left(\sum a_i^2\right)\left(\sum b_i^2\right) \geq \left(\sum a_i b_i\right)^2$ 을 이용하면

$$\left(\sum_h \frac{A_h}{n_h}\right)\left(\sum_h c_h n_h\right) \geq \left(\sum_h \sqrt{A_h c_h}\right)^2$$

이 성립하고 이때 등호가 성립하는 경우는 $b_i \propto a_i$인 경우, 즉

$$\frac{c_h n_h}{A_h / n_h} = \text{constant}$$

인 경우이며 이는 곧 (4.7)이 된다. □

위의 정리에서 (4.7)은 $V(\hat{\theta})$와 총비용의 곱이 최소가 될 조건이므로 주어진 총비용하에서 분산을 최소화하거나 또는 주어진 분산값하에서 비용을 최소화하는 경우의 해로 이해할 수 있다. 총계추정의 경우에는 식 (4.2)의 분산식을 바탕으로 위의 정리를 이용하면, $A_h = N_h^2 S_h^2$ 이므로 최적표본수 n_h^*는

$$n_h^* \propto N_h S_h / \sqrt{c_h} \tag{4.8}$$

으로 표현된다. 여기서 각 층내 비용 c_h가 동일하고 층내 분산 S_h이 동일하다면 결국 비례배정과 같아진다. 이 최적배정은 네이만(Neyman, 1934)이 최초로 제안하였으므로 네이만 배정(Neyman allocation)이라고도 한다. Bethel (1989)은 이러한 최적 배정을 다변량 자료의 층화 추출 문제로 확장시켰다.

식 (4.8)의 네이만 배정은 모집단 총계의 추정에 대하여 분산을 최소화하는 최적배정이다. 만약 우리의 관심이 모집단 총계가 아닌 층별 평균간의 비교라 한다면 이 경우의 최적배정은 네이만 배정이 아니다. 예를들어 층1과 층2간의 모평균 차이를 살펴보고자 할 때 관심모수는 $\theta = \bar{Y}_1 - \bar{Y}_2$ 이고 이 경우의 비편향추정치는 $\hat{\theta} = \bar{y}_1 - \bar{y}_2$이므로 동일한 제약조건 하에서 $\hat{\theta}$의 분산을 최소화하는 표본수 n_h^*는 정리 (4.1)에서 $\left(A_h = S_h^2\text{이므로}\right)$

$$n_h^* \propto S_h / \sqrt{c_h} \tag{4.9}$$

이 된다. 따라서 (4.8)과 (4.9)을 비교해 보면 모수에 따라 최적배정이 달라짐을 알 수 있다. 각 층별로 층내 분산 S_h와 c_h값들의 차이를 무시하면 결국 전체 모평균의 추정에는 모집단 크기 N_h에 비례하도록 표본수를 배정하는 것이 좋고, 층별 모평균의 비교에는 각 층별로 동일한 표본수를 배정하는 것이 좋다. 한 조사에서 전체 모평균과 층별 모평균을 모두 추정해야 한다면 N_h에 비례하는 배정과 동일한 표본수를 사용하는 배정과의 절충으로 $\sqrt{N_h}$에 비례하는 배정이 사용되기도 한다. 이렇게 N_h^α $(0 < \alpha < 1)$에 비례하는 배정을 멱배정(power allocation)이라고 하는데 이 멱배정에 대한 보다 자세한 내용은 Bankier (1988)를 참고할 수 있다.

최적배정으로 네이만 배정을 사용하고자 할 때 층내 분산 S_h^2 값이 필요하다. 이 층내 분산은 표본설계 단계에서는 미리 알 수 없고 보조변수를 사용한 모집단 모형을 통해 모수를 추정하여 계산할 수 있다. 이렇게 모집단 모형을 이

용하여 최적표본배정을 실시하는 방법과 관련한 보다 자세한 내용은 Godfrey et al. (1984) 와 Kott (1985)을 참고하기 바란다.

또한 표본 배정과 관련하여 linear programming 기법을 사용할수 있는데 Excel 의 solver 라는 매크로를 사용하여 구현이 가능하다. 이와 관련한 내용은 Stokes and Plummer (2004)를 참고하기 바란다. Day (2010)는 진화생물학의 genetic algorithm 을 이용하여 표본 배정을 하는 방법을 제안했는데 그 아이디어는 Ballin and Barcaroli (2014)에 의해 더 확장되었다.

제 3 절 층 경계의 결정

표본 배정은 주어진 층 경계들의 집합에 대해 적합한 표본수를 결정하는 문제이다. 몇몇의 경우, 층의 경계를 정해야 할 필요가 있다. 층 경계를 결정하는 고전적인 방법으로는 Dalenius and Hodges (1959)가 제안한 방법이 있다.

Dalenius and Hodges (1959)의 층화 방법의 개념을 설명하기 위해서, 관심변수 y의 모집단 값을 알 수 있거나 또는 적어도 y의 대리값을 알 수 있다고 가정하자. a_0과 a_H는 각각 유한모집단에서 y의 가장 작은 값과 가장 큰 값이라고 하자. 이 경우, 층 경계의 결정은 분산

$$V(\hat{\hat{Y}}_{HT}) = \sum_{h=1}^{H} W_h^2 \left(\frac{1}{n_h} - \frac{1}{N_h} \right) S_h^2 \tag{4.10}$$

을 최소로 하는 중간 층 경계들 $a_1, \ldots, a_{H-1}$을 찾는 문제이고 여기서 $W_h = N_h/N$이다.

네이만 배정하에서 (4.10)는

$$V(\hat{\hat{Y}}_{HT}) = \frac{1}{n} \left(\sum_{h=1}^{H} W_h S_h \right)^2 - \frac{1}{N} \sum_{h=1}^{H} W_h S_h^2 \tag{4.11}$$

로 표현된다. 따라서, n/N을 무시할수 있다면, 층 경계의 결정문제는 $\sum_h W_h S_h$을 최소화 하는 문제로 보아도 될 것이다.

여기서, $f(y)$를 y의 빈도 함수 (확률밀도함수)라고 하자. 층들이 좁고 많다

면, 주어진 층들내에서 $f(y)$는 거의 상수로 근사될 수 있을 것이다. 따라서,

$$\begin{aligned} W_h &= \int_{a_{h-1}}^{a_h} f(t)dt \doteq f_h(a_h - a_{h-1}) \\ S_h &\doteq (a_h - a_{h-1})/\sqrt{12} \end{aligned}$$

이고, 여기서 f_h는 h층에서 $f(y)$의 상수값이다. 그러므로, $Z(y) = \int_{a_0}^{y} \sqrt{f(t)}dt$라 하면,

$$\sum_{h=1}^{H} W_h S_h \propto \sum_{h=1}^{H} f_h(a_h - a_{h-1})^2 \doteq \sum_{h=1}^{H} (Z_h - Z_{h-1})^2 \tag{4.12}$$

을 유도할수 있다. 여기서 $Z_h = Z(y_h)$이고

$$Z(y) = \int_{a_0}^{y} \sqrt{f(t)}dt \tag{4.13}$$

이다.

이 때, $b_h = Z_h - Z_{h-1}$로 정의하면 $(Z_H - Z_0) = \sum_{h=1}^{H} b_h$은 고정된 값이기 때문에, 제한조건 $\sum_{h=1}^{H} b_h = \text{Constant}$를 만족하면서 $\sum_{h=1}^{H} b_h^2 = \sum_{h=1}^{H}(Z_h - Z_{h-1})^2$을 최소화 하는 문제를 생각해 볼수 있고 이 경우 최소값은, 코쉬 부등식에 의하여, $b_h = (Z_h - Z_{h-1})$이 상수값을 취할때 얻어진다. 따라서 이러한 목적을 달성하기 위하여 $\sqrt{f(y)}$의 누적값을 구하고 y_h를 다음과 같이 결정함으로써 누적 $\sqrt{f(y)}$범위에서 균등한 구간들을 구할 수 있을 것이다.

1. 모집단을 균등한 길이로 $L(> 2H)$개의 구간들로 나눈다.
2. 각각의 구간 l에 대하여, 빈도의 제곱근 $\sqrt{f_l}$과 그것의 누적합을 계산한다.
3. 각각의 층에서 $\sqrt{f_l}$의 합이 거의 같아지는 층 경계들을 선택한다.

Dalenius and Hodges 의 방법은 L을 어떻게 결정해야 하는지에 대한 부분이 모호하고 컴퓨터가 발달하기 이전 시대에 계산을 편리하게 하기 위하여 개발된 방법이어서 지금처럼 빠른 컴퓨터를 사용하는 시대에서는 굳이 위의 방법을 쓰지 않고 직접 $Q = \sum_h W_h S_h$을 최소화 하는 층 경계를 grid search 로 찾거나 아니면 다음과 같은 순차적 search 를 사용한다.

1. 모집단 원소를 정렬하고 층경계 초기값을 등간격으로 정한다.

2. 주어진 층경계값으로부터 $Q_h = N_h S_h$를 계산한다.

3. Step 2 에서 얻어진 H개의 Q_h 중에서 가장 큰 값을 갖는 h를 찾고 이를 g라고 하자.

4. Step 3 에서 얻어진 층 g의 경계값을 Q_g가 작아지도록 변경한다. (예를 들어 층 g의 오른쪽 경계값이 y_i이라고 한다면 $y_k < y_i$인 y_k 중에서 가장 큰 값을 새로운 경계값으로 정한다.) 그렇게 한후 Step 2 로 다시 돌아간다.

또는 기계 학습에서 사용되는 K-means clustering 방법을 사용할 수도 있다. 이 경우 K-means clustering 은 $\sum_{h=1}^{H} W_h S_h^2$을 최소화 하는 층 경계를 찾는 방법이므로 네이만 배정이 아닌 비례 배정 하에서의 최적 층화 방법이 된다.

제 4 절 층 갯수의 효과

이 절에서는 층화추출에서 얻어진 모평균에 대한 추정량 $\hat{\bar{Y}}_{HT} = \sum_{h=1}^{H} W_h \bar{y}_h$에 대하여 그 분산 $V(\hat{\bar{Y}}_{HT})$과 층의 갯수 H와의 관계에 대해 살펴보고자 한다. 이를 위하여 먼저 층의 경계가 y값을 바탕으로하여 결정되는 경우를 먼저 고려하자. 논의를 쉽게 하기 위하여 모집단의 $y_1, \cdots, y_N$값이 확률밀도함수 $f(y)$를 갖는 분포에서 얻어졌다고 하고 구간 $[a, b]$에서 support 를 갖는다고 하자. 이 경우

$$\int_{a_{h-1}}^{a_h} f(y)dy = \frac{1}{H}$$

이 되도록 a_h를 순차적으로 찾은 후에 구간 $[a_{h-1}, a_h]$에 속하는 원소를 층 h에 지정한다고 하자. 이 경우 구간 (a_{h-1}, a_h)에서 얻어지는 S_h^2은 $S_h^2 \leq (a_h - a_{h-1})^2$을 만족한다. 따라서, 만약 비례 배정을 하는 경우, 식 (4.11)에 의해서

$$\begin{aligned} V(\hat{\bar{Y}}_{HT}) &= \frac{1}{n}\left(1 - \frac{n}{N}\right)\sum_{h=1}^{H} W_h S_h^2 \qquad (4.14) \\ &\leq \frac{1}{nH}\sum_{h=1}^{H}(a_h - a_{h-1})^2 \end{aligned}$$

이고 $\sum_{h=1}^{H}(a_h - a_{h-1})^2 \leq (b-a)^2$으로 유계(bounded)이므로 층화추출 하에서

$$V(\hat{\bar{Y}}_{HT}) = O\left(\frac{1}{nH}\right) \tag{4.15}$$

가 성립함을 보일수 있다. 여기서 $b_n = O(a_n)$이라는 표현은 b_n/a_n이 유계라는 의미이다.

따라서 (4.15)의 결과로부터 단순확률추출의 분산보다 상대효율이 H에 비례하여 높아지므로 H를 높히면 높힐수록 효율이 좋아진다고 결론을 내릴수 있다. 하지만 실제로는 모집단의 y값을 미리 관측하여 층을 결정하지 못하고 모집단 프레임에 있는 값(이를 x라고 하자)을 바탕으로 층화를 할수 밖에 없다. 이러한 경우에는 H를 증가하여도 그 효율이 비례하여 좋아지는 것은 아니다. 이를 설명하기 위하여 다음과 같은 일차 선형 모형을 생각해 보자.

$$y_i = \alpha + \beta x_i + e_i, \quad e_i \sim (0, \sigma_e^2). \tag{4.16}$$

즉, 모형 (4.16)으로부터 유한모집단 값이 발생되었다고 하다. 이때, $\alpha, \beta, \sigma_e^2$는 모형을 결정짓는 모수이다. 이 경우 층화 추출하에서 $V(\hat{\bar{Y}}_{HT})$의 기대값은 식 (4.14)으로부터

$$\begin{aligned} E_\zeta\left\{V(\hat{\bar{Y}}_{HT})\right\} &= \frac{1}{n}\sum_{h=1}^{H} W_h E_\zeta(S_h^2) \\ &= \frac{1}{n}\sum_{h=1}^{H} W_h\left(\beta^2 S_{xh}^2 + \sigma_e^2\right) \\ &= \frac{1}{n}\sum_{h=1}^{H} W_h\left(\beta^2 S_{xh}^2\right) + \frac{1}{n}\sigma_e^2. \end{aligned}$$

따라서, x를 바탕으로 층화를 하는 경우 첫번째 항은 (4.15)에서처럼 $O(n^{-1}H^{-1})$이 되지만 두번째 항은 $O(n^{-1})$으로써 H와 상관없는 부분이다. 즉, x와 y의 상관계수가 높은 경우에는 두번째 항이 작아지므로 층화의 효과를 많이 볼수 있지만 그렇지 않은 경우에는 두번째 항이 커지게 되므로 층화를 통한 분산의 감소 효과가 작아진다.

연습 문제

1. 어느 서커스단에서는 100 마리의 코끼리가 있다고 하자. 이 서커스단은 배를 타고 다른 곳으로 이주를 하기 위하여 전체 코끼리의 몸무게 총합을 추정하고자 한다고 하자. 이 코끼리들은 암컷과 수컷의 두 종류로 구분되고 작년에 모든 코끼리에 대해 몸무게를 측정하였고 그 결과는 다음과 같다. (각 수치는 톤의 단위임)

표 4.1: 성별 코끼리 몸무게 분포표

층	층 크기 (N_h)	평균 ($\bar{Y}_h$)	분산 (S_h^2)
수컷	60	6	4
암컷	40	4	2.25

   (a) 만약 작년도의 코끼리 몸무게와 올해의 코끼리 몸무게가 차이가 없다고 한다면 10 마리의 코끼리를 비복원으로 단순 임의 추출하여 무게를 재었을때 전체 코끼리의 몸무게에 대한 추정치의 분산은 얼마가 될 것인가 ?

   (b) 작년도 코끼리 무게와 올해 코끼리 무게가 동일하다고 한다면 10 마리의 표본 코끼리를 비례 배정을 사용하여 층화 추출하여 무게를 재었을때 전체 코끼리의 몸무게에 대한 추정치의 분산은 얼마가 될 것인가?

   (c) 만약 최적 배정을 사용하면 그 분산 추정치는 어떻게 달라지는가 ?

   (d) 올해 코끼리 무게가 작년도 코끼리 무게보다 수컷은 5%, 암컷은 10% 증가하였다고 할때 (b)-(c)를 다시 답하시오.

2. 다음은 어느 지역의 사업체들의 총 매출을 추정하는 문제를 생각해 보자. 그 지역의 사업체들은 매출을 바탕으로 다음과 같은 3 개의 층으로 나누어져 있다고 하고 그 층 내에서는 매출액이 균등하게 분포한다고 가정하자.

표 4.2: 매출액의 분포

층	층 크기 (N_h)	매출액 범위 (단위: 억원)
1	1000	0-1
2	100	1-10
3	10	10-100

이러한 모집단 자료로부터 111개의 표본 사업체를 층화 추출로 추출한다고 할때 비례 배정을 사용하는 경우와 최적 배정을 사용하는 경우의 추정량의 분산값을 각각 구하시오.

3. 층화추출의 최적배정 문제에서 총 비용함수가 $c_0 + \sum_{h=1}^{H} c_h n_h^g$로 표현되는 경우 ($g$는 임의의 주어진 상수, $g \neq 1$)의 최적표본배정을 구현하시오.

4. 두 모집단을 비교하기 위해서 층화추출을 하는 경우를 생각해 보자. 편의상 두 모집단은 A와 B로 나타내고 이 두모집단 평균의 차이를 추정하는데 관심이 있다고 하자. 즉, 관심모수는

$$D = \bar{Y}_A - \bar{Y}_B,$$

으로 표현되고 이때 $\bar{Y}_A$와 $\bar{Y}_B$는 각각 모집단 A와 모집단 B의 모평균을 나타낸다. 각 모집단을 하나의 층으로 간주하고 각 층 내에서 n_h개의 표본을 단순확률추출로 뽑는 층화 추출을 사용하고자 한다.

   (a) 모집단 A에서 뽑는 표본수를 n_A라고 하고 모집단 B에서 뽑는 표본수를 n_B라고 하자. 이때 총 비용을 나타내는 비용 함수가 $C = c_A n_A + c_B n_B$로 표현된다고 할때 주어진 비용 내에서 D에 대한 비편향 추정량 $\hat{D}$의 분산을 최소화하는 최적 표본수를 어떻게 계산할수 있는지 논하시오.

   (b) 만약 비용함수가 $C = c_A n_A^2 + c_B n_B^2$으로 표현된다면 최적 배정은 어떻게 바뀔수 있을 것인가 논하시오.

5. 식 (4.15)에서 유한모집단 값이 Uniform (a,b)에서 얻어지는 경우에는

$$V(\hat{\hat{Y}}_{HT}) = O\left(\frac{1}{nH^2}\right)$$

이 성립함을 보이시오.

6. 만약 $y_i = i/N$ $(i = 1, \cdots, N)$의 선형적 관계를 갖는 모집단이 있다고 하자. 이때

$$\sum_{k=1}^{N} k = \frac{N(N+1)}{2}, \quad \sum_{k=1}^{N} k^2 = \frac{N(N+1)(2N+1)}{6}$$

을 이용하여 다음의 질문에 답하시오.

(a) 크기가 n인 단순확률추출하에서의 분산 $V_{SRS}(\bar{y})$을 n과 N의 함수로 표현하시오.

(b) 크기가 n인 계통추출하에서의 분산 $V_{SY}(\bar{y})$을 계산하시오.

(c) 크기가 n인 다음과 같은 층화추출을 생각해 보자. 층의 갯수는 $H = n$이고 $n_h = 1$이며 첫번째 층은 $y_1, \cdots, y_{N/n}$으로 구성되고 두번째 층은 $y_{(N/n)+1}, \cdots, y_{2N/n}$으로 구성되는 식으로 층화를 하였을때, 이때 얻어지는 층화추출하에서의 분산 $V_{ST}(\bar{y})$을 계산하시오.

(d) 위의 결과를 이용하여

$$V_{ST}(\bar{y}) \leq V_{SY}(\bar{y}) \leq V_{SRS}(\bar{y}).$$

을 증명하시오. 또한 이러한 결론은 다음의 모형을 따르는 모집단에 어떻게 확장될수 있겠는지 논하시오.

$$E_{\zeta}(y_k) = \beta_0 + \beta_1 k, \quad V_{\zeta}(y_k) = \sigma^2$$

제 5 장

집락 추출

제 1 절　서론

3장에서 살펴본 바와 같이 관측단위와 표본추출단위가 같아지는 표본추출법을 원소추출법이라고 하고 일차 표본추출단위가 관측단위의 묶음인 집락(cluster)이 되는 표본추출법을 집락추출법이라고 한다. 집락추출은 원소단위의 표본추출틀은 존재하지 않지만 집락단위의 표본추출틀이 존재하는 경우에 사용되거나 또는 집락내에서 여러 원소를 관측함으로써 비용을 줄이는 효과를 얻기 위해 사용된다. 예를 들어 전국의 고등학생의 학업능력을 측정하고자 할때 전국에 있는 고등학생들 개개인의 리스트를 작성하는 것은 매우 어려운 일이 뿐만 아니라 표본 추출 또한 번거로운 일이 될 것이다. 이러한 경우 학생들의 묶음인 학교를 단위로 추출하여 그 추출된 학교 내의 학생들을 조사하는 것은 리스트 작성도 용이할 뿐만 아니라 조사 비용도 줄이는 방법이 될 것이다.

집락추출에서 표본으로 선택되어진 집락 내의 모든 원소를 관측하게 되는 경우를 일단계 집락추출(single-stage cluster sampling)이라고 하고 표본으로 선택되어진 집락 내의 원소 중에서 확률표본추출에 의하여 원소를 추출하게 되는 경우를 이단계 집락추출(two-stage cluster sampling)이라 한다. 경우에 따라서는 삼단계(three-stage) 또는 사단계(four-stage) 집락추출도 가능하게 된다. 이 장에서는 일단계 집락추출법만을 다루기로 한다.

집락추출을 설명하기 위하여 $U_I = \{1, \cdots, N_I\}$를 모집단에서 집락들의 인덱스 집합이라 하고, U_i를 크기M_i를 갖는 i-번째 집락의 원소들의 집합이라 하자. 또한, y_{ij}를 i-째 집락에서 j-째 원소의 y-관측값이라 하고 M_i를 집락 i의 크기, 모집단의 y-총계를 $Y = \sum_{i=1}^{N_I} \sum_{j \in U_i} y_{ij} = \sum_{i=1}^{N_I} Y_i = \sum_{i=1}^{N_I} M_i \bar{Y}_i$라 하자. 여기서, $\bar{Y}_i = M_i^{-1} Y_i$를 집락 i의 y-평균이고 $Y_i = \sum_{j=1}^{M_i} y_{ij}$를 집락 i의 y-총계라 하자.

일단계 집락추출에서, 확률표본추출법으로 U_I로부터 A_I를 선택하게된다. 표본원소들의 인덱스 집합 A는 일단계 집락추출에서 $A = \cup_{i \in A_I} U_i$ 로 표현될 수 있다. 선택된 집락들의 수를 $n_I = |A_I|$라 하고 선택된 원소의 수를 $n_A = |A|$라고 하자. 일단계 집락추출법에서 $n_A = \sum_{i \in A_I} M_i$ 이다.

제 2 절 일단계 집락추출: 집락 크기가 같은 경우

2.1 추정

집락의 크기가 일정한 경우 ($M_i = M$인 경우), 다음과 같은 표본 설계를 고려해 볼 수 있을것이다.

1. 단순확률추출법을 통해 N_I개 집락들로부터 n_I개 집락을 뽑는다.
2. 선택된 집락들의 모든 원소들을 관측한다.

이러한 표본설계를 일단계 집락추출이라 한다. 만약 표본에 집락 i가 추출되었다면 그 집락 내의 모든 원소를 관측하므로 $Y_i = \sum_{j=1}^{M} y_{ij}$를 관측할 수 있고, 따라서, 모집단 총계 $Y = \sum_{i=1}^{N_I} Y_i$의 HT 추정량은

$$\hat{Y}_{HT} = \sum_{i \in A_I} \frac{1}{\pi_{Ii}} Y_i = \frac{N_I}{n_I} \sum_{i \in A_I} Y_i$$

이다. 여기서, $\pi_{Ii} = P(i \in A_I)$ 는 집락단위에서 일차 표본포함확률이고 이것은 단순임의 집락추출하에서 $\pi_{Ii} = n_I / N_I$와 같아진다. 그러므로, 모집단 평균 $\bar{Y}_U = Y/(N_I M)$ 의 HT 추정량은

$$\hat{\bar{Y}}_U = \frac{\hat{Y}_{HT}}{N_I M} = \frac{1}{n_I} \frac{1}{M} \sum_{i \in A_I} Y_i = \frac{1}{n_I} \sum_{i \in A_I} \bar{Y}_i.$$

이다. 즉, $\hat{\bar{Y}}_U$는 $\bar{Y}_i$의 표본평균이다. 이 경우 $\hat{\bar{Y}}_U$의 분산은

$$Var(\hat{\bar{Y}}_{HT}) = \frac{1}{n_I}\left(1 - \frac{n_I}{N_I}\right)\frac{1}{N_I - 1}\sum_{i=1}^{N_I}\left(\bar{Y}_i - \bar{Y}_U\right)^2 \tag{5.1}$$

이 될것이다. 여기서, $\bar{Y}_i = \sum_{j=1}^{M} y_{ij}/M$ 이고, $\bar{Y}_U = Y/(N_I M) = \sum_{i=1}^{N_I} \bar{Y}_i/N_I$ 이다. 분산식 (5.1)을 살펴보기 위해서, 다음과 같은 모집단 자료의 분산분석표를 생각해보자.

표 5.1: 크기가 일정한 집락추출 모집단 자료의 분산분석표

요인	자유도	제곱합	평균 제곱합
Between cluster	$N_I - 1$	SSB	S_b^2
Within cluster	$N_I(M-1)$	SSW	S_w^2
Total	$N_I M - 1$	SST	S^2

여기서 각 제곱합들은 다음과 같이 정의되고 평균 제곱합은 제곱합을 자유도로 나누어준 것이 된다.

$$\begin{aligned} SST &= \sum_{i=1}^{N_I}\sum_{j=1}^{M}(y_{ij} - \bar{Y})^2 \\ SSB &= \sum_{i=1}^{N_I}\sum_{j=1}^{M}(\bar{Y}_i - \bar{Y})^2 \\ SSW &= \sum_{i=1}^{N_I}\sum_{j=1}^{M}(y_{ij} - \bar{Y}_i)^2. \end{aligned}$$

각 제곱합들은 $SST = SSB + SSW$를 만족하므로, S^2은 평균 제곱합들의 가중평균으로 표현될 수 있다.

$$\begin{aligned} S^2 &= \frac{SST}{N_I M - 1} \\ &= \frac{(N_I - 1)S_b^2 + N_I(M-1)S_w^2}{N_I M - 1} \\ &\cong \frac{S_b^2 + (M-1)S_w^2}{M}. \end{aligned}$$

따라서, $SSB = M \cdot \sum_{i=1}^{N_I} (\bar{Y}_i - \bar{Y})^2$이므로,

$$\frac{1}{N_I - 1} \sum_{i=1}^{N_I} \left(\bar{Y}_i - \bar{Y}_U\right)^2 = \frac{SSB}{(N_I - 1)M} = \frac{S_b^2}{M}$$

이고, 이를 이용하여 식 (5.1)의 분산은

$$Var\left(\hat{\bar{Y}}_U\right) = \frac{1}{n_I M} \left(1 - \frac{n_I}{N_I}\right) \frac{SSB}{(N_I - 1)}. \tag{5.2}$$

또는

$$Var\left(\hat{\bar{Y}}_U\right) = \frac{1}{n_I M} \left(1 - \frac{n_I}{N_I}\right) S_b^2. \tag{5.3}$$

으로 집락 간 변동 함수로 표현된다. 여기서 S_b^2은 [표 5.1]에서 정의되었다.

위의 집락추출 분산을 동일한 표본수의 단순확률추출에서의 분산과 비교해 보도록 하자. 이 경우 모집단의 총 원소수는 $N_I M$이고 표본의 총 원소수는 $n_I M$이므로, 만약 $N_I M$개의 모집단 원소로부터 $n_I M$개의 표본을 비복원 단순확률추출로 뽑는다면 이 때의 모집단 총계에 대한 표본추정량의 분산은

$$\begin{aligned} Var_{SRS}\left(\hat{\bar{Y}}_U\right) &= \frac{1}{n_I M} \left(1 - \frac{n_I M}{N_I M}\right) S^2 \\ &= \frac{1}{n_I M} \left(1 - \frac{n_I}{N_I}\right) S^2 \end{aligned} \tag{5.4}$$

으로 표현된다. 여기서 S^2은 [표 5.1]에서 정의되었다. 따라서, 위의 단순확률추출에서의 분산식 (5.4)을 식 (5.3)과 비교하면, 집락 간 분산인 S_b^2이 총 분산인 S^2보다 클 경우에 같은 표본수의 단순확률추출보다 집락추출이 덜 효율적임을 알 수 있다. 예를 들어 가구 조사의 경우 집락을 각 마을로 정하고 관심변수가 소득이라고 한다면 집락 내의 변동이 집락 간의 변동에 비해서 작은 경우가 많으므로 집락추출의 분산이 단순확률추출의 분산보다 더 커지게 된다.

이렇게 집락추출은 집락 내 변동과 집락 간 변동의 상대적 크기에 따라 그 효율이 달라진다. 즉, 집락 내의 원소들이 얼마나 동질적인지에 따라 집락추출의 효율이 결정되는 것이다. 이에 대한 척도로써 급내상관계수가 다음 절에서 소개하도록 하자.

2.2 급내상관계수

급내상관계수는 집락추출의 효율을 알려주는 중요한 지표로써 다음과 같이 정의된다.

정의 5.1 급내상관계수 (Intraclass correlation coefficient):

$$\begin{aligned}\rho &= \frac{\mathrm{Cov}[y_{ij}, y_{ik} \mid j \neq k]}{\sqrt{\mathrm{Var}(y_{ij})}\sqrt{\mathrm{Var}(y_{ik})}} \\ &= \frac{\sum_{i=1}^{N_I} \sum_{j\neq k} \sum (y_{ij} - \bar{Y})(y_{ik} - \bar{Y}) / \sum_{i=1}^{N_I} M(M-1)}{\sum_{i=1}^{N_I} \sum_{j=1}^{M} (y_{ij} - \bar{Y})^2 / \sum_{i=1}^{N_I} M} \\ &= \frac{1}{M-1} \frac{\sum_{i=1}^{N_I} \sum_{j\neq k} \sum (y_{ij} - \bar{Y})(y_{ik} - \bar{Y})}{\sum_{i=1}^{N_I} \sum_{j=1}^{M} (y_{ij} - \bar{Y})^2}\end{aligned}$$

즉, 급내상관계수는 각 집락 내에서 원소들의 상관관계를 나타내는 척도가 된다. 다음의 등식

$$\sum_{j\neq k} \sum_{k} (y_{ij} - \bar{Y})(y_{ik} - \bar{Y}) = \left\{ \sum_{j} (y_{ij} - \bar{Y}) \right\}^2 - \sum_{j} (y_{ij} - \bar{Y})^2$$

을 이용하면 급내상관계수는

$$\rho = 1 - \frac{M}{M-1} \frac{SSW}{SST} \tag{5.5}$$

으로 표현되고 따라서

$$-\frac{1}{M-1} \leq \rho \leq 1$$

가 성립한다. 급내상관계수가 최소값을 갖는 경우는 $SSB = 0$인 경우로 집락 내 평균 $\bar{Y}_i$가 모두 일정한 경우이다. 급내상관계수가 최대값을 갖는 경우는 $SSW = 0$인 경우로 집락 내의 모든 원소가 동일한 (즉, $y_{ij} = \bar{Y}_i$) 경우이다.

한편 [표 5.1]의 분산분석표를 사용하면 식 (5.5)는 다음과 같이 표현된다.

$$\rho = 1 - \frac{S_w^2}{S_y^2} \tag{5.6}$$

다음의 정리는 집락추출의 분산에 관하여 많이 사용되는 공식을 제공한다.

정리 5.1. 집락의 크기가 동일한 집락 단위모집단에서 일단계 단순확률추출에서의 분산식 (5.2)을 급내상관계수를 사용하여 표현하면, N이 충분히 큰 경우에, 다음과 같다.

$$\text{Var}\left(\hat{Y}_{HT}\right) \doteq \text{Var}_{SRS}\left(\hat{Y}_{HT}\right) \cdot \{1 + (M-1)\rho\} \tag{5.7}$$

여기서, ρ 는 급내상관계수를 나타내고, $\text{Var}_{SRS}\left(\hat{Y}_{HT}\right)$은 동일한 표본수의 원소단위 단순확률추출을 하였을 때 얻어지는 추정량의 분산을 나타낸다.

증명 식 (5.5)로부터 $SST = SSB + SSW$을 이용하면

$$SSB = \frac{1}{M}\left[1 + \rho\,(M-1)\right] SST$$

이 유도되고 이를 (5.2)에 대입하고 (5.4)를 이용하여 정리하면 (5.7)이 얻어진다. □

위의 정리로 부터 집락추출의 비편향추정량의 분산은 같은 크기의 단순확률추출의 비편향추정량의 분산에 비해 $\{1 + (M-1)\,\rho\}$배의 크기를 갖는것을 알 수 있는데 이 $\{1 + (M-1)\,\rho\}$값은 두 분산의 비로써 집락추출의 상대효율에 대한 척도로 사용된다. 일반적으로는 표본설계효과라 불리며 표본설계의 효율에 대한 정도를 나타낸다.

정의 5.2 표본설계효과 (design effect; Deff)

$$\text{deff}\ \left(p, \hat{Y}_{HT}\right) = \frac{V_p\left(\hat{Y}_{HT}\right)}{V_{SRS}\left(\hat{Y}_{HT}\right)}$$

즉, Deff는 "현행 표본설계에서의 분산 / 같은 표본수의 SRS에서의 분산"이다. 따라서, 단순확률추출로 집락을 뽑는 경우에는

$$\text{Deff} = 1 + (M-1)\rho \tag{5.8}$$

이 성립하며 실제 집락추출 자료에서는 대부분 1보다 큰 값을 갖게 된다. 표본설계효과가 크다면 추정의 효율이 단순임의 추출의 경우보다 낮음을 의미하게

될 것이다. 예를들어, $\rho = 0.1$ 이고 $M = 11$이면 deff $= 2$가 된다. 따라서, ρ가 작은 값을 갖더라도, M이 크다면 표본설계효과는 클 수 있다.

표본설계효과와 함께 자주 사용되는 개념으로는 유효표본수(effective sample size)가 있다. 유효표본수는 집락추출에서의 총 표본수($n_I M$)가 SRS에서의 몇 개의 표본수와 같은가를 나타내는 값으로 실제 표본수를 표본설계효과로 나누어서 계산한다. 왜냐하면, 유효 표본수를 n^*라 하면

$$\begin{aligned} \mathrm{Var}(\bar{y}_{HT}) &= \frac{S^2}{n_I M}(1 - \frac{n_I}{N_I})(1 + (M-1)\rho) \\ &= \frac{S^2}{n^*}(1 - \frac{n^*}{N_I M}) = \mathrm{Var}(\bar{y}_{SRS}|n^*) \end{aligned}$$

이 성립하여야 하고 따라서

$$n^* = \frac{n_I M}{1 + (M-1)\rho} = \frac{\text{집락추출 표본수}}{\text{표본설계효과}} \tag{5.9}$$

이 성립한다. 만약, $\rho = 0$이면 $n^* = n_I M$이 성립하고 $\rho = 1$이면 $n^* = n_I$이 성립한다.

표본설계효과와 유효표본수의 개념은 집락추출에서 표본수를 결정하는데 하나의 방법론을 제공해 준다. 먼저 우리가 원하는 집락추출 하에서의 목표 분산이 있다고 하고 이를 V_0라 하자. 만약, SRS일 경우에는 분산 공식

$$\frac{S^2}{n^*}(1 - \frac{n^*}{N}) = V_0$$

으로부터 목표 유효표본수

$$n^* = \frac{S^2}{V_0 + S^2/N}$$

을 유도해 낼수 있다. 따라서, 집락추출에서의 목표표본수는 유효표본수를 표본설계효과와 곱하여 계산하게 된다.

예제 5.1. 국회의원 선거나 대통령 선거와 같은 경우, 선거 당일 투표소에서 나오는 사람을 대상으로하는 출구조사(exit poll)가 실시된다. 해당 모집단의 모든 투표소의 모든 인원을 조사할 수는 없으므로 표본 투표소를 선정한 후

그 투표소 내의 일정 인원을 등간격으로 계통추출하여 조사한다. 논의를 간단히 하기 위해서 각 투표소에서 M=200명의 투표자가 있으며 표본으로 선정된 투표소에서는 그 200명을 다 조사하는 것으로 가정하자. 어느 지역의 특정 후보의 지지도를 신뢰수준 95%하에서 실제 지지도와의 차이가 2%이내가 되도록 예측하려면 얼마만큼의 표본 투표소를 선정해야 할 지를 알아보자.

먼저 목표 유효표본수를 구해야 하는데 (3.14)의 공식을 이용하면 유효표본수는 $n^* = (0.02)^{-2} = 2,500$명이 된다. 만약 급내상관계수가 0이라면 $2,500/200 = 12.5$개의 표본 투표소만 조사하면 되지만 급내상관계수가 0.05인 경우에는 표본설계효과가 $1+199*0.05 \doteq 11$이므로 실제 필요한 표본 투표소는 $2,500 * 11/200 = 137.5$개가 된다.

급내상관계수를 이해하는 또다른 방법은 초모집단 모형을 사용하는 것이다. 집락 구조를 가진 자료는 집락내 상관관계가 존재하므로 집락 추출에 흔히 사용되는 모형은 다음과 같다.

$$y_{ij} = \mu + a_i + e_{ij}$$

이때, μ는 모집단 전체 평균, a_i는 μ를 제거한후 발생하는 집락 i의 고유 효과를, e_{ij}는 집락 i의 고유 효과를 제외한 개별 효과를 나타낸다. 이 경우 다른 정보가 없으면 $a_i \sim (0, \sigma_a^2)$와 $e_{ij} \sim (0, \sigma_e^2)$를 가정한다. 이 경우 집락이 단순확률추출로 뽑힐 경우 얻어지는 표본평균은

$$\bar{y}_{HT} = \mu + \frac{1}{n_I}\sum_{i=1}^{n_I} a_i + \frac{1}{n_I M}\sum_{i=1}^{n_I}\sum_{j=1}^{M} e_{ij}$$

으로 계산되므로

$$V(\bar{y}_{HT}) = \frac{1}{n_I}\sigma_a^2 + \frac{1}{n_I M}\sigma_e^2 = \frac{1}{nM}\sigma_y^2\left\{1 + (M-1)\rho\right\} \tag{5.10}$$

으로 표현될수 있는데 여기서 $\sigma_y^2 = \sigma_a^2 + \sigma_e^2$이고

$$\rho = \frac{\sigma_a^2}{\sigma_a^2 + \sigma_e^2}$$

으로 표현된다. 따라서 식 (5.10)는 (5.7)의 공식을 다시 확인한다.

제 3 절 일단계 집락 추출: 집락 크기가 다른 경우

3.1 총계 추정

집락의 크기 M_i가 다른 경우 일단계 집락추출로 모집단 총계를 추정하고자 할 때 각 집락의 일차 표본포함확률을 $\pi_{Ii} = \Pr(i \in A_I)$라 하면 모집단 총계의 HT 추정량은

$$\hat{Y}_{HT} = \sum_{i \in A_I} \frac{Y_i}{\pi_{Ii}}$$

가 된다. 이 경우 분산은, 고정표본수 집락추출(fixed-size cluster sampling)인 경우,

$$Var\left(\hat{Y}_{HT}\right) = -\frac{1}{2}\sum_{i=1}^{N_I}\sum_{j=1}^{N_I}(\pi_{Iij} - \pi_{Ii}\pi_{Ij})\left(\frac{Y_i}{\pi_{Ii}} - \frac{Y_j}{\pi_{Ij}}\right)^2$$

으로 표현될 것이며 이 분산을 최소화하는 경우는 $\pi_{Ii} \propto Y_i$이므로 2.4절에서 다룬 바와 같이 비균등 확률추출이 더 효율적이 될 것이다. 실제 표본설계를 할 때에는 Y_i를 모르므로 $Y_i = M_i\bar{Y}_i$으로 표현한 후, 만약 $\bar{Y}_i$가 M_i와 관계가 없다면 $\pi_{Ii} \propto M_i$의 PPS 추출이나 πps 추출을 사용하게 되면 효율적이 될 것이다. 만약 $\bar{Y}_i \propto M_i^{\alpha}$인 경우에는 $M_i^{1+\alpha}$를 크기척도(MOS)로 사용하는 PPS 추출이나 πps 추출을 사용하면 될 것이다.

다음으로, 일차 표본포함확률의 최적선택 문제를 다루기 위해서, 다음과 같은 초모집단(superpopulation) 모형을 가정하자.

$$y_{ij} = \mu + a_i + e_{ij} \tag{5.11}$$

여기서, μ는 알 수없는 모수이고, $a_i \sim (0, \sigma_a^2)$이며, $e_{ij} \sim (0, \sigma_e^2)$이다. 식 (5.11)의 모형하에서 $\hat{Y}_{HT}$의 총 분산은

$$\begin{aligned} V(\hat{Y}_{HT}) &= V(\sum_{i \in A_I} \pi_{Ii}^{-1} M_i\mu) + E\{\sum_{i \in A_I} \pi_{Ii}^{-2}\gamma_i\} \\ &= V(\sum_{i \in A_I} \pi_{Ii}^{-1} M_i\mu) + E\{\sum_{i \in U_I} \pi_{Ii}^{-1}\gamma_i\} \end{aligned}$$

으로 표현되고, $\gamma_i = V(Y_i) = M_i^2\sigma_a^2 + M_i\sigma_e^2$이다. 총 분산의 두번째 항은

$$\pi_{Ii} \propto \gamma_i^{1/2} = M_i\sigma_a\left(1 + \frac{\sigma_e^2}{\sigma_a^2}\cdot\frac{1}{M_i}\right)^{1/2}. \tag{5.12}$$

일 때 최소값을 갖게되며, 이 결과(5.12)는 Cauchy-Schwartz 부등식

$$\left(\sum_{i\in U_I}\pi_{Ii}^{-1}\gamma_i\right)\left(\sum_{i\in U_I}\pi_{Ii}\right)\geq\left(\sum_{i\in U_I}\sqrt{\gamma}_i\right)^2$$

을 적용하고, $\sum_{i\in U_I}\pi_{Ii}$이 고정된값을 갖는다는 것을 이용하면 구할 수 있다. 따라서, σ_e^2/σ_a^2이 작다면, $\pi_{Ii}\propto M_i$으로 최적표본 설계를 할 수 있다. 반면에, σ_e^2/σ_a^2이 크다면, $\pi_{Ii}\propto M_i^{1/2}$이 더 나은 최적 표본 설계가 될 수 있다.

만약 M_i가 서로 다름에도 이를 무시하고 집락 모집단에서 단순확률추출을 사용하여 집락을 뽑는 경우를 생각해 보자. 이를 단순확률 집락추출(simple random cluster sampling) 이라고 한다. 이러한 경우 총계에 대한 추정량은

$$\hat{Y}_{HT}=\frac{N_I}{n_I}\sum_{i\in A_I}Y_i$$

로 표현되는데 여기서 $Y_i=M_i\bar{Y}_i$로 표현하면 분산은

$$V_{SRC}(\hat{Y}_{HT}) = \frac{N_I^2}{n_I}\left(1-\frac{n_I}{N_I}\right)S_I^2 \tag{5.13}$$

이고

$$S_I^2=\frac{1}{N_I-1}\sum_{i\in U_I}\left(Y_i-\bar{Y}_I\right)^2=\frac{1}{N_I-1}\sum_{i\in U_I}\left(M_i\bar{Y}_i-\bar{M}\bar{Y}_U\right)^2$$

으로 표현되는데 여기서 $\bar{M}=N_I^{-1}\sum_{i\in U_I}M_i$이고 $\bar{Y}_I=N_I^{-1}\sum_{i\in U_I}Y_i$, $\bar{Y}_U=\hat{Y}_I/\bar{M}$을 나타낸다.

집락크기 M_i가 다를수 있으므로 식 (5.6)의 급내상관계수의 정의를 확장하여 급락 동질성 계수 (cluster homogeneity coefficient)를 다음과 같이 정의하자.

$$\delta=1-\frac{\sum_{i\in U_I}\sum_{j\in U_i}\left(y_{ij}-\bar{Y}_i\right)^2/(N-N_I)}{\sum_{i\in U_I}\sum_{j\in U_i}\left(y_{ij}-\bar{Y}_U\right)^2/(N-1)}=1-\frac{SSW/(N-N_I)}{SST/(N-1)}. \tag{5.14}$$

집락크기 M_i가 모두 동일하면 δ는 식 (5.6)의 급내상관계수와 동일해진다. 따라서 식 (5.13)의 분산은, $K_I=\frac{N_I^2}{n_I}\left(1-\frac{n_I}{N_I}\right)$으로 정의할때

$$V_{SRC}\left(\hat{Y}_{HT}\right)=\left(1+\frac{N-N_I}{N_I-1}\delta\right)\bar{M}S_y^2K_I+C^*\cdot K_I \tag{5.15}$$

을 보일수가 있는데 여기서 C^*는

$$C^* = \frac{1}{N_I - 1} \sum_{i=1}^{N_I} \left(M_i - \bar{M}\right) M_i \bar{Y}_i^2$$

으로 정의되는 계수로써 M_i와 $M_i \bar{Y}_i^2$간의 모집단 공분산을 나타낸다. 만약 $\bar{Y}_i^2$이 모두 동일하다면 $C^* \cong Cov\left(M_i, M_j\right)$가 성립한다.

한편 표본수가 $n = n_I \bar{M}$인 단순확률추출에서의 분산은

$$\begin{aligned} V_{SRS}\left(\hat{Y}_{HT}\right) &= \frac{N^2}{n_I \bar{M}} \left(1 - \frac{n_I \bar{M}}{N}\right) S_y^2 \\ &= \frac{N}{N_I} S_y^2 \frac{N_I^2}{n_I} \left(1 - \frac{n_I}{N_I}\right) = \bar{M} S_y^2 K_I \end{aligned}$$

으로 표현할수 있으므로 이러한 경우 표본설계 효과(design effect)는

$$\text{deff} = \frac{V_{SRC}\left(\hat{Y}_{HT}\right)}{V_{SRS}\left(\hat{Y}_{HT}\right)} = \left(1 + \frac{N - N_I}{N_I - 1}\delta\right) + \frac{C^*}{\bar{M} S_y^2}$$

으로 계산된다. 따라서 deff > 1 이 성립하게 되는 요인은 다음과 같은 두가지를 생각할 수 있다.

1. $\delta > 0$인 경우: 즉 집락이 동질적인 경우 추정의 효율을 떨어트린다.

2. $C^* > 0$인 경우: 즉, 집락크기가 다른 것이 추정의 효율을 떨어트린다.

만약 $M_i = M$으로 모두 같다면 위의 표본설계 효과는 $1 + (M-1)\delta$로 표현되고 이는 식 (5.8)의 결과와 동일해진다.

3.2 평균 추정

모집단 y-평균을 추정하는 경우 다음의 두 가지 다른 개념의 모수가 존재한다.

$$\begin{aligned} \theta_1 &= \frac{1}{N_I} \sum_{i=1}^{N_I} \frac{Y_i}{M_i} = \frac{1}{N_I} \sum_{i=1}^{N_I} \bar{Y}_i \\ \theta_2 &= \frac{1}{N} \sum_{i=1}^{N_I} Y_i = \frac{\sum_{i=1}^{N_I} \sum_{j=1}^{M_i} y_{ij}}{\sum_{i=1}^{N_I} M_i} \end{aligned}$$

만약 $M_i = M$이라면 $\theta_1 = \theta_2$이 성립한다. 그렇지 않은 경우, 모수 θ_1과 θ_2은 다른 의미를 가진다. 첫 번째 모수 θ_1는 집락단위에서의 평균을 의미하고 두 번째 모수 θ_2 는 원소단위에서의 평균을 의미한다. 예를 들어, 사업체 조사에서 i가 사업체, j가 종업원을 나타내고 y-변수가 연봉이라고 한다면 θ_1은 사업체 당 근로자 1인의 평균 연봉의 평균을 나타내고 θ_2는 전체 근로자들의 평균 연봉을 나타낸다. 대기업의 경우 근로자수도 많고 연봉도 높을 것이므로 θ_2의 추정에는 대기업 근로자가 차지하는 비중이 높아지는 반면 θ_1의 추정에는 대기업과 중소기업이 대등하게 취급되므로 오히려 근로자 입장에서는 대기업에 종사하는 근로자가 상대적으로 과소집계되는 결과를 가지게 된다. 이렇게 집락추출에서는 모수를 정확하게 정의하는 것이 우선적으로 중요하다. 모수를 정확하게 정의하지 않으면 그 추정도 매우 모호해 질 것이기 때문이다. 실무에서는 θ_2가 더 현실적으로 중요하고 많이 사용되는 개념이다. θ_1은 소규모의 집락이 차지하는 비중이 높게 나타나므로 소규모 집락 위주의 추정이 되고 또한 그렇게 됨으로써 그 추정치가 매우 불안정하게 나타나게 될 수 있다.

여기서 만약 θ_1을 추정하는 경우에는 집락 내 y-평균인 $\bar{Y}_i = M_i^{-1} \sum_{j=1}^{M_i} y_{ij}$을 이용하면 $\theta_1 = {N_I}^{-1} \sum_{i=1}^{N_I} \bar{Y}_i$이므로 $\bar{Y}_i$를 하나의 관측치로 여기고 각 $\bar{Y}_i$의 평균을 추정하는 문제로 생각할 수 있다. 따라서 θ_1의 HT 추정량은

$$\hat{\theta}_1 = N_I^{-1} \sum_{i \in A_I} \frac{\bar{Y}_i}{\pi_{Ii}}$$

으로 표현되고 이 추정량의 분산을 최소화 하는 경우는 $\pi_{Ii} \propto \bar{Y}_i$가 될 것이다. 만약, $\bar{Y}_i$가 M_i와 관계가 없다면 각 집락을 SRS로 추출하는 것이 효율적이고 만약 $\bar{Y}_i \propto M_i^{\alpha}$인 경우에는 M_i^{α}를 크기척도로 하는 PPS 추출을 하는 것이 더 효율적일 것이다. 일반적으로 집락 크기가 다른 경우 일단계 집락추출에서 집락을 단순확률추출로 추출하는 것은 총계 추정에서는 바람직하지 않지만, θ_1 처럼 정의된 집락 당 평균의 추정에서는 정당화 될 수도 있을 것이다.

모평균 θ_2의 추정에는 집락 총계인 $Y_i = \sum_{j=1}^{M_i} y_{ij}$을 이용하면

$$\theta_2 = \frac{\sum_{i=1}^{N_I} Y_i}{\sum_{i=1}^{N_I} M_i}$$

이므로 집락 당 평균이 아닌 집락 총계 $Y = \sum_{i=1}^{N_I} y_i$를 집락 크기의 합인 $N = \sum_{i=1}^{N_I} M_i$로 나눈 비(ratio)로 이해할 수 있다. 분모항 $N = \sum_{i=1}^{N_I} M_i$은 모집단

전체에서의 총 원소 갯수로써 대부분의 집락조사에서는 N_I은 알아도 $\sum_{i=1}^{N_I} M_i$은 모르는 경우가 많다. 따라서 이러한 경우에는 7.2절에서 배우게 될 비추정(ratio estimation)을 사용하여

$$\hat{\theta}_2 = \frac{\hat{Y}_{HT}}{\hat{N}_{HT}} = \frac{\sum_{i \in A_I} \pi_{Ii}^{-1} Y_i}{\sum_{i \in A_I} \pi_{Ii}^{-1} M_i} \tag{5.16}$$

의 형태를 갖는 비추정량(ratio estimator)을 사용하게 된다. 이 추정량은 분모항이 표본추출을 반복함에 따라 그 값이 변하게 되는 확률변수가 되며 이 경우의 분산은 6장에서 배우게 될 테일러 전개를 사용하여 구하게 된다. 이 경우 (5.16)로 정의된 추정량의 효율적인 표본설계는 총계 추정의 경우와 동일해지고 균등확률 추출보다는 비균등 확률 추출이 더 효율을 높이게 되는 것이 일반적이다. 여기서 식 (5.16)의 비추정량은 두개의 HT 추정량의 비선형 함수이므로, 테일러 전개를 이용하여 선형함수로 근사하면

$$\frac{\hat{Y}_{HT}}{\hat{N}_{HT}} \cong \frac{Y}{N} + \frac{1}{N}\left(\hat{Y}_{HT} - \frac{Y}{N}\hat{N}_{HT}\right).$$

이 되고, 따라서 근사적 비추정량의 분산은

$$V\left(\hat{\bar{Y}}_R\right) \doteq \frac{1}{N^2}\left\{V(\hat{Y}_{HT}) - 2\bar{Y}_U Cov(\hat{Y}_{HT}, \hat{N}_{HT}) + \bar{Y}_U^2 V(\hat{N}_{HT})\right\}.$$

이 된다.

예를들어, 단순확률 집락추출에서 분산은

$$\begin{aligned} V\left(\hat{\bar{Y}}_R\right) &\doteq \frac{N_I^2}{n_I N^2}\left(1 - \frac{n_I}{N_I}\right)\frac{1}{N_I - 1}\sum_{i=1}^{N_I}\left(Y_i - M_i\bar{Y}_U\right)^2 \\ &= \frac{1}{n_I \bar{M}^2}\left(1 - \frac{n_I}{N_I}\right)\frac{1}{N_I - 1}\sum_{i=1}^{N_I} M_i^2\left(\bar{Y}_i - \bar{Y}_U\right)^2 \end{aligned}$$

이며, 여기서 $\bar{M} = N_I^{-1}\sum_{i=1}^{N_I} M_i = N/N_I$이다. 분산의 추정을 위해서 다음식을 이용할 수 있다.

$$\hat{V}\left(\hat{\bar{Y}}_R\right) = \frac{1}{n_I \bar{M}^2}\left(1 - \frac{n_I}{N_I}\right)\frac{1}{n_I - 1}\sum_{i \in A_I} M_i^2\left(\bar{Y}_i - \hat{\bar{Y}}_R\right)^2.$$

일반적으로는 $\bar{M}$을 알수는 없고 그의 추정치인 $\hat{\bar{M}} = n_I^{-1}\sum_{i \in A_I} M_i$를 사용해야 할 것이다.

연습 문제

1. 어느 은행에서는 39,800개의 기업 고객 정보를 3,980개의 폴더에 10개씩 정리하여 저장하고 있다. 여기서 우리는 이 은행이 대출을 허용한 고객 기업의 비율을 추정하고자 한다. 이를 위하여 40개의 폴더를 단순확률추출로 추출하여 각 표본폴더 i에서 대출이 승인된 기업수(y_i라 하자)를 기록하였다고 하자. 이 조사에서 얻어진 결과는 다음과 같다.

$$\sum_{i \in A} y_i = 185, \qquad \sum_{i \in A} y_i^2 = 1,263$$

   여기서 A는 표본으로 선택된 폴더의 인덱스 집합이다.

   (a) 관심모수를 정의하고 그것에 대한 비편향추정량을 구현하시오.

   (b) 위에서 구한 비편향추정량에 대한 분산을 추정하시오.

   (c) 표본설계효과를 추정하시오.

   (d) 급내상관계수를 추정하시오.

2. 동일한 크기를 갖는 집락들의 모집단으로 부터 단순임의 추출로 집락을 추출한다고 가정하자. 모집단 내 $N_I = 1000$개의 집락들이 있고 $M = 10$ 개의 원소들이 각 집락에 있다고 가정하자. 이렇게 관측된 값들로부터 다음과 같은 분산분석표를 얻었다.

표 5.2: 표본 자료의 분산분석표

요인	자유도	평균 제곱합
Between Clusters	$n_I - 1$	s_b^2
Within Clusters	$n_I(M-1)$	s_w^2

   (a) 각각 s_b^2 와 s_w^2의 기대값을 S_b^2 와 S_w^2로 표현하시오. 여기서, S_b^2와 S_w^2은 모집단 자료의 분산분석표에서 정의되었다. (힌트: 먼저 $E(s_w^2) = S_w^2$를 증명하시오.)

(b) 표본자료의 분산분석표로부터 급내상관계수를 어떻게 구할 수 있는지 논하시오.

(c) 표본자료의 분산분석표로부터 모집단 평균의 비편향 분산 추정치를 구하시오.

3. 식 (5.15)를 다음의 과정을 이용하여 증명하시오.

(a) 다음의 등식을 증명하시오.

$$\sum_{i\in U_I}\left(M_i\bar{Y}_i-\bar{M}\bar{Y}_U\right)^2=\bar{M}\sum_{i\in U_I}M_i\left(\bar{Y}_i-\bar{Y}_U\right)^2+\sum_{i\in U_I}\left(M_i-\bar{M}\right)M_i\bar{Y}_i^2,$$

(b) 다음의 등식을 보이시오.

$$(N_I-1)^{-1}\bar{M}\sum_{i\in U_I}\left(M_i\bar{Y}_i-\bar{M}\bar{Y}_U\right)^2 \quad = \quad \left(1+\frac{N-N_I}{N_I-1}\delta\right)\bar{M}S_y^2+C^*$$

(c) 식 (5.15)의 증명을 마무리하시오.

제 6 장

이단계 집락추출

제 1 절 서론

이단계 집락추출(two-stage cluster sampling)은 확률추출이 두 단계에 걸쳐서 시행되는데 첫 번째 추출에서는 집락이 추출되고 두 번째 추출에서는 일단계에서 표본으로 추출된 집락으로부터 원소를 추출한다.

이단계 집락추출에서, 첫번째 단계 추출에서의 표본 집락수를 n_I라 하고 집락 i의 표본수를 $m_i = |A_i|$라 하자. 추출된 원소의 수는 $\sum_{i \in A_I} m_i = |A|$를 만족한다. 집락 i내의 원소 k의 일차 표본포함확률은 집락단위 표본포함확률과 주어진 집락의 조건부 포함확률의 곱으로 표현된다.

$$\pi_{ik} = Pr\{(ik) \in A\} = Pr(k \in A_i \mid i \in A_I)\, Pr(i \in A_I) = \pi_{k|i}\pi_{Ii},$$

여기서, π_{Ii} 는 집락단위 표본포함확률이고 $\pi_{k|i} = Pr[k \in A_i \mid i \in A_I]$은 원소단위 조건부 표본포함확률이다. 일반적으로, $\pi_{k|i}$은 확률 변수이지만 (A_I의 함수라는 맥락에서), 불변성 조건하에서는 고정된 값을 갖는다.

두개의 원소사이의 이차 표본포함확률은

$$\pi_{ik,jl} = \begin{cases} \pi_{Ii}\pi_{k|i} & \text{if } i = j \text{ and } k = l \\ \pi_{Ii}\pi_{kl|i} & \text{if } i = j \text{ and } k \neq l \\ \pi_{Iij}\pi_{k|i}\pi_{l|j} & \text{if } i \neq j \end{cases}$$

으로 표현될 수 있으며 여기서, π_{Iij}은 집락단위 결합 표본포함확률이고 $\pi_{kl|i} = Pr\,[k, l \in A_i \mid i \in A_I]$이다.

이단계 집락추출에서는 다음과 같은 두 가지 성질을 전제로 한다.

1. 불변성 (Invariance) : 제 이단계에서 표본원소를 뽑을 확률이 일단계 집락추출표본에 관계없이 미리 결정된다.

2. 독립성 (Independence) : 각 집락별로 표본추출이 독립적으로 이루어진다.

예를 들어 각 표본집락의 M_i개 원소 중 m_i개의 원소를 SRS로 뽑는다고 할 때 m_i가 집락을 추출하기 전에 미리 결정되면 불변성 가정이 성립하는 것이지만, 만약 그렇지 않고 일차 추출 후 집락 내의 보조정보를 관측하여 m_i가 결정된다면 불변성 가정이 성립하지 않게 되는 것이다. 이 불변성 가정이 성립하지 않는 추출을 이상추출(two-phase sampling)이라고 한다.

제 1단계 표본추출로 얻어지는 표본집락의 인덱스 집합을 A_I라고 하고 각 표본집락 i내에서 제 2단계 표본추출로 얻어지는 표본원소의 인덱스 집합을 A_i라 하면 불변성 가정은

$$Pr\,(k \in A_i \mid i \in A_I) = Pr\,(k \in A_i)$$

을 의미하고 독립성 가정은

$$Pr\,(k \in A_i, l \in A_j) = Pr\,(k \in A_i)\,Pr\,(l \in A_j)\,, \quad i \neq j$$

을 의미한다.

제 2 절 추정

이단계 집락추출에서는 집락 i의 모든 원소를 관측하지 않으므로 y-총계 Y_i를 관측하지 못하고 부차표본추출(subsampling)을 통해서 추정치 $\hat{Y}_i$를 얻어내며 그 추정량은 $E(\hat{Y}_i \mid A_I) = Y_i$를 만족한다. 여기서 조건부 기대값은 두번째 단계 추출에 대한 것이다.

이 경우 모집단 총계$Y = \sum_{i \in U_I} Y_i = \sum_{i \in U_I} \sum_{k \in U_i} y_{ik}$의 비편향추정량은

$$\hat{Y}_{HT} = \sum_{i \in A_I} \frac{\hat{Y}_i}{\pi_{Ii}} = \sum_{i \in A_I} \sum_{k \in A_i} \frac{y_{ik}}{\pi_{k|i} \pi_{Ii}}. \tag{6.1}$$

로 표현되고 이때 $\pi_{Ii} = Pr\,(i \in A_I)$이다. 추정량 (6.1)의 분산은

$$V\left(\hat{Y}_{HT}\right) = V\left\{E\left(\hat{Y}_{HT} \mid A_I\right)\right\} + E\left\{V\left(\hat{Y}_{HT} \mid A_I\right)\right\} \tag{6.2}$$

을 이용하면

$$V\left(\hat{Y}_{HT}\right) = V_{PSU} + V_{SSU} \tag{6.3}$$

로 표현되고 이 경우 V_{PSU}은 제 1단계 표본추출단위(primary sampling unit; PSU)를 추출함으로써 발생되는 분산을 나타내고 V_{SSU}는 제 2단계 표본추출단위(secondary sampling unit; SSU)를 추출함으로써 발생되는 분산을 나타낸다. 집락의 이차 표본포함확률을 $\pi_{Iij} = Pr\,(i, j \in A_I)$로 표현하면

$$V_{PSU} = \sum_{i \in U_I} \sum_{j \in U_I} \left(\pi_{Iij} - \pi_{Ii}\pi_{Ij}\right) \frac{Y_i}{\pi_{Ii}} \frac{Y_j}{\pi_{Ij}} \tag{6.4}$$

이 된다. 또한 $V(\hat{Y}_i \mid i \in A_I)$을

$$V_i = V\left(\hat{Y}_i \mid A_i\right) = \sum_{k \in U_i} \sum_{l \in U_i} (\pi_{kl|i} - \pi_{k|i}\pi_{l|i}) \frac{y_{ik}}{\pi_{k|i}} \frac{y_{il}}{\pi_{l|i}}$$

로 정의하면,

$$V_{SSU} = \sum_{i \in U_I} \frac{V_i}{\pi_{Ii}} \tag{6.5}$$

로 계산된다.

예제 6.1. 다음과 같은 단순한 이단계 집락추출을 생각해 보자.

1. 제 1 단계 추출 : N_I개의 집락으로부터 n_I개의 표본집락을 SRS로 추출한다.
2. 제 2 단계 추출 : 각 표본집락 i내의 M_i개의 원소로부터 m_i개의 원소를 SRS로 추출한다.

이 경우 모집단 총계에 대한 비편향추정량은

$$\hat{Y}_{HT} = \frac{N_I}{n_I}\sum_{i\in A_I}\hat{Y}_i = \sum_{i\in A_I}\sum_{j\in A_i}\frac{N_I}{n_I}\frac{M_i}{m_i}y_{ij}$$

으로 표현되고 그 분산은

$$V\left(\hat{Y}_{HT}\right) = N_I^2\left(1-\frac{n_I}{N_I}\right)\frac{S_I^2}{n_I} + \left(\frac{N_I}{n_I}\right)\sum_{i=1}^{N_I}M_i^2\left(1-\frac{m_i}{M_i}\right)\frac{S_{2i}^2}{m_i} \tag{6.6}$$

이며, 여기서,

$$\begin{aligned} S_I^2 &= (N_I-1)^{-1}\sum_{i=1}^{N_I}\left(Y_i-\bar{Y}_I\right)^2 \\ S_{2i}^2 &= (M_i-1)^{-1}\sum_{j=1}^{M_i}(y_{ij}-\bar{Y}_i)^2 \end{aligned}$$

이다.

위의 예에서 만약 모집단 총계가 아닌 모집단 평균 $\bar{Y}_U = N^{-1}\sum_{i=1}^{N_I}\sum_{j=1}^{M_i}y_{ij}$을 추정하고자 할 때 $N=\sum_{i=1}^{N_I}M_i$은 안다고 가정하면 $\hat{\bar{Y}}_{HT} = N^{-1}\hat{Y}_{HT}$의 분산은

$$\begin{aligned} V\{\hat{\bar{Y}}_{HT}\} &= \frac{1}{N_I^2}\left\{\frac{N_I^2}{n_I}\left(1-\frac{n_I}{N_I}\right)\frac{S_I^2}{\bar{M}^2}\right\} \\ &+ \frac{1}{N_I^2\bar{M}^2}\left\{\frac{N_I}{n_I}\sum_{i=1}^{N_I}\frac{M_i^2}{m_i}\left(1-\frac{m_i}{M_i}\right)S_{2i}^2\right\} \\ &= \frac{1}{n_I}\left(1-\frac{n_I}{N_I}\right)S_{q1}^2 + \frac{1}{n_I N_I\bar{M}^2}\sum_{i=1}^{N_I}\frac{M_i^2}{m_i}\left(1-\frac{m_i}{M_i}\right)S_{2i}^2 \end{aligned}$$

으로 표현되고 여기서 $S_{q1}^2 = (N_I-1)^{-1}\sum_{i=1}^{N_I}(q_i-\bar{q})^2$, $q_i = Y_i/\bar{M}$ 이며 $\bar{q} = N_I^{-1}\sum_{i=1}^{N_I}q_i$ 이다.

만약 제 2단계 추출의 sampling rate 가 $m_i/M_i = f_2$으로 동일하다면 분산식은 다음과 같이 단순하게 표현된다.

$$\begin{aligned} V\{\hat{\bar{Y}}_{HT}\} &= \frac{1}{n_I}(1-f_1)S_{q1}^2 + \frac{1}{n_I\bar{m}}(1-f_2)\frac{1}{N}\sum_{i=1}^{N_I}M_iS_{2i}^2 \\ &= \frac{1}{n_I}(1-f_1)B^2 + \frac{1}{n_I\bar{m}}(1-f_2)W^2 \end{aligned} \tag{6.7}$$

이고 여기서 $f_1 = n_I/N_I$이고 $\bar{m} = N_I^{-1}\sum_{i=1}^{N_I} m_i$을 나타낸다.

다음으로는 총 비용이 정해진 경우 주어진 비용 내에서 식 (6.7)의 분산을 최소화하는 최적화 문제를 생각해 보자. 초기비용을 c_0, 집락당 조사 비용 (예: 교통비)을 c_1, 각 원소당 조사 비용을 c_2라고 하면 총 비용은

$$C = c_0 + c_1 n_I + c_2 n_I \bar{m}$$

으로 표현되고 여기서 $f_1 \cong 0$이라고 할 경우

$$V\{\hat{\hat{Y}}_{HT}\} = \frac{1}{n_I}\left\{\left(B^2 - \frac{1}{\bar{M}}W^2\right) + \frac{1}{\bar{m}}W^2\right\}$$

으로 표현되므로

$$V\{\hat{\hat{Y}}_{HT}\} \times (C - c_0) = \left\{\left(B^2 - \frac{1}{\bar{M}}W^2\right) + \frac{1}{\bar{m}}W^2\right\} \times (c_1 + c_2\bar{m})$$

이고 따라서 이를 최소로 하는 최적값은

$$\bar{m}^* = \sqrt{\frac{c_1}{c_2} \times \frac{W^2}{B^2 - W^2/\bar{M}}} \tag{6.8}$$

으로 표현될수 있을 것이다. 이때 최적 n_I는

$$n_I^* = \frac{C - c_0}{c_1 + c_2\bar{m}^*}$$

으로 계산된다. 최적값 (6.8)는 다음식

$$\frac{a}{m} + bm \geq 2\sqrt{ab}$$

에서 등호가 성립하는 경우는 $m = \sqrt{a/b}$임을 이용하여 구할수 있다.

다음으로는 분산 추정을 살펴보자. 이단계 집락추출에서의 분산 추정 공식은 다음의 정리를 사용할수 있다.

정리 6.1. 이단계 집락추출에서 (11.1)의 점추정량에 대한 분산의 추정은

$$\hat{V}\left(\hat{Y}_{HT}\right) = \sum_{i\in A_I}\sum_{j\in A_I}\frac{\pi_{Iij} - \pi_{Ii}\pi_{Ij}}{\pi_{Iij}}\frac{\hat{Y}_i}{\pi_{Ii}}\frac{\hat{Y}_j}{\pi_{Ij}} + \sum_{i\in A_I}\frac{1}{\pi_{Ii}}\hat{V}_i \tag{6.9}$$

이고 여기서 $\hat{V}_i$은 $E(\hat{V}_i \mid i \in A_I) = Var(\hat{Y}_i \mid i \in A_I)$를 만족하는 $\hat{Y}_i$의 이단계 추출에 대한 조건부 분산 추정량이다.

증명 식 (6.3)으로부터

$$V\left(\hat{Y}_{HT}\right)=\sum_{i=1}^{N_I}\sum_{j=1}^{N_I}\left(\pi_{Iij}-\pi_{Ii}\pi_{Ij}\right)\frac{Y_i}{\pi_{Ii}}\frac{Y_j}{\pi_{Ij}}+\sum_{i=1}^{N_I}\frac{V_i}{\pi_{Ii}}. \tag{6.10}$$

이 된다. 먼저 이차 표본추출에 대해 기대값을 취하면, 독립성 가정에 의해서,

$$E_2\left(\hat{Y}_i\hat{Y}_j\right)=\begin{cases} Y_i^2+V_i & \text{if } i=j \\ Y_iY_j & \text{if } i\neq j\end{cases}$$

이므로 (여기서 $E_2(\cdot)$은 제 2단계 표본 추출에 대한 기대값을 의미함)

$$\begin{aligned}\sum_{i\in A_I}\sum_{j\in A_I}\frac{\pi_{Iij}-\pi_{Ii}\pi_{Ij}}{\pi_{Iij}}\frac{E_2\left(\hat{Y}_i\hat{Y}_j\right)}{\pi_{Ii}\pi_{Ij}} &= \sum_{i\in A_I}\sum_{j\in A_I}\frac{\pi_{Iij}-\pi_{Ii}\pi_{Ij}}{\pi_{Iij}}\frac{Y_iY_j}{\pi_{Ii}\pi_{Ij}} \\ &+ \sum_{i\in A_I}\frac{\pi_{Ii}-\pi_{Ii}^2}{\pi_{Ii}}\frac{V_i}{\pi_{Ii}^2}\end{aligned}$$

이고 $E_2\left(\hat{V}_i\right)=V_i$이므로

$$E_2\left\{\hat{V}\left(\hat{Y}_{HT}\right)\right\}=\sum_{i\in A_I}\sum_{j\in A_I}\frac{\pi_{Iij}-\pi_{Ii}\pi_{Ij}}{\pi_{Iij}}\frac{Y_iY_j}{\pi_{Ii}\pi_{Ij}}+\sum_{i\in A_I}\frac{V_i}{\pi_{Ii}^2}.$$

이고, 이를 제 일단계 표본추출에 대하여 기대값을 취하면 (6.10)의 분산값과 동일하게 된다. □

식 (6.9)에서 제공하는 분산 추정량은 두 항의 합으로 표현되는데 첫 번째 항은 일단계 집락추출에서 Y_i를 관측하였을 때 사용할 분산 추정량에서 Y_i대신에 그 추정값인 $\hat{Y}_i$를 사용하여 계산되는 값이고, 두 번째 항은 일단계 추출에서 Y_i를 관측하였을 때 사용하는 점추정량에서 Y_i대신 $\hat{V}_i$를 사용하여 계산되는 값이다. 즉, 전체 분산추정량은 일단계 분산 추정량에 $\hat{Y}_i$를 사용한 값과 일단계 평균 추정량에 $\hat{V}_i$를 사용한 값의 합으로 표현된다는 것이다. 이러한 성질은 이단계 추출이 아닌 다단계 추출(multi-stage sampling)의 경우에도 마찬가지로 성립한다는 것이 Raj (1966)에 의해 밝혀져 Raj의 분산 추정 공식으로도 불리운다.

만약에 식 (6.9)의 분산 추정량에서 첫 번째 항인

$$\hat{V}_1 = \sum_{i \in A_I} \sum_{j \in A_I} \frac{\pi_{Iij} - \pi_{Ii}\pi_{Ij}}{\pi_{Iij}} \frac{\hat{Y}_i}{\pi_{Ii}} \frac{\hat{Y}_j}{\pi_{Ij}}$$

만을 이용하여 분산 추정을 한다면 이 경우의 편향(bias)은

$$Bias\left(\hat{V}_1\right) = -\sum_{i=1}^{N_I} V_i. \tag{6.11}$$

으로 되어 그 크기가 $O(N_I)$이 된다. 반면 $\text{Var}\left(\hat{Y}_{HT}\right)$는 $O\left(n_I^{-1}N_I^2\right)$이 되므로 표본추출비 n_I/N_I가 $o(1)$의 크기로 무시할 수 있는 경우에는 (6.11)의 편향이 분산에 비해 상대적으로 작아 무시할 수 있게 된다. 다만 (6.11)의 편향이 음의 값을 갖으므로 분산은 과소 추정된다는 단점이 있다. 일반적으로 분산 추정에서는 약간의 과대 추정은 용인되지만 과소 추정은 결국 제 1종 오류(type-1 error) 가 증가하므로 보다 심각한 문제로 여겨진다.

예제 6.1에서 $M_i = M$, $m_i = m$인 경우의 비편향 분산 추정량은 (6.9)를 이용하면

$$\hat{V}\left(\hat{Y}_{HT}\right) = \frac{N_I^2}{n_I}\left(1 - \frac{n_I}{N_I}\right)\frac{1}{n_I - 1}\sum_{i \in A_I}\left(\hat{Y}_i - \frac{1}{n_I}\sum_{j \in A_I}\hat{Y}_i\right)^2 + \frac{N_I}{n_I}\sum_{i \in A_I}\hat{V}_i \tag{6.12}$$

으로 표현되며 여기서 $\hat{Y}_i = M\bar{y}_i$ 이고

$$\hat{V}_i = \frac{M^2}{m}\left(1 - \frac{m}{M}\right)\frac{1}{m-1}\sum_{j \in A_i}(y_{ij} - \bar{y}_i)^2.$$

이다. 모평균 추정량의 경우 분산은 (6.9)을 $N_I^2 M^2$ 으로 나누면

$$\hat{V}\left(\hat{\bar{Y}}_{HT}\right) = (1 - \frac{n_I}{N_I})\frac{s_b^2}{n_I} + \frac{n_I}{N_I}(1 - \frac{m}{M})\frac{s_w^2}{n_I m} \tag{6.13}$$

이 되고 여기서

$$\begin{aligned} s_b^2 &= (n_I - 1)^{-1}\sum_{i \in A_I}\left(\bar{y}_i - \hat{\bar{Y}}\right)^2 \\ s_w^2 &= n_I^{-1}(m-1)^{-1}\sum_{i \in A_I}\sum_{j \in A_i}(y_{ij} - \bar{y}_i)^2. \end{aligned}$$

으로 정의된다. 만약 일차 표본추출확률인 n_I/N_I이 무시할 수 있을 정도로 작다면 (6.9)의 분산 추정량은

$$\hat{V}\left(\hat{\hat{Y}}_{HT}\right) = \frac{s_b^2}{n_I}$$

으로 간단하게 표현된다.

예제 6.2. 예제 6.1 에서 만약 $M_i = M$으로 집락크기가 동일하고 제 2단계 집락내 표본수가 $m_i = m$으로 동일한 경우를 고려해 보자. 이 경우 $q_i = \bar{Y}_i$ 이고 $S_{q1}^2 = (N_I - 1)^{-1} \sum_{i=1}^{N_I} (q_i - \bar{q})^2 = S_b^2/M$이 된다. 따라서 이 경우에 (6.7)의 분산식은

$$V(\hat{\hat{Y}}_{HT}) = (1 - \frac{n_I}{N_I})\frac{S_b^2}{n_I M} + (1 - \frac{m}{M})\frac{S_w^2}{n_I m} \tag{6.14}$$

이 된다. 따라서 위의 분산식을 살펴보면 총 분산은 제 1차 표본추출로 인한 분산 V_{PSU}와 제 2차 표본추출로 인한 분산 V_{SSU}로 분해할 수 있는데 V_{PSU}에는 집락단위추출이 사용되었으므로 집락 간 변동만이 반영되었고 이 경우 표본수는 $n_I M$개가 될 것이다. 또한 V_{SSU}에는 추출된 집락 내에서 원소추출이 사용되었으므로 집락 내 변동만이 반영되고 이 경우 표본수는 $n_I m$개가 될 것이다.

위의 예제 6.2에서 (6.14)의 분산식을 급내상관계수를 이용하여 표현하여 보자. 먼저 [표 5.1]의 정의와 급내상관계수의 성질 (5.5)을 이용하면

$$\begin{aligned} S_b^2 &\equiv (N_I - 1)^{-1} SSB \\ &= (N_I - 1)^{-1} M^{-1} [1 + \rho (M - 1)] SST \end{aligned}$$

와

$$\begin{aligned} S_w^2 &\equiv N_I^{-1} (M - 1)^{-1} SSW \\ &= N_I^{-1} M^{-1} (1 - \rho) SST \end{aligned}$$

으로 표현되고 따라서 이를 (6.14)의 분산식에 대입하면, n_I/N_I이 무시할 수

있을 정도로 작은 경우,

$$\begin{aligned} V\left(\hat{\hat{Y}}_{HT}\right) &\doteq \frac{1}{n_I M}\left[1+(M-1)\rho\right]S^2 + \left(1-\frac{m}{M}\right)\frac{1}{n_I m}(1-\rho)S^2 \\ &= \frac{S^2}{n_I m}\left\{1+(m-1)\rho\right\}. \end{aligned} \tag{6.15}$$

으로 표현되고 따라서 표본설계효과는 $1+(m-1)\rho$가 된다.

만약 M_i가 서로 다른 경우에도 식 (6.7)의 분산식을 5장에서 다룬 집락 동질성 계수를 사용하여 표현할수 있다. 먼저 $m_i = M_i$인 경우 (2단계 추출이 없는경우) 식 (5.15)를 이용하면

$$V\{\hat{\hat{Y}}_{HT,1}\} = \frac{1}{n_I \bar{M}}\left(1-\frac{n_I}{N_I}\right)\left[\left\{1+(\bar{M}-1)\delta\right\}S_y^2 + \frac{C^*}{\bar{M}}\right] \tag{6.16}$$

를 얻을수 있다. 따라서 2단계 집락추출에서는

$$V\{\hat{\hat{Y}}_{HT}\} = V\{\hat{\hat{Y}}_{HT,1}\} + \frac{1}{n_I \bar{m}}(1-f_2)W^2$$

으로 표현될수 있으며 $W^2 = S_y^2(1-\delta)$를 이용하면, $f_1 = n_I/N_I \cong 0$으로 할때,

$$\begin{aligned} V\{\hat{\hat{Y}}_{HT}\} &= \frac{1}{n_I \bar{m}}\left\{1+(\bar{m}-1)\delta\right\}kS_y^2 \\ &= V_{SRS}(\hat{\hat{Y}}_{HT})k\left\{1+(\bar{m}-1)\delta\right\} \end{aligned} \tag{6.17}$$

으로 표현할수 있는데 이때

$$k = \frac{\left\{1+(\bar{M}-1)\delta\right\}S_y^2 + C^*/\bar{M}}{\left\{1+(\bar{M}-1)\delta\right\}S_y^2}$$

이다. 따라서 이 경우 표본 설계 효과는

$$\text{deff} = k\left\{1+(\bar{m}-1)\delta\right\}$$

으로 표현된다. 만약 $M_i = M$이면 $k=1$이고 그렇지 않으면 k는 1보다 크다.

예제 6.2 에서는 일단계 추출이 SRS로 집락을 추출하는 경우를 다루었다. 실제로는 집락의 크기가 다르므로 집락의 크기에 비례하게 추출하는 것이 더 효율적일 것이다. 다음의 예제는 실제 조사에서 많이 사용되는 이단계 추출법이다.

예제 6.3. 다음과 같은 이단계 집락추출을 생각해 보자.

1. 제 1단계 추출 : n_I개의 집락을 M_i에 비례하게 PPS로 추출한다.

2. 제 2단계 추출 : 각 표본집락에서 m개의 원소를 SRS로 추출한다.

먼저 이 경우의 모집단 총계 $Y = \sum_{i=1}^{N_I}\sum_{j=1}^{M_i} y_{ij}$에 대한 비편향추정량을 살펴보자. 만약 일단계 집락추출만 이루어졌다면 표본으로 추출된 집락에서 $Y_i = \sum_{j=1}^{M_i} y_{ij}$값이 관측 가능하고 만약 동일한 집락이 중복으로 추출되지 않았다고 가정하면 3 장 3.3.2절의 PPS 추정량 공식을 이용하여

$$\hat{Y}_{PPS} = \frac{N}{n_I}\sum_{k=1}^{n_I}\frac{Y_{a_k}}{M_{a_k}} \tag{6.18}$$

으로 표현할 수 있다. (여기서 $N = \sum_{i=1}^{N_I} M_i$이다.) 위의 이단계 추출에서는 $Y_i = \sum_{j=1}^{M_i} y_{ij}$를 $\hat{Y}_i = M_i\bar{y}_i$로 추정하므로 (6.18)식이

$$\hat{Y}_{PPS} = \frac{N}{n_I}\sum_{k=1}^{n_I}\frac{\hat{Y}_{a_k}}{M_{a_k}} = \frac{N}{n_I}\sum_{k=1}^{n_I}\bar{y}_{a_k} \tag{6.19}$$

으로 표현되고, 여기서 $\bar{y}_i$은 집락 i의 원소들의 표본평균이다. 만약 모집단 평균을 추정할 때에는

$$\hat{\bar{Y}}_{PPS} = \frac{1}{n_I}\sum_{k=1}^{n_I}\bar{y}_{a_k} \tag{6.20}$$

으로 단순 표본 평균으로 추정하게 된다. 이렇게 표본원소가 모두 같은 가중치를 가지게 되는 이유는 제 이단계에서 표본수 m을 일정하게 지정해 줌으로써 최종 표본포함확률이

$$\frac{M_i}{N} \times \frac{m}{M_i} = \frac{m}{N}$$

으로 일정하게 되기 때문이다. 이러한 방법은 점추정도 간편해지고 각 집락에서 일정한 표본원소를 조사함으로써 조사원의 업무 배분도 쉬워지는 장점이 있어서 매우 많이 사용되는 이단계 집락추출법이다. 이렇게 최종 가중치가 모든 표본 원소에 대해 동일하게 되는 표본 설계를 자체 가중(self-weighting) 표본 설계라고도 부른다.

이 경우 분산 추정도 매우 간단하게 표현된다. 총계추정량 (6.19)은 $z_1, \cdots, z_{n_I}$의 표본평균으로 표현된다. 여기서, z_k는 3장 3.3.2절에서와 같이, 독립이고 다음과 같은 이산분포

$$z_1 = \hat{Y}_i/p_i \qquad \text{with probability } p_i = M_i/N,\ i = 1, \cdots, N_I.$$

를 동일하게 따른다. 또한, $E(z_1) = \sum_{i=1}^{N_I} \hat{Y}_i$이며, $E_2(\hat{Y}_i) = Y_i$를 만족하므로 $Y = \sum_{i=1}^{N_I} Y_i$에 대해 비편향 추정량이다. 따라서 정리 6.1를 사용하면 모집단 총계 점추정량 (6.19)의 분산 추정은

$$\hat{V}_{PPS}\left(\hat{Y}_{PPS}\right) = \frac{1}{n_I} S_z^2 = \frac{1}{n_I}\frac{1}{n_I - 1}\sum_{k=1}^{n_I}(z_k - \bar{z})^2 \tag{6.21}$$

으로 계산될 수 있고 여기서 $z_k = N\hat{Y}_k^*/M_k^*$이다. 또한 평균 추정량 (6.20)의 비편향 분산 추정은

$$\hat{V}_{PPS}\left(\hat{\bar{Y}}_{PPS}\right) = \frac{1}{n_I N^2} S_z^2$$

이므로

$$\hat{V}_{PPS}\left(\hat{\bar{Y}}_{PPS}\right) = \frac{1}{n_I}\frac{1}{n_I - 1}\sum_{k=1}^{n_I}\left(\bar{y}_{a_k} - \hat{\bar{Y}}_{PPS}\right)^2 \tag{6.22}$$

으로 표현된다.

식 (6.21)나 (6.22)의 분산 추정량은 (6.9)의 분산 추정량과는 달리 하나의 항으로 간단하게 표현된다. 또 하나의 장점은 이 분산 추정량들이 예제6.1의 이단계 집락추출에서만 적용되는 것이 아니라 일단계 집락추출이 PPS 추출인 모든 다단계 추출에서 적용된다는 것이다. 다단계 추출에서도 분산 추정항은 (6.22)의 형태로 간단하게 표현된다.

실제 조사에서는 MOS 인 M_i가 정확하지 않을수 있다. 예를 들어 집락내의 가구수를 M_i라고 할때 추출명부에서는 $M_i = 30$이라고 했는데 막상 실사단계에서는 $M_i = 100$일수도 있고 또는 $M_i = 10$인 경우로 나타날수 있다. 이러한 경우에는 제 2단계 추출에서의 추출률인 m/M_i을 변경하지 말고 그 추출률을 적용하여 집락 내에서 제 2단계 표본추출단위를 뽑으면 된다. Hansen et al. (1953)의 p346 에 관련 내용이 보다 자세하게 기술되어 있다.

연습 문제

1. 식 (6.17)를 다음의 과정을 거쳐 증명하시오.
   (a) 식 (6.16)를 증명하시오.
   (b) $W^2 = S_y^2(1-\delta)$를 보이시오.
   (c) 식 (6.17)를 증명하시오.

2. 전국의 집락에서 90개의 표본집락을 단순임의추출로 추출한 후 각 집락에서 40개의 표본가구를 단순임의추출을 사용하여 특정 정책에 대한 찬성도를 조사한 결과, 신뢰구간이 $(0.1-0.014, 0.1+0.014)$로 얻어졌다고 하자. 만약 위의 표본설계 대신 180개의 표본집락을 추출하고 20 개의 표본가구를 추출하였다면 신뢰구간은 어떻게 바뀔 것인가 ? (집락의 크기는 모두 동일한 것으로 가정하자.)

3. 다음의 [표 6.1]은 2002년 통계청에서 발표하는 도시가계조사 전국 규모 조사에서 발표된 통계의 특정 변수의 16개 시도별 상대오차(CV)이다. 사용된 표본추출법은 각 시도별로 조사구라고 불리는 가구들의 집락을 총가구수에 비례하는 PPS 추출법을 사용해 추출한 후, 각 조사구 내에서 일정수(약 7 가구)의 표본가구를 추출하였다.

   이를 바탕으로 새로운 표본을 추출하고자 한다. 각 16개 시도별 상대오차가 모두 5%가 되도록 하고 표본조사구 내 표본가구수를 20가구로 균일하게 추출한다고 할 때, 각 시도별 필요한 적정표본수를 결정하시오. (필요하다면 조사구 내 급내상관계수는 10% 로 가정한다.)

4. 어느 특정 지역에서 가구당 인구수를 추정하기 위하여 다음과 같은 이단계 집락추출을 사용하였다고 하자.
   (a) 제 1단계 추출 : 모집단 내의 전체 N_I = 400개의 집락으로부터 n_I = 4개의 표본집락을 집락 내의 가구수에 비례하도록 PPS 추출을 사용하여 추출한다.
   (b) 제 2단계 추출 : 각 표본집락내의 M_i 가구중에서 m_i가구를 단순임의추출로 추출한다.

표 6.1: 16개 시도별 상대 오차

시도	조사구수	가구수	CV(%)
서울	127	995	2.87
부산	70	518	3.45
대구	49	357	5.62
인천	50	377	5.62
광주	52	340	5.07
대전	50	357	6.17
울산	23	190	4.11
경기	50	384	5.73
강원	27	191	7.85
충북	27	193	5.81
충남	30	184	6.96
전북	29	191	6.31
전남	29	209	5.75
경북	32	230	4.67
경남	34	253	5.57
제주	18	120	5.48

이렇게 해서 얻어진 표본가구들로부터 가구 내 거주하는 인원수를 조사하여 [표 6.2]과 같은 결과를 얻었다고 한다.

(a) 관심모수를 정의하고 그의 비편향추정치를 구하시오.

(b) 위의 추정량에 대한 분산 추정치를 구하시오.

5. 어느 특정 지역에서 가구당 인구수를 추정하기 위하여 다음과 같은 이단계 집락추출을 사용하였다고 하자.

(a) 제 1단계 추출 : $n_I = 3$개의 표본집락을 집락 내의 가구수 M_i에 비례하도록 PPS 추출을 사용하여 추출한다.

표 6.2: 기구당 평균 인원수의 표본집락별 분포

표본집락 (i)	집락 내 가구수 (M_i)	집락 내 가구당 인원수 평균값 ($\bar{y}_i$)
1	20	5.25
2	23	5.50
3	25	4.50
4	18	5.00

(b) 제 2단계 추출 : 각 추출된 표본집락내의 M_i 가구중에서 $m_i = 4$ 가구를 단순임의추출로 추출한다.

이렇게 해서 얻어진 표본가구들로부터 가구 내 거주하는 인원수 t_{ij}와 6세 이하 인원수 y_{ij}를 조사하여 [표 6.3]과 같은 결과를 얻었다고 한다.

(a) 이 특정한 도시에서 6세이하의 전체 인구수의 비율의 추정치를 구하시오.

(b) 위의 추정량에 대한 분산 추정치를 구하시오.

(c) 분산 추정치를 이용하여 표본설계효과를 구하시오.

표 6.3: 표본가구 총인원수와 6세 이하 인원수 자료

표본집락 (i)	표본 가구 (j)	총 인원수 (t_{ij})	6세 이하 인원수 ($\bar{y}_{ij}$)
1	1	8	2
1	2	7	2
1	3	7	1
1	4	6	1
2	1	8	0
2	2	12	1
2	3	10	3
2	4	11	1
3	1	4	2
3	2	5	3
3	3	5	2
3	4	6	1

제 7 장

추정의 기본 이론

제 1 절 서론

표본조사에서 관심변수 y의 총계 추정에 있어서 사용되는 대부분의 추정량은 표본 관측치의 가중 합으로 종종 표현되는데 이를 선형추정량(linear estimator)이라 한다. 선형추정량은 하나의 가중치가 여러 개의 항목에 공통적으로 쓰이게 됨으로써 다목적 조사의 추론에 편리하다. 또한, 예를 들어 총 수입과 같은 항목은 여러 가지 세부 수입 항목들의 합으로 표현되는데, 이렇게 세부 수입 항목치에 대한 통계치 합이 총수입 항목의 통계치와 같아짐으로써 일관성있는 통계치가 구현되기 위해서는 그 통계 추정을 선형 추정량으로 구현해야 할 것이다. 즉, 선형 통계량을

$$\hat{Y} = \sum_{i \in A} w_i y_i \tag{7.1}$$

로 표현하고 $z_i = x_i + y_i$라 하면 선형통계량인 경우에만 $\hat{Z} = \hat{X} + \hat{Y}$가 됨을 확인할 수 있을 것이다. 이러한 성질을 통계량의 내적 일관성(internal consistency)이라고도 하는데 이는 선형통계량을 이용한 추정은 통계 사용자 누구나 같은 자료로부터 같은 결과를 얻을 수 있다는 점에서 중요한 성질이라 할 수 있을 것이다.

이 선형통계량이 $Y = \sum_{i=1}^{N} y_i$의 추정에 비편향일 필요충분 조건은 $w_i = \pi_i^{-1}$이 되고 이는 HT 추정량이 유일한 비편향선형통계량이 됨을 의미하는 것이다. Basu (1971)는 이러한 HT 추정량의 맹목적인 사용에 대해 다음과 같은

예로 그 문제점을 지적하였다.

예제 7.1. 어느 서커스 단에서는 50 마리의 코끼리를 키우고 있었다. 어느날 그 서커스 단은 배를 타고 여행을 하게 되어서 그 50마리 코끼리의 대략적인 총 몸무게를 계산해야 했다. 이 때 50마리 모두의 몸무게를 다 재는 일이 무척 힘든 일이었기에 그 주인은 단 한 마리의 몸무게를 재어서 전체 코끼리의 총 몸무게를 추정하고자 했다. 그래서 지난 과거 자료들을 살펴본 결과 3년전에 각 코끼리들의 몸무게를 재었던 것을 발견하였고 그 중 삼보(Sambo)라는 코끼리의 몸무게가 가장 중앙값이었음을 알아내었다. 그 주인은 코끼리 사육사로부터 삼보의 몸무게가 지금도 대략 중간쯤임을 확인하였고 따라서 삼보의 몸무게를 잰 후 그 값에 50을 곱하여 전체 몸무게를 추정하고자 하였다. 그러나 그 서커스 단에서 고용한 통계학자는 확률표본추출을 사용하지 않고 추정하는 것에 대해 놀라면서 확률표본추출을 사용하지 않으면 비편향추정이 가능하지 않다고 주장하였다. 그리고 그 통계학자는 하나의 코끼리를 확률추출로 뽑되 삼보를 99/100 의 확률로 뽑고 나머지 코끼리를 1/4900 의 확률로 뽑도록 표본설계를 하면 확률표본이 되면서 여전히 삼보가 뽑힐 확률이 높지 않겠냐고 주인을 설득하였다. 주인은 이러한 표본설계에 합의하고 난수표를 이용하여 코끼리 한 마리를 뽑은 결과, 예상대로 삼보가 뽑혔고 이에 삼보의 몸무게에 50을 곱하여 전체 코끼리들의 총 몸무게를 추정하고자 하였다. 통계학자는 그러한 계산에 반대하면서 유일한 비편향추정량은 Horvitz-Thompson 추정량이므로 HT 추정을 사용하여 계산해야 한다고 주장하였다. 이 경우 총 몸무게의 HT 추정량은 무엇이냐고 주인이 묻자 그 통계학자는 삼보의 표본포함확률이 99/100 이므로 삼보의 몸무게에 50을 곱해서는 안되고 100/99 를 곱해야 한다고 대답하였다. 서커스 주인은 의아해 하면서 만약 이 경우 우리 서커스 단에서 가장 커다란 코끼리인 점보(Jumbo)가 뽑혔다면 그 경우 총 몸무게 추정은 어떻게 되느냐고 묻자 통계학자는 점보의 몸무게에 4900을 곱해야 한다고 대답하였다. 그 말을 듣고 서커스 주인은 화가 나서 그 통계학자를 해고시켰다고 한다.

위의 경우 HT 추정량은 비록 비편향이지만 추정량의 분산이 매우 커지게 되어서 추정량의 효율이 떨어진다. 서커스 주인이 생각한 하나의 관측된 코끼리 몸무게에 50을 곱하여 계산하는 방법은 비록 비편향성이 깨어지긴 하나 추정의

효율은 더욱 높아지게 된다. 실제로 주인이 생각한 방법은

$$\hat{Y} = N\frac{\sum_{i\in A}\pi_i^{-1}y_i}{\sum_{i\in A}\pi_i^{-1}} \tag{7.2}$$

으로 표현될 수 있고 이는 다음 절에서 배우게 될 Hajek 추정량이라 불리우는 비추정량(ratio estimator)의 일종이다. 즉, 본래 HT 추정량에서 사용하게 되는 가중치를 설계 가중치(design weight)라고 하면 (7.2)의 추정량은 설계 가중치 π_i^{-1}에 $\left(\sum_{i\in A}\pi_i^{-1}\right)^{-1}N$을 곱해 줌으로써 최종 가중치를 사용하게 되는데 이렇게 설계 가중치를 보정(adjustment)하는 작업을 가중치 보정 작업 또는 가중치 작업이라고 한다.

가중치 작업은 표본추출을 통해서 얻어지는 표본에 대하여 적절한 가중치를 부여해 줌으로써 추정량의 효율성과 신뢰성을 제고하고자 하는 방법으로 표본조사에서의 필수적인 요소이다. 가중치 작업은 표본추출확률을 이용한 설계 가중치외에도 외부 보조변수와의 일치성을 위해 조정해 주는 calibration, 단위 무응답 자료의 처리를 위한 무응답 가중치조정, 그리고 가중치 이상값(outlier)을 판별하여 이를 처리하는 가중치 이상값 처리 등의 요소들로 구성되어 있다. 본 7장에서는 이 중 calibration 에 대해 보다 자세히 다루고자 한다. calibration 추정량이라 함은 관심변수 y외에도 보조변수 $\mathbf{x}$가 관측이 가능하고 보조변수 $\mathbf{x}$의 모집단 총계 $\mathbf{X} = \sum_{i=1}^{N}\mathbf{x}_i$를 아는 경우 (7.1)과 같은 선형추정량이

$$\sum_{i\in A} w_i\mathbf{x}_i = \mathbf{X} \tag{7.3}$$

을 만족하는 경우를 지칭하며, 이런한 성질 (7.3)을 외적 일관성(external consistency)라고도 한다. 즉, 보조변수 $\mathbf{x}$에 대해서는 외부 정보 $\mathbf{X}$가 있으므로 이를 추정에 반영하여 추정량의 효율을 높이고자 하는 방법이다. 예를 들어 만약 $y_i = \mathbf{a}'\mathbf{x}_i$로 표현된다면 (7.3)을 만족하는 추정량은 식 (7.1)로 정의된 $\hat{Y}$의 평균오차제곱(MSE)이 0으로 가장 정확한 추정을 하게 되는 것이다. calibration 을 만족하는 추정량을 벤치마킹 추정량(bench-marking estimator)이라고도 한다.

제 2 절 비추정

관심변수 y에 대하여 보조변수가 x라 하고 이 보조변수 x의 모집단 총계 $X = \sum_{i=1}^{N} x_i$를 아는 경우 이 모집단 총계는 표본으로부터 얻어지는 추정치 $\hat{X}_{HT} = \sum_{i \in A} \pi_i^{-1} x_i$와 같지 않을수 있다. 이 경우 부정확한 추정량인 $\hat{X}_{HT}$에 대하여 정확한 값인 X을 이용하면 Y의 HT 추정량을 개선시킬 수가 있는데 가장 간단한 방법으로는 많이 사용되는 비추정량(ratio estimator)이 있다. Y총계에 대한 비추정량은 다음과 같이 정의된다.

$$\hat{Y}_r = X \frac{\hat{Y}_{HT}}{\hat{X}_{HT}} \tag{7.4}$$

즉 비추정량은 HT 추정량에 $\hat{X}_{HT}^{-1} X$를 곱하여 계산되는데 이 $\hat{X}_{HT}^{-1} X$를 비보정승수(ratio adjustment factor)라고 부른다. HT 추정량의 성질에 의하여 $\hat{X}_{HT}$는 근사적으로 X와 같아지지만 실제로 관측되는 추정값 $\hat{X}_{HT}$는 X와 다를수 있다. 만약 $\hat{X}_{HT} < X$인 경우에는 표본 중에서 x값이 작은 표본들이 상대적으로 많이 뽑혔음을 의미하므로 만약 x와 y가 양의 상관관계를 갖는다면 $\hat{Y}_{HT}$가 참값 Y를 과소 추정하게 될 것이다. 이 경우 비보정승수는 $\hat{X}_{HT}^{-1} X > 1$이므로 (7.4)의 비추정량은 $\hat{Y}_{HT}$에 1보다 큰 보정승수를 곱해주는 결과를 갖게되므로 $\hat{Y}_{HT}$의 과소추정 정도를 줄여줄 수 있을것이다.

비추정량은 (7.1)와 같은 선형추정량으로 표현되는데 여기서 사용되는 가중치는

$$w_i = \frac{1}{\pi_i} \times \frac{X}{\hat{X}_{HT}} \tag{7.5}$$

으로 HT 추정량에 사용되는 가중치 π_i^{-1}에 비보정승수 $\hat{X}_{HT}^{-1} X$를 곱하여 계산된다. 따라서 π_i^{-1} 을 기본 가중치라고 하고, 식 (7.5)의 w_i를 최종 가중치라고도 한다.

다음으로는 비추정량의 통계적 성질을 알아보도록 하자. 비추정량은 두 확률변수 $\hat{X}_{HT}$와 $\hat{Y}_{HT}$의 비선형 함수이므로

$$E\left(\frac{\hat{Y}_{HT}}{\hat{X}_{HT}}\right) \neq \frac{E\left(\hat{Y}_{HT}\right)}{E\left(\hat{X}_{HT}\right)}$$

이고 따라서 비추정량은 Y에 대하여 비편향추정량이 아니다. 비추정량에서의 편향을 좀 더 자세히 알아보기 위하여

$$\hat{R} = \frac{\hat{Y}_{HT}}{\hat{X}_{HT}}$$

으로 정의하고

$$R = \frac{E\left(\hat{Y}_{HT}\right)}{E\left(\hat{X}_{HT}\right)}$$

라 정의하면 R의 추정량으로써 $\hat{R}$의 편향은 $E\left(\hat{R}\right) - R$으로 표현되고 이를 비편향(ratio bias)이라고도 부른다. 이 비편향(ratio bias)의 성질을 알아보기 위하여

$$\begin{aligned} Cov\left(\hat{R}, \hat{X}_{HT}\right) &= E\left(\hat{R}\hat{X}_{HT}\right) - E\left(\hat{R}\right)E\left(\hat{X}_{HT}\right) \\ &= E\left(\hat{Y}_{HT}\right) - E\left(\hat{R}\right)E\left(\hat{X}_{HT}\right) \end{aligned}$$

의 양변을 $-E\left(\hat{X}_{HT}\right)$으로 나누어주면

$$Bias\left(\hat{R}\right) = -\frac{Cov\left(\hat{R}, \hat{X}_{HT}\right)}{E\left(\hat{X}_{HT}\right)} \tag{7.6}$$

으로 표현되고 따라서 (7.4)로 정의된 비추정량의 편향은

$$Bias\left(\hat{Y}_r\right) = -Cov\left(\hat{R}, \hat{X}_{HT}\right) \tag{7.7}$$

이 된다. 비추정량은 편향이 존재하지만 그 편향의 상대적 크기가 더 중요하므로 상대편향(relative bias)이 다음과 같이 정의된다.

정의 7.1 추정량 $\hat{\theta}$의 상대편향

$$R.B.(\hat{\theta}) = \frac{Bias(\hat{\theta})}{\sqrt{Var(\hat{\theta})}}$$

비록 비추정량은 편향 추정을 제공하지만 상대편향이 작다면 그 편향은 무시할수 있을 것이다. 일반적으로 말하자면 θ의 추정에 $\hat{\theta}$을 사용하는 경우

$$\frac{\hat{\theta}-\theta}{\sqrt{Var\left(\hat{\theta}\right)}}=\frac{\hat{\theta}-E\left(\hat{\theta}\right)}{\sqrt{Var\left(\hat{\theta}\right)}}+R.B.(\hat{\theta}) \tag{7.8}$$

으로 표현되고 표본수가 커지면 오른쪽 식의 첫 번째 항은 중심극한정리에 의해서 표준정규분포를 따르게 되고, 따라서 두 번째 항인 상대편향이 0으로 수렴할 때 추정량 $\hat{\theta}$의 편향은 무시할 수 있을 것이다. 따라서 다음과 같은 정의를 생각할 수 있다.

정의 7.2 $\hat{\theta}$: 근사적 비편향 (Asymptotic Bias is negligible)

$$\Longleftrightarrow R.B.(\hat{\theta})=\frac{Bias(\hat{\theta})}{\sqrt{Var(\hat{\theta})}}\to 0 \quad as \quad n\to\infty.$$

또한

$$\frac{MSE\left(\hat{\theta}\right)}{Var(\hat{\theta})}=1+\left[R.B.(\hat{\theta})\right]^2$$

이므로 $\hat{\theta}$ 이 근사적으로 비편향이면 평균오차제곱과 분산이 근사적으로 같아지게 된다.

이제 비추정량의 상대편향에 대해서 살펴보자. 비추정량 $\hat{Y}_r$은 $\hat{R}$에 상수 배를 한 것이므로 비추정량의 상대편향은 $\hat{R}$의 상대편향과 동일하며 따라서 (7.6)에 의하여 다음과 같은 식이 유도된다.

$$\left|R.B.(\hat{Y}_r)\right|=\left|R.B.(\hat{R})\right|=\left|Corr\left(\hat{R},\hat{X}_{HT}\right)\frac{\sqrt{Var(\hat{X}_{HT})}}{E\left(\hat{X}_{HT}\right)}\right|\le CV\left(\hat{X}_{HT}\right). \tag{7.9}$$

단순임의추출인 경우에는

$$CV\left(\hat{X}_{HT}\right)=\sqrt{\frac{1}{n}\left(1-\frac{n}{N}\right)}CV(x)$$

이므로 다음의 어느 한 조건만 성립하여도 비추정량의 상대편향은 작아진다.

1. n 이 큰 경우
2. $\frac{n}{N}$ 이 큰 경우
3. $CV(x) = S_x/\bar{X}$ 이 작은 경우

단순임의추출이 아닌 일반적인 경우에도 표본수 n이 커짐에 따라 $CV\left(\hat{X}_{HT}\right)$은 0으로 수렴하게 되고 따라서 비추정량의 상대편향은 무시할 수 있게 된다.

식 (7.9)은 비추정량의 편향 크기의 상한을 지정해 주지만 편향값 자체의 크기를 계산해 주지는 않는다. $\hat{\bar{X}}_{HT} = N^{-1}\hat{X}_{HT}$, $\hat{\bar{Y}}_{HT} = N^{-1}\hat{Y}_{HT}$이라 정의하면 $\bar{Y}$에 대한 비추정량은

$$\hat{\bar{Y}}_r = \bar{X}\frac{\hat{\bar{Y}}_{HT}}{\hat{\bar{X}}_{HT}}$$

으로 표현되고

$$(\hat{\bar{X}}_{HT}, \hat{\bar{Y}}_{HT}) = (\bar{X}, \bar{Y}) + O_p(n^{-1/2}) \tag{7.10}$$

이 성립하므로 테일러 전개를 이용하여 이차 함수로 근사하면

$$\begin{aligned}\hat{\bar{Y}}_r &= \bar{Y} + \left(\hat{\bar{Y}}_{HT} - \bar{Y}\right) - R\left(\hat{\bar{X}}_{HT} - \bar{X}\right) \\ &\quad -\bar{X}^{-1}\left[\left(\hat{\bar{X}}_{HT} - \bar{X}\right)\left(\hat{\bar{Y}}_{HT} - \bar{Y}\right) - R\left(\hat{\bar{X}}_{HT} - \bar{X}\right)^2\right] + o_p\left(n^{-1}\right)\end{aligned} \tag{7.11}$$

이 되고, 적절한 조건에서 $o_p\left(n^{-1}\right)$항을 무시하면,

$$Bias\left(\bar{Y}_r\right) = -\bar{X}^{-1}\left[Cov\left(\hat{\bar{X}}_{HT}, \hat{\bar{Y}}_{HT}\right) - RVar\left(\hat{\bar{X}}_{HT}\right)\right] + o\left(n^{-1}\right) \tag{7.12}$$

으로 표현된다. 여기서 편향의 크기가 $O\left(n^{-1}\right)$임을 알수 있다.

다음으로는 비추정량의 분산에 대해 알아보자. 식 (7.11)으로부터

$$\bar{Y}_r = \bar{Y} + \left(\hat{\bar{Y}}_{HT} - \bar{Y}\right) - R\left(\hat{\bar{X}}_{HT} - \bar{X}\right) + O_p\left(n^{-1}\right) \tag{7.13}$$

이 성립하고 따라서, $O_p\left(n^{-1}\right)$항을 무시하면,

$$\mathrm{Var}(\bar{Y}_r) \cong \mathrm{Var}(\hat{\bar{Y}}_{HT} - R\hat{\bar{X}}_{HT}) \tag{7.14}$$

이 성립한다. 비추정량이 단순 HT 추정보다 효율적인 경우는

$$-2RCov\left(\hat{\bar{Y}}_{HT}, \hat{\bar{X}}_{HT}\right) + R^2Var\left(\hat{\bar{X}}_{HT}\right) < 0$$

인 경우로 단순임의추출하에서는

$$\frac{1}{2}\frac{CV(x)}{CV(y)} < Corr(x, y) \tag{7.15}$$

인 경우 비추정량이 더 효율적이 된다.

비추정량의 분산 추정은 식 (7.14)으로부터

$$\sum_{i \in A}\sum_{j \in A} \frac{\pi_{ij} - \pi_i \pi_j}{\pi_{ij}} \frac{y_i - Rx_i}{\pi_i} \frac{y_j - Rx_j}{\pi_j}$$

을 사용할 수 있으나 실제로는 R을 모르므로 $\hat{R}$을 사용한

$$\hat{V}\left(\hat{Y}_r\right) = \sum_{i \in A}\sum_{j \in A} \frac{\pi_{ij} - \pi_i \pi_j}{\pi_{ij}} \frac{y_i - \hat{R}x_i}{\pi_i} \frac{y_j - \hat{R}x_j}{\pi_j} \tag{7.16}$$

이 비추정량의 근사적 비편향 분산 추정량이 된다.

비추정의 특수한 경우로 Hajek 추정량을 소개하기로 한다. Hajek 추정량은 비추정량에서 $x_i = 1$을 사용한 것이다. 모집단 평균에 대한 Hajek 추정량은

$$\hat{\bar{Y}}_\pi = \frac{\sum_{i \in A} \pi_i^{-1} y_i}{\sum_{i \in A} \pi_i^{-1}} \tag{7.17}$$

으로 $\hat{\bar{Y}}_{HT} = N^{-1}\sum_{i \in A} \pi_i^{-1} y_i$를 사용하는 경우보다 종종 더 효율적이다. 이 Hajek 추정량은

$$\hat{\bar{Y}}_\pi = \bar{Y} + N^{-1}\sum_{i \in A} \pi_i^{-1}\left(y_i - \bar{Y}\right) + O_p\left(n^{-1}\right)$$

이므로 y_i 대신 $y_i - \bar{Y}$를 분산 공식에 대입하여 분산을 구현한다. 예제 7.1 의 표본설계에서는 $\bar{Y}_\pi$를 사용하는 것이 $\bar{Y}_{HT}$를 사용하는 것보다 훨씬 더 효율적이다.

때로는 비(ratio) 자체가 추정의 관심모수가 되는 경우도 있다. 대표적인 예가 영역 평균(domain mean)이라고 할 수 있는데 특정 영역(domain) D의 평균이 관심 모수인 경우 영역 D의 y-평균은 다음과 같이 표현된다.

$$\bar{Y}_d = \frac{\sum_{i=1}^N \delta_i y_i}{\sum_{i=1}^N \delta_i}$$

이 때

$$\delta_i = \begin{cases} 1 & \text{if } i \in D \\ 0 & \text{if } i \notin D. \end{cases}$$

따라서 $\bar{Y}_D$의 추정량으로는

$$\hat{\bar{Y}}_{d\pi} = \frac{\sum_{i \in A} \pi_i^{-1} \delta_i y_i}{\sum_{i \in A} \pi_i^{-1} \delta_i}$$

이 사용되고 테일러 전개를 이용하면

$$\hat{\bar{Y}}_{d\pi} = \bar{Y}_d + N_d^{-1} \sum_{i \in A} \pi_i^{-1} \delta_i \left(y_i - \bar{Y}_d \right) + O_p \left(n^{-1} \right)$$

이 얻어지고 이를 바탕으로 분산을 계산할 수 있다. 단순임의추출의 경우에는

$$\begin{aligned} \text{Var}(\hat{\bar{Y}}_{d\pi}) &\doteq \frac{1}{n}(1-f)(\frac{N}{N_d})^2 \frac{1}{N-1} \sum_{i=1}^{N} \delta_i (y_i - \bar{Y}_D)^2 \\ &= \frac{1}{n}(1-f)(\frac{N}{N_d})^2 \frac{N_d - 1}{N-1} S_d^2 \end{aligned}$$

이고 여기서 $S_d^2 = (N_d - 1)^{-1} \sum_{i \in D} (y_i - \bar{Y}_D)^2$ 이다. 만약

$$\frac{n_d}{n} \cong \frac{N_d}{N} \cong \frac{N_d - 1}{N - 1}$$

으로 가정할 수 있으면

$$\text{Var}(\bar{Y}_{d\pi}) \doteq \frac{1}{n_d}(1-f) S_d^2$$

이 될 것이다. S_d^2의 추정으로는 $s_d^2 = (n-1)^{-1} \sum_{i \in A} \delta_i \left(y_i - \bar{y}_d \right)^2$을 사용할 수 있을 것이다.

제 3 절 회귀추정

비추정량은 보조변수의 모집단 정보를 사용하여 추정량의 편향을 다소 허용하면서 그 분산을 줄이고자 하는 추정량이다. 이 비추정량은 간편하게 사용될수 있고 많은 경우에 HT 추정량보다 더 나은 추정 결과를 제공하지만 보조변수

x 가 관심변수 y와 음의 상관관계를 가지는 경우 효율이 더 나빠지고 또 보조변수 x가 벡터인 경우로의 확장이 용이하지 않을 수 있다는 단점이 있다. 이러한 문제점에 대한 해결책의 하나로써 회귀추정(regression estimation)을 소개하고자 한다.

각 원소 i에서 보조변수가 벡터 $\mathbf{x}_i$로 표현되고 표본에서는 보조변수 $\mathbf{x}_i$와 관심변수 y_i를 관측하고 보조정보로써 그 보조변수의 모집단 총계 $\mathbf{X} = \sum_{i=1}^{N} \mathbf{x}_i$를 안다고 할 때, 모집단 y-총계에 대한 회귀추정량은 다음과 같이 정의된다.

$$\hat{Y}_{reg} = \mathbf{X}'\hat{B} \tag{7.18}$$

여기서

$$\hat{B} = \left(\sum_{i \in A} \pi_i^{-1} \mathbf{x}_i \mathbf{x}_i' \right)^{-1} \sum_{i \in A} \pi_i^{-1} \mathbf{x}_i y_i$$

으로 정의된다. 만약 $\sum_{i \in A} \pi_i^{-1} \mathbf{x}_i \mathbf{x}_i'$ 이 비정칙(nonsingular) 행렬이어서 역행렬이 존재하지 않는다면 그 역행렬 대신에 일반화 역행렬(generalized inverse matrix)를 사용한다. 모집단 y-평균에 대한 회귀추정량은 다음과 같다.

$$\hat{\bar{Y}}_{reg} = \bar{\mathbf{X}}'\hat{B} \tag{7.19}$$

이 때 $\bar{\mathbf{X}} = N^{-1} \sum_{i=1}^{N} \mathbf{x}_i$이다.

많은 경우에 $\mathbf{x}_i$ 는 상수 1 을 포함한다. 이 경우 $\mathbf{x}_i = (1, \mathbf{x}_{i1})$이라 하면 식 (7.19)은

$$\bar{Y}_{reg} = \bar{Y}_\pi + \left(\bar{\mathbf{X}}_1 - \bar{\mathbf{X}}_{\pi 1}\right)' \hat{B}_1 \tag{7.20}$$

으로 표현되고 이때 $\bar{Y}_\pi$와 $\bar{\mathbf{X}}_{\pi 1}$은 (7.17)에서 정의된 Hajek 추정량이고

$$\hat{B}_1 = \left[\sum_{i \in A} \pi_i^{-1} \left(\mathbf{x}_{i1} - \bar{\mathbf{X}}_{\pi 1}\right) \left(\mathbf{x}_{i1} - \bar{\mathbf{X}}_{\pi 1}\right)' \right]^{-1} \sum_{i \in A} \pi_i^{-1} \left(\mathbf{x}_{i1} - \bar{\mathbf{X}}_{\pi 1}\right) y_i$$

이며 $\bar{\mathbf{X}}_1 = N^{-1} \sum_{i=1}^{N} \mathbf{x}_{i1}$ 이다.

회귀추정량의 통계적 성질을 논하기 전에 몇 가지 특성에 대하여 먼저 다루기로 한다. 먼저 회귀추정량은 비추정량과 마찬가지로 (7.1)의 선형통계량으로 구현된다. 즉,

$$w_i = \bar{\mathbf{X}}' \left(\sum_{i \in A} \pi_i^{-1} \mathbf{x}_i \mathbf{x}_i' \right)^{-1} \pi_i^{-1} \mathbf{x}_i \tag{7.21}$$

이고 이 가중치는

$$\sum_{i \in A} w_i \mathbf{x}_i = \bar{\mathbf{X}} \tag{7.22}$$

을 만족하므로 회귀추정량은 7.1 절에서 소개한 calibration 추정량이다. 만약 상수 1이 $\mathbf{x}_i$에 포함되면 (7.22)로부터 $\sum_{i \in A} w_i = 1$이 성립하고 따라서 회귀추정량은 location-scale invariant하다. 즉,

$$\sum_{i \in A} w_i \left(a + by_i\right) = a + b \sum_{i \in A} w_i y_i$$

이 성립하는 것이다.

사실 식 (7.21)의 가중치 w_i는 (7.22)을 만족시키는 모든 w_i 중에서 다음의 목적함수를 최소화하는 최적 해로 구현될 수 있다.

$$Q\left(w\right) = \sum_{i \in A} \frac{1}{\pi_i} \left(\frac{w_i}{\pi_i} - 1 \right)^2 \tag{7.23}$$

여기서 $Q\left(w\right)$는 일종의 거리함수로써 최종 가중치 w_i가 초기의 가중치 π_i^{-1}로부터 얼마나 떨어져 있는가의 정도를 나타낸다. (7.23)의 최적해를 구하기 위해서, 먼저, $\sum_{i \in A} w_i = 1$이라면

$$\sum_{i \in A} \pi_i \left(w_i - \frac{1}{\pi_i} \right)^2 = \sum_{i \in A} \pi_i w_i^2 + \text{ Constants.}$$

로 표현되고, 라그랑지 승수방법(Lagrange multiplier method)을 이용하여

$$Q^*\left(w, \lambda\right) = \frac{1}{2} \sum_{i \in A} \pi_i w_i^2 - \lambda' (\sum_{i \in A} w_i \mathbf{x}_i - \bar{\mathbf{X}})$$

을 최소로 하는 w_i 와 λ을 구할 수 있을 것이다.

부분미분 $\partial Q^* / \partial w_i = 0$을 하면,

$$w_i = \frac{1}{\pi_i} \lambda' \mathbf{x}_i$$

이고, (7.22)을 적용하여 얻은

$$\sum_{i \in A} \frac{1}{\pi_i} \lambda' \mathbf{x}_i \mathbf{x}_i' = \bar{\mathbf{X}}'$$

으로

$$\lambda' = \bar{\mathbf{X}}' \left(\sum_{i \in A} \frac{1}{\pi_i} \mathbf{x}_i \mathbf{x}_i' \right)^{-1}$$

이 표현되며 따라서 식 (7.21)이 얻어진다 .

회귀추정량과 calibration 성질에 관하여는 많은 연구가 진행되었는데 이에 관한 참고 논문으로는 Deville and Särndal (1992)와 Fuller (2002), 그리고 Kim and Park (2010) 등이 있다.

예제 7.2. 회귀 추정량이 실제로 어떻게 구현될 수 있는지를 설명하기 위해 다음과 같은 단순한 예를 살펴보기로 하자. 크기가 N인 모집단으로부터 크기가 n인 표본을 단순임의추출로 추출하였다고 하자. 이 경우 기본 가중치는 모든 원소에 대하여 N/n이 될 것이다. 이 모집단에 대하여 특정항목 x-의 모집단 평균이 $\bar{X}_N = N^{-1} \sum_{i=1}^{N} x_i$ 알려져 있다고 하자. 만약 표본의 x-값 평균이 $\bar{x}_n = n^{-1} \sum_{i \in A} x_i$이고 제곱합이 $S_{xx} = \sum_{i \in A} (x_i - \bar{x}_n)^2$이라고 하면 (7.21)의 모집단 총계에 대한 회귀 추정량에 사용되는 최종 가중치는

$$w_i = N \left\{ \frac{1}{n} + \left(\bar{X}_N - \bar{x}_n \right) \frac{(x_i - \bar{x}_n)}{S_{xx}} \right\} \tag{7.24}$$

으로 표현되며 이 가중치는 $\sum_{i \in A} w_i = N$과 $\sum_{i \in A} w_i x_i = \sum_{i=1}^{N} x_i$를 만족한다. 최종 가중치 (7.24)는 평균이 기본 가중치인 N/n이 되지만 개별 x_i가 $\bar{x}_n$보다 지나치게 크거나 지나치게 작은 경우에는 매우 크거나 매우 작은 가중치를 가지게 된다. 이 가중치를 사용한 y-총계에 대한 추정량은

$$\sum_{i \in A} w_i y_i = N \left\{ \bar{y}_n + \left(\bar{X}_N - \bar{x}_n \right) b_1 \right\}$$

으로 표현되는데 여기서 $b_1 = S_{xx}^{-1} S_{xy}$이고 $S_{xy} = \sum_{i \in A} (x_i - \bar{x}_n)(y_i - \bar{y}_n)$이며, $S_{xx} = \sum_{i \in A} (x_i - \bar{x}_n)^2$ 이다.

다음으로는 회귀추정량의 통계적 성질을 다루기로 하자. 회귀추정량의 근사적 성질을 다루기 위하여 다음과 같은 조건을 가정하도록 하자.

$$N^{-1} \left(\sum_{i \in A} \pi_i^{-1} \mathbf{z}_i \mathbf{z}_i' - \sum_{i=1}^{N} \mathbf{z}_i \mathbf{z}_i' \right) = O_p \left(n^{-1/2} \right) \tag{7.25}$$

여기서 $\mathbf{z}_i' = (\mathbf{x}_i', y_i)$ 으로 정의한다. 다음 보조 정리는 회귀 추정량에 대한 테일러 전개 결과를 제공한다.

보조 정리 7.1. 식 (7.25)의 조건 하에서 테일러 일차 전개를 이용하면 다음이 성립한다.

$$\bar{Y}_{reg} = \bar{\mathbf{X}}'B + \bar{X}'\left(\sum_{i=1}^{N}\mathbf{x}_i\mathbf{x}_i'\right)^{-1}\sum_{i\in A}\pi_i^{-1}\mathbf{x}_i\left(y_i - \mathbf{x}_i'B\right) + O_p\left(n^{-1}\right) \quad (7.26)$$

여기서 $B = \left(\sum_{i=1}^{N}\mathbf{x}_i\mathbf{x}_i'\right)^{-1}\sum_{i=1}^{N}\mathbf{x}_i y_i$ 이다.

증명 먼저

$$\left(\hat{\mathbf{C}}, \hat{\mathbf{d}}\right) = \sum_{k\in A}\pi_k^{-1}\left(\mathbf{x}_k\mathbf{x}_k', \mathbf{x}_k y_k\right)$$

와

$$(\mathbf{C}, \mathbf{d}) = \sum_{k=1}^{N}\left(\mathbf{x}_k\mathbf{x}_k', \mathbf{x}_k y_k\right)$$

을 정의하자. 그러면 추정된 회귀 계수 $\hat{\mathbf{B}}$은 다음과 같이 표현된다.

$$\hat{\mathbf{B}} = f\left(\hat{\mathbf{C}}, \hat{\mathbf{d}}\right) = \hat{\mathbf{C}}^{-1}\hat{\mathbf{d}}.$$

행렬 $\hat{\mathbf{B}}$에 대한 테일러 일차 전개를 하기 위하여 $\hat{c}_{ij}$를 $\hat{\mathbf{C}}$의 (i,j)째 원소로 정의하고 $\hat{d}_i$를 $\hat{\mathbf{d}}$의 i번째 원소로 정의하자. 이와 마찬가지로 c_{ij}와 d_i도 $\mathbf{C}$와 $\mathbf{d}$로부터 각각 정의될 수 있을 것이다. 그러면 $\hat{\mathbf{B}}$의 테일러 전개는 다음과 같이 표현된다.

$$f\left(\hat{\mathbf{C}}, \hat{\mathbf{d}}\right) \cong f(\mathbf{C}, \mathbf{d}) + \sum_i\left(\frac{\partial f}{\partial d_i}\right)\left(\hat{d}_i - d_i\right) + \sum_i\sum_j\left(\frac{\partial f}{\partial c_{ij}}\right)\left(\hat{c}_{ij} - c_{ij}\right). \quad (7.27)$$

여기서

$$\frac{\partial f}{\partial d_i} = \mathbf{C}^{-1}\mathbf{e}_i,$$

로 표현되고 이때 $\mathbf{e}_i$는 i-번째 원소가 1이고 나머지가 0인 벡터이다. 또한

$$\frac{\partial f}{\partial c_{ij}} = -\mathbf{C}^{-1} E_{ij} \mathbf{C}^{-1}\mathbf{d}$$

이 성립하는데 여기서 $E_{ij} = e_i e_j'$은 (i,j)-째 원소가 1이고 나머지가 0인 원소이다. 따라서 (7.27) 은

$$\begin{aligned} f\left(\hat{\mathbf{C}}, \hat{\mathbf{d}}\right) &\cong f(\mathbf{C}, \mathbf{d}) + \mathbf{C}^{-1}\left(\hat{\mathbf{d}} - \mathbf{d}\right) - \mathbf{C}^{-1}\left[\hat{\mathbf{C}} - \mathbf{C}\right]\mathbf{C}^{-1}\mathbf{d} \\ &= \mathbf{B} + \mathbf{C}^{-1}\left(\hat{\mathbf{d}} - \hat{\mathbf{C}}\mathbf{B}\right), \end{aligned}$$

으로 표현되고 이는 (7.26)를 증명하게 된다. □

만약 $\mathbf{x}_i$ 가 1을 포함하는 경우 $\mathbf{a}'\mathbf{x}_i = 1$을 만족하는 벡터 $\mathbf{a}$가 존재하므로 $X\mathbf{a} = \mathbf{1}_N$이 성립하고 (여기서 $\mathbf{1}_N$은 길이가 N이고 모든 원소가 1인 벡터이다.) 따라서

$$\bar{\mathbf{X}}'\left(\sum_{i=1}^{N} \mathbf{x}_i\mathbf{x}_i'\right)^{-1} = N^{-1}\left(\mathbf{1}_N' X\right)\left(X'X\right)^{-1} = N^{-1}\mathbf{a}'X'X\left(X'X\right)^{-1} = N^{-1}\mathbf{a}',$$

이 성립하므로 (7.26)의 식은

$$\hat{\bar{Y}}_{reg} = \tilde{Y}_l + O_p\left(n^{-1}\right) \tag{7.28}$$

으로 표현되고 이때

$$\tilde{Y}_l = \bar{Y} + N^{-1}\sum_{i\in A} \pi_i^{-1}\left(y_i - \mathbf{x}_i'B\right)$$

으로 정의된다. 식 (7.28)은 $\hat{\bar{Y}}_{reg}$와 $\tilde{Y}_l$이 근사적으로 동일하다는 것을 의미한다.

회귀추정량과 근사적으로 동일한 추정량인 $\tilde{Y}_l$은 HT 추정량의 선형 결합이므로 그 통계적 성질을 밝히기가 훨씬 수월하다. 따라서 이러한 경우 회귀추정량의 편향은 무시할 수 있게 되고 그 분산은

$$Var\left(\tilde{Y}_l\right) = Var\left\{N^{-1}\sum_{i\in A}\pi_i^{-1}\left(y_i - \mathbf{x}_i'B\right)\right\} \tag{7.29}$$

으로 근사될수 있다. 만약 단순임의추출인 경우에는 회귀추정량의 근사적 분산이

$$Var\left(\tilde{Y}_l\right) = \frac{1}{n}\left(1-\frac{n}{N}\right)\frac{1}{N-1}\sum_{i=1}^{N}\left(y_i - \mathbf{x}_i'B\right)^2 \tag{7.30}$$

이 될 것이고 중회귀모형에서의 결정계수(coefficient of determination) R^2 을 이용하여 표현하면

$$Var\left(\tilde{Y}_l\right) \doteq Var\left(\bar{y}\right) \times \left(1 - R^2\right)$$

이 성립하므로 보조변수 $\mathbf{x}$를 사용한 결정계수가 높아질수록 회귀추정량의 효율은 더 높아짐을 알 수 있다.

회귀 추정량의 분산 추정은 식 (7.29)으로부터 B대신 $\hat{B}$을 사용한

$$\hat{V}\left(\hat{Y}_{reg}\right) = \sum_{i\in A}\sum_{j\in A}\frac{\pi_{ij}-\pi_i\pi_j}{\pi_{ij}}\frac{y_i-\hat{B}x_i}{\pi_i}\frac{y_j-\hat{B}x_j}{\pi_j}$$

이 회귀추정량의 근사적 비편향 분산 추정량이 된다.

다음으로는 회귀추정량의 특수한 경우인 사후층화추정량(post-stratification estimator)에 대하여 살펴보도록 하자. 모집단이 G개의 사후층(여기서는 그룹이라 하자)으로 나누어지고 그 그룹의 모집단 크기 $N_g, g = 1, 2, \cdots, G$를 안다고 하자. 이러한 경우 모집단 각 원소마다 $\mathbf{x}_i = (x_{i1}, x_{i2}, \cdots, x_{iG})'$ 를 정의하고 x_{ig} 를 원소 i가 그룹 g에 속하면 1, 아니면 0 의 값을 갖는 지시변수라 하자. 이때, 회귀추정량 공식

$$\hat{Y}_{reg} = \sum_{i=1}^{N}\mathbf{x}_i'\left(\sum_{i\in A}\pi_i^{-1}\mathbf{x}_i\mathbf{x}_i'\right)^{-1}\sum_{i\in A}\pi_i^{-1}\mathbf{x}_i y_i \tag{7.31}$$

에서 각 그룹이 서로 배반(mutually exclusive)이고 모집단을 다 포함(exhaustive)한다면

$$\begin{aligned}\sum_{i=1}^{N}\mathbf{x}_i' &= (N_1, N_2, \cdots, N_G)' \\ \sum_{i\in A}\pi_i^{-1}\mathbf{x}_i\mathbf{x}_i' &= diag\left(\hat{N}_1, \hat{N}_2, \cdots, \hat{N}_G\right)\end{aligned}$$

이므로 (여기서 $\hat{N}_g = \sum_{i\in A} \pi_i^{-1} x_{ig}$) 회귀추정량은

$$\hat{Y}_{post} = \sum_{g=1}^{G} \sum_{i\in A_g} \frac{1}{\pi_i} \frac{N_g}{\hat{N}_g} y_i \tag{7.32}$$

으로 표현될 수 있다 (이 때, A_g는 그룹 g에 속하는 표본원소의 집합). 즉, 사후추정량은 기본 가중치에서 각 원소가 속한 그룹의 $\hat{N}_g^{-1} N_g$의 보정승수를 곱하여 구현한다. 이 보조변수 $\mathbf{x}_i$에는 1 이 포함되므로 사후추정량의 분산은 식 (7.29)을 이용하면

$$Var\left(\hat{Y}_{post}\right) \doteq Var\left\{\sum_{g=1}^{G} \sum_{i\in A_g} \pi_i^{-1} \left(y_i - \bar{Y}_g\right)\right\} \tag{7.33}$$

으로 표현되고, 단순임의추출 하에서는

$$Var\left(\hat{Y}_{post}\right) \doteq \frac{N^2}{n}\left(1-\frac{n}{N}\right)\frac{1}{N-1}\sum_{g=1}^{G}\sum_{i\in U_g}\left(y_i - \bar{Y}_g\right)^2 \tag{7.34}$$

이므로 식 (4.5)의 비례배정을 사용한 층화추출추정량의 분산과 근사적으로 동일해진다.

예제 7.3. 식 (7.32)에서 살펴본 사후층화추정량은 모집단 각 원소가 G개의 그룹 중 어느 하나에 반드시 속하는 것을 전제로 하고 있다. 예를 들어 모집단에 속하는 사람들을 연령대 별로 구분(20대 이하, 30대, 40대, 50 대, 60대 이상) 하는 경우 모집단의 각 원소는 어느 하나의 연령대에 속해야만 하는 것이다. 만약 연령대라는 변수 외에 다른 변수, 예를 들어 거주 지역이 표본에서 관측 가능하고 그 거주 지역 별 인구수에 대한 정보가 있다고 한다면 이를 이용하여 사후층화를 확장 시킬 수 있다. 이 경우 각 지역별*연령대 별 인구수가 있는 경우에는 사후층화를 그대로 적용하면 된다. 하지만 지역별*연령대 별 인구수를 알지 못하고 단지 지역별 인구수와 연령대별 인구수만을 안다면 이차원 범주형 자료의 분포에서 각 셀 별 참값은 모르지만 주변 범주에 대한 참값은 아는 경우가 된다.

이러한 경우 K개의 지역과 L개의 연령대에 대한 정보를 지시변수로 나타내면

$$x_{ikl} = \begin{cases} 1 & \text{if } i \in A_{kl} \\ 0 & \text{otherwise} \end{cases}$$

으로 표현할때 (여기서 A_{kl}은 k-번째 지역과 l-째 연령대에 속하는 표본원소의 집합), $x_{ik\cdot} = \sum_{l=1}^{L} x_{ikl}$ 과 $x_{i\cdot l} = \sum_{k=1}^{K} x_{ikl}$으로 정의하면

$$\mathbf{x}_i = (x_{i1\cdot}, x_{i2\cdot}, \cdots x_{iK\cdot}, x_{i\cdot 1}, x_{i\cdot 2}, \cdots, x_{i\cdot L})$$

는 크기가 $K + L$인 벡터가 되고 그 경우

$$\sum_{i=1}^{N} \mathbf{x}_i' = (N_{1\cdot}, N_{2\cdot}, \cdots, N_{K\cdot}, N_{\cdot 1}, N_{\cdot 2}, \cdots, N_{\cdot L})$$

은 관측 가능하므로 이를 이용한 회귀추정량을 생각해 볼 수 있을 것이다. 그러나 $\sum_{i\in A} \pi_i^{-1}\mathbf{x}_i\mathbf{x}_i'$의 계수(rank)는 $K + L - 1$으로써 완전계수(full rank)가 아니므로 역행렬이 존재하지 않는다. 따라서 $K + L$개의 연립방정식

$$\sum_{i\in A} \pi_i^{-1}\mathbf{x}_i\mathbf{x}_i'\hat{B} = \sum_{i\in A} \pi_i^{-1}\mathbf{x}_i y_i$$

의 유일한 해는 존재하지 않게 된다. 이러한 경우의 추정은 래킹비추정(raking ratio estimation)이 많이 사용된다. 래킹비 추정은 주변 분포를 알고 결합 분포를 모를때 행 단위와 열 단위의 ratio adjustment 를 번갈아 가면서 반복적으로 적용하여 수렴할때 까지 적용하는 방법이다. 보다 자세한 내용은 Deville et al. (1993)을 참조하기 바란다.

제 4 절 일반화 회귀 추정

앞의 7.3절에서 회귀추정량은 y_i가 $\mathbf{x}_i$의 일차 결합으로 표현되는 회귀모형에서 효율적인 추정이 된다는 것을 밝혔다. 이러한 회귀추정량은 회귀모형에서 유도될 수 있는 추정량으로 본 절에서는 보다 일반적인 회귀모형을 이용하여 추정량이 구현되는 경우에 대해 살펴보기로 한다.

이를 위해서 먼저 차이 추정량(difference estimator) 을 소개하기로 한다. 유한모집단의 $y_1, y_2, \cdots, y_N$ 값에 대한 사전 정보가 있고 이를 $y_1^0, y_2^0, \cdots, y_N^0$ 으로 나타낼때 y의 모집단 총계에 대한 차이 추정량은 다음과 같이 정의된다.

$$\hat{Y}_{\text{diff}} = \sum_{i=1}^{N} y_i^0 + \sum_{i \in A} \frac{1}{\pi_i} \left(y_i - y_i^0 \right). \tag{7.35}$$

이 차이추정량은 y_i^0의 값과 상관없이 모집단 총계에 관하여 비편향을 만족시키고 그 분산이

$$Var\left(\hat{Y}_{\text{diff}}\right) = Var\left(\sum_{i \in A} \frac{d_i}{\pi_i}\right)$$

으로 표현된다 ($d_i = y_i - y_i^0$). 만약 단순임의추출이라면

$$\frac{N^2}{n}\left(1 - \frac{n}{N}\right)\frac{1}{N-1}\sum_{i=1}^{N}\left(d_i - \bar{d}_N\right)^2$$

으로 나타내어 진다. 즉, 차이추정량은 y_i^0의 값에 상관없이 비편향을 만족하지만 y_i^0값의 선택에 따라 그 분산이 달라진다. 이 분산값이 작아지기 위한 충분조건으로는 d_i값이 작으면 되고 이는 y_i^0값이 실제 y_i값에 가까운 경우가 될 것이다.

실제로는 y_i^0값을 구하기 위하여 보조변수 $\mathbf{x}_i$를 바탕으로한 모형이 사용되는데 이를 초모집단 모형(superpopulation model)이라고 한다. 초모집단 모형은 $\mathbf{y} = (y_1, y_2, \cdots, y_N)$에 대한 사전 정보를 모형으로 표현한 것으로 모집단의 $y_1, \ldots, y_N$들이 초모집단에서의 랜덤 표본으로 표현된다고 가정한다. 가장 일반적으로 많이 사용되는 초모집단 모형은

$$E_\zeta(y_i) = \mathbf{x}_i'\boldsymbol{\beta} \tag{7.36}$$

$$Cov_\zeta(y_i, y_j) = \begin{cases} c_i\sigma^2 & \text{if } i = j \\ 0 & \text{if } i \neq j \end{cases} \tag{7.37}$$

으로 표현되고 이 때, $\mathbf{x}_i$은 원소 i의 보조변수이고, $c_i = c(\mathbf{x}_i)$로써 $c(\cdot)$의 형태는 기지(known)이고 $\boldsymbol{\beta}$ 와 σ^2은 초모집단 모형의 모수이다. 모형이 (7.36)과 (7.37)으로 표현되는 경우를 GREG 모형 (generalized regression model)이라고 한다.

위의 모형으로부터 y_i의 예측치 $\hat{y}_i$을 사용한 추정량은

$$\hat{Y}_{GREG} = \sum_{i=1}^{N} \hat{y}_i \tag{7.38}$$

으로 표현되고 여기서 $\hat{y}_i = \mathbf{x}_i'\hat{\boldsymbol{\beta}}$이고

$$\hat{\boldsymbol{\beta}} = \left(\sum_{i \in A} \frac{1}{\pi_i c_i} \mathbf{x}_i \mathbf{x}_i'\right)^{-1} \sum_{i \in A} \frac{1}{\pi_i c_i} \mathbf{x}_i y_i \tag{7.39}$$

이다. 이때 $\boldsymbol{\beta}$의 추정은 전수조사일 경우 $\boldsymbol{\beta}$의 최소분산 비편향추정량이

$$B = \left(\sum_{i=1}^{N} \frac{1}{c_i} \mathbf{x}_i \mathbf{x}_i'\right)^{-1} \sum_{i=1}^{N} \frac{1}{c_i} \mathbf{x}_i y_i \tag{7.40}$$

이므로 식 (7.39)의 $\hat{\boldsymbol{\beta}}$는 B의 각 항들을 HT 추정량을 이용하여 구현한 일치추정량이 된다.

위의 추정량 (7.38)은 초모집단 모형이 성립하고 그 모형에 대하여 기대값을 취할 경우 $E_\zeta\left(\hat{y}_i - y_i \mid A\right) = 0$이므로

$$E_\zeta\left(\hat{Y}_{GREG} - Y \mid A\right) = 0$$

이 성립하고 따라서 초모집단 모형하에서 비편향이 성립한다. 따라서, 모형기반 추정량 (7.38)은 GREG 모형하에서 구현되었기 때문에 GREG 추정량이라고도 한다. 이렇게 (7.38)의 추정량처럼 모형에 의존하게 되는 추정량을 모형 기반 추정량(model-based estimator)이라 한다. 이와는 상대되는 개념으로 설계 기반 추정량 (design-based estimator) 은 모형에 의존하지 않는 추정량으로 HT 추정량이 대표적인 경우이다.

다음 보조정리는 (7.38)의 GREG 추정량이 근사적으로 차이추정량과 동등하게 됨을 보여준다.

보조 정리 7.2. 정칙조건 하에서, 만약 $c_i = \boldsymbol{\lambda}'\mathbf{x}_i$를 만족하는 벡터 $\boldsymbol{\lambda}$가 존재하면, GREG 추정량(7.38)은

$$\hat{Y}_{GREG} \cong \sum_{i=1}^{N} \mathbf{x}_i' B + \sum_{i \in A} \frac{1}{\pi_i}\left(y_i - \mathbf{x}_i' B\right) \tag{7.41}$$

이 성립하고, 여기서 B은 (7.40)에서 정의되었다.

증명 $c_i = \boldsymbol{\lambda}'\mathbf{x}_i$를 만족하는 벡터 $\boldsymbol{\lambda}$에 대하여

$$\begin{aligned}
\sum_{i\in A}\frac{1}{\pi_i}\hat{y}_i &= \sum_{i\in A}\frac{1}{\pi_i c_i}\boldsymbol{\lambda}'\mathbf{x}_i\mathbf{x}_i'\hat{\boldsymbol{\beta}} \\
&= \boldsymbol{\lambda}'\sum_{i\in A}\frac{1}{\pi_i c_i}\mathbf{x}_i y_i \\
&= \sum_{i\in A}\frac{1}{\pi_i c_i}\boldsymbol{\lambda}'\mathbf{x}_i y_i \\
&= \sum_{i\in A}\frac{1}{\pi_i}y_i
\end{aligned}$$

이 성립하고, 따라서

$$\begin{aligned}
\hat{Y}_{GREG} &= \sum_{i=1}^{N}\mathbf{x}_i'\hat{\boldsymbol{\beta}} + \sum_{i\in A}\frac{1}{\pi_i}\left(y_i - \mathbf{x}_i'\hat{\boldsymbol{\beta}}\right) \\
&= \hat{Y}_{HT} + \left(\mathbf{X} - \hat{\mathbf{X}}_{HT}\right)'\hat{\boldsymbol{\beta}} \\
&= \hat{Y}_{HT} + \left(\mathbf{X} - \hat{\mathbf{X}}_{HT}\right)'B + \left(\mathbf{X} - \hat{\mathbf{X}}_{HT}\right)'\left(\hat{\boldsymbol{\beta}} - B\right)
\end{aligned}$$

을 만족하므로 (7.41)을 보일 수 있게 된다. □

모형기반 추정량과 설계기반 추정량의 절충으로 나온 개념이 모형 지지 추정량(model-assisted estimator)이다. 모형 지지 추정량은 (7.41)의 추정량처럼 비록 모형이 성립하지 않더라도 추정량의 편향이 근사적으로 무시할 수 있고 만약 모형이 성립하면 추정량의 분산값이 작아 추정의 효율이 높아지는 추정량을 지칭한다. 모형 지지 추정량에 대한 보다 자세한 내용은 Särndal et al. (1992)를 참고하기 바란다.

근사적 추정량 (7.41)에 의해서,

$$E\left(\hat{Y}_{GREG}\right) \cong Y \tag{7.42}$$

과

$$Var\left(\hat{Y}_{GREG}\right) \cong Var\left\{\sum_{i\in A}\pi_i^{-1}\left(y_i - \mathbf{x}_i'B\right)\right\}. \tag{7.43}$$

을 구할 수 있다.

GREG 추정량의 분산 추정량은 (7.43)으로부터 구현될 수 있을 것이다. 만약 $E_i = y_i - \mathbf{x}_i' B$를 관측할 수 있다면 HT 분산 추정량의 공식을 사용하여

$$\sum_{i\in A}\sum_{j\in A} \frac{\pi_{ij} - \pi_i\pi_j}{\pi_{ij}} \frac{E_i}{\pi_i} \frac{E_j}{\pi_j}$$

으로 분산 추정을 할 수 있을 것이다. 그러나 실제로는 E_i를 관측할 수 없으므로 그 추정량인 $e_i = y_i - \mathbf{x}_i' \hat{\boldsymbol{\beta}}$을 사용한

$$\hat{V}_{GREG} = \sum_{i\in A}\sum_{j\in A} \frac{\pi_{ij} - \pi_i\pi_j}{\pi_{ij}} \frac{e_i}{\pi_i} \frac{e_j}{\pi_j} \tag{7.44}$$

으로 GREG 추정량의 분산을 추정할 수 있을 것이다.

초모집단 모형이

$$E_\zeta(y_i) = \beta x_i, \qquad \mathrm{Var}_\zeta(y_i) = x_i \sigma^2 \tag{7.45}$$

인 경우에는 모형 기반 추정량이 7.2절에서 다룬 비추정량과 동일해지고 또한 보조정리 7.2의 조건이 성립하여 모형 지지 추정량이 됨을 확인할 수 있다. 또한 초모집단 모형이

$$E_\zeta(y_i) = \mathbf{x}_i' \boldsymbol{\beta} \qquad \mathrm{Var}_\zeta(y_i) = \sigma^2 \tag{7.46}$$

이 되는 경우에는 모형 기반 추정량이 7.3절에서 다룬 회귀추정량과 동일해지고 이는 또한 모형 지지 추정량이 됨을 확인할 수 있다.

연습 문제

1. 식 (7.20)을 보이시오.

2. 어느 모집단의 $N = 10,000$개의 사업체에서의 평균 매출 $\bar{Y}$을 구하고자 한다. 이를 위하여 $n = 100$개의 표본 사업체를 단순임의추출로 뽑았다고 하자. 또한, 모집단의 각 사업체들에게서 "종업원 수"라는 보조정보 x를 얻어낼 수 있고 그 모집단 평균은 $\bar{X} = 50$명 이라고 하자. 이러한 경우 표본으로부터 다음의 값을 얻었다고 하자.

   - 표본 평균 매출 : 5,200 만원

- 표본 평균 종업원수 : 45명
- y의 표본 표준편차 : 500 만원
- x의 표본 표준편차 : 4 명
- x와 y의 표본 상관계수 : 0.8

이 경우 다음의 물음에 답하시오.

(a) 평균 매출에 대한 추정으로 단순 평균을 사용하고자 할 때 그 신뢰구간의 길이를 구하시오.

(b) 평균 매출에 대한 추정으로 비추정량을 사용하고자 할 때 신뢰구간의 길이를 구하시오.

(c) 평균 매출에 대한 추정으로 회귀추정량을 사용하고자 할 때 신뢰구간의 길이를 구하시오.

3. 어느 마을에는 200명의 아이들이 있는데 이 아이들의 치아 상태를 알아보기 위해서 두 치과의사는 서로 다른 조사를 실시하였다. 첫 번째 치과의사는 200명중 20명을 단순임의추출로 추출한 후 충치가 있는 치아의 수를 세었다. 이 결과는 다음의 표에 실려 있다. 두 번째 치과의사는 200명의 아이들이 충치가 있는지만을 조사하였고 그 중 50명이 충치가 없음을 알아내었다.

표 7.1: 충치가 있는 치아수의 분포

충치가 있는 치아의 수	0	1	2	3	4	5	6	7	8
아이들의 수 (명)	8	4	2	2	1	2	0	0	1

(a) 첫번째 치과의사의 자료만을 이용하여 그 마을의 아이들의 평균 충치 치아수를 계산하고 그 신뢰구간을 구하시오.

(b) 두 치과의사의 자료를 모두 이용하여 그 마을의 아이들의 평균 충치 치아수를 계산하고 그 신뢰구간을 구하시오. 두 번째 치과의사의 자료를 이용함으로써 얻어지는 효율성의 증대는 얼마나 되는가?

4. 어느 방송국에서는 대선 당일 개표 직전에 정당 A의 후보자의 당선 여부를 미리 알아내기 위하여 전국의 투표소에서 표본 투표소를 일부 단순임의추출로 추출하여 그 표본 투표소들로부터 유권자들이 A당 후보를 찍은 비율을 계산한 후 이를 바탕으로 전국의 유권자들이 A당 후보를 찍은 비율을 추정하고자 한다. 편의상 전국 각 투표소의 유권자수는 같다고 가정하자. 이 경우 표본 투표소 k로부터 얻어진 A당 후보 지지율을 y_k라 하고 5년전 대선에서의 A당 후보 지지율을 x_k라 하였을 때 우리는 x_k의 전국 평균 $\bar{X}$을 알고 있을 것이다. 이 경우 관심모수인 $\bar{Y}$의 추정량으로써

$$\bar{Y}_d = \frac{1}{n}\sum_{k\in A}\left\{y_k + \left(\bar{X} - x_k\right)\right\}$$

을 사용하고자 한다.

   (a) 위의 $\bar{Y}_d$는 $\bar{Y}$에 대한 비편향추정량임을 보이시오.

   (b) 위의 $\bar{Y}_d$의 분산을 구하시오.

   (c) $\bar{Y}_d$을 사용하는 것이 단순 평균인 $\bar{y}$를 사용하는 것보다 더 나을 필요충분 조건이

$$\frac{S_{xy}}{S_x^2} > 0.5$$

   임을 보이시오.

5. 크기가 N인 유한모집단으로부터 관심변수 y의 평균을 추정하고자 할때 보조변수로서 x_1과 x_2이 있고 그 보조변수들의 모집단 평균 $\bar{X}_1$과 $\bar{X}_2$는 알려져 있다고 하자. 또한 표본으로부터 $\bar{x}_1$, $\bar{x}_2$와 $\bar{y}$을 얻었을 경우 x_1만을 사용하여 얻어지는 비추정량 $\bar{Y}_{R1} = \bar{X}_1\left(\bar{y}/\bar{x}_1\right)$과 x_2만을 사용하여 얻어지는 비추정량 $\bar{Y}_{R2} = \bar{X}_2\left(\bar{y}/\bar{x}_2\right)$을 이용한 새로운 비추정량

$$\bar{Y}_R = \alpha\bar{Y}_{R1} + \beta\bar{Y}_{R2}$$

을 생각해 보자.

   (a) 이 비추정량 $\bar{Y}_R$이 근사적으로 비편향이 되려면 α와 β는 어떠한 조건을 만족해야 하는가 ?

(b) 이 비추정량 $\bar{Y}_R$의 근사적 분산을

$$\alpha, \beta, \mathrm{Var}\left(\bar{Y}_{R1}\right), \mathrm{Var}\left(\bar{Y}_{R2}\right), \mathrm{Cov}\left(\bar{Y}_{R1}, \bar{Y}_{R2}\right)$$

의 함수로 표현하시오. 이 경우 근사적 비편향성을 만족하면서 근사적 분산을 최소화하는 α값은 어떻게 되는가 ? 그 경우 분산은 어떻게 되는가 ?

제 8 장

최적 추정

제 1 절 서론

7장에서는 HT 추정량의 효율을 높이고자 보조정보를 사용하는 다양한 추정량들을 소개하였다. 그러나 이러한 추정량들중에 어떠한 추정량이 제일 좋은 추정량이겠는가 하는 질문에는 선뜻 대답하기 어려운 면이 있다. 왜냐하면 어떠한 모집단에서는 비추정량이 더 효율적이지만 어떠한 모집단에서는 회귀추정량이 더 효율적일 수 있기 때문이다. 즉, 유한모집단의 추론에서는 모평균이나 모집단 총계의 추정에 균일최소분산 비편향 추정량(UMVUE, uniformly minimum variance unbiased estimator)가 존재하지 않기 때문이다. 모든 비편향추정량의 클래스에서의 UMVUE가 존재하지 않음은 Godambe and Joshi (1965)에 의해서 처음으로 밝혀졌지만 나중에 Basu (1971)에 의해 보다 간단하게 증명되었다.

정리 8.1. 일차 표본 포함 확률 $\pi_k > 0$ $(k = 1, 2, \cdots, N)$이 주어진 표본조사 하에서 모수 $Y = \sum_{i=1}^{N} y_i$에 대한 모든 비편향 추정량 가운데 분산을 최소화하는 추정량(UMVUE)은 존재하지 않는다.

증명 유한모집단 y-값 $\mathbf{y} = (y_1, y_2, \cdots, y_N)$이 취할 수 있는 집합을 F라 하자. 이 중 임의의 한 값 $(y_1^*, y_2^*, \cdots, y_N^*) \in F$을 정한후 다음의 추정량을 생각해

보자.

$$\hat{Y}_{\text{diff}} = \sum_{i=1}^{N} y_i^* + \sum_{i \in A} \frac{1}{\pi_i} (y_i - y_i^*) \tag{8.1}$$

이 추정량은 $\mathbf{y}^* = (y_1^*, y_2^*, \cdots, y_N^*)$ 값에 상관없이 모집단 총계 Y에 대해 비편향이며 그 분산은 $y_i = y_i^*$인 경우 0이 된다.

만약 어떠한 추정량 $\hat{Y}$이 UMVUE 가 되려면

$$Var\left(\hat{Y}\right) \le Var\left(\hat{Y}_{\text{diff}}\right), \quad \forall \mathbf{y} \in F$$

이어야 하는데 $\mathbf{y} = \mathbf{y}^*$에서도 성립하려면 결국 $Var\left(\hat{Y}\right) = 0$이어야 한다. 이러한 $\mathbf{y}^*$가 임의의 값이므로 이는 결국 모든 $\mathbf{y} \in F$에 대하여 $Var\left(\hat{Y}\right) = 0$이 성립해야 함을 의미하므로 이러한 경우는 센서스 밖에 없게 된다. □

위의 정리는 결국 표본론에서 모든 모집단에 대해 비편향인 추정량 중에서 분산을 최소화 하는 최적추정량을 구현하는 것이 불가능함을 의미한다. 그렇다면 어떻게 해야 할 것인가? 하나는 최적화 문제에서의 클래스를 줄이는 방법이 있을 것이고 다른 하나는 최적화 문제에서 목적함수를 바꾸는 방법이 있을 것이다. 여기서는 두 번째 접근법만을 살펴보기로 한다. 먼저 여기서 사용된 분산은 유한모집단에서 반복적으로 추출되는 표본분포를 사용하여 얻어진 설계분산 (design variance)이다. 따라서 이 설계분산과는 다른 종류의 분산을 고려하여 최적성을 논의하게 될 것이다. 이를 위해서 초모집단 모형 ζ 하에서의 설계분산의 기대값을 사용하는데 이를 기대분산(anticipated variance)이라고 한다.

정의 8.1 추정량 $\hat{\theta}$의 기대 분산 (anticipated variance) :

$$AV(\hat{\theta}) = E_{\zeta} Var_p\left(\hat{\theta}\right).$$

여기서 첨자 ζ는 초모집단 모형에 대한 분포를 의미하고 p는 설계기반추론 (design-based inference)에 사용되는 샘플링 메카니즘으로부터 유도된 분포를 의미한다.

이 기대 분산은 다음과 같이 표현된다.

보조 정리 8.1. 만약 추정량 $\hat{\theta}$이 유한 모집단 모수 θ_N에 대하여 설계 비편향 (design-unbiased)이라면 다음이 성립한다.

$$AV\left(\hat{\theta}\right) = E_p\left\{Var_\zeta\left(\hat{\theta}\right)\right\} + Var_p\left\{E_\zeta\left(\hat{\theta}\right)\right\} - Var_\zeta\left(\theta_N\right). \tag{8.2}$$

증명 설계 비편향 추정량 $\hat{\theta}$는

$$AV\left(\hat{\theta}\right) = E_\zeta Var_p\left(\hat{\theta}\right) = E_\zeta E_p\left(\hat{\theta} - \theta_N\right)^2$$

을 만족하므로, 두 기대값의 순서를 바꾸면

$$\begin{aligned} AV\left(\hat{\theta}\right) &= E_p E_\zeta\left(\hat{\theta} - \theta_N\right)^2 \\ &= E_p E_\zeta\left\{\hat{\theta} - E_\zeta(\hat{\theta}) + E_\zeta(\hat{\theta}) - E_\zeta\left(\theta_N\right) + E_\zeta\left(\theta_N\right) - \theta_N\right\}^2 \end{aligned}$$

으로 표현되고, 이를 전개하면

$$\begin{aligned} AV\left(\hat{\theta}\right) &= E_p E_\zeta\left\{\hat{\theta} - E_\zeta(\hat{\theta})\right\}^2 + E_p\left\{E_\zeta(\hat{\theta}) - E_\zeta\left(\theta_N\right)\right\}^2 + E_p\left\{E_\zeta\left(\theta_N\right) - \theta_N\right\}^2 \\ &\quad + 2E_p\left\{\left(\hat{\theta} - E_\zeta(\hat{\theta})\right)\left(E_\zeta\left(\theta_N\right) - \theta_N\right)\right\} \end{aligned}$$

이고 나머지 교차제곱합(cross-product)항은 0이 된다. 이때,

$$E_p\left\{\left(\hat{\theta} - E_\zeta(\hat{\theta})\right)\right\} = -\left(E_\zeta\left(\theta_N\right) - \theta_N\right)$$

이고 따라서

$$\begin{aligned} 2E_p\left\{\left(\hat{\theta} - E_\zeta(\hat{\theta})\right)\left(E_\zeta\left(\theta_N\right) - \theta_N\right)\right\} &= 2\left(E_\zeta\left(\theta_N\right) - \theta_N\right) E_p\left\{\left(\hat{\theta} - E_\zeta(\hat{\theta})\right)\right\} \\ &= -2\left(E_\zeta\left(\theta_N\right) - \theta_N\right)^2 \end{aligned}$$

이므로

$$AV\left(\hat{\theta}\right) = E_p E_\zeta\left\{\hat{\theta} - E_\zeta(\hat{\theta})\right\}^2 + E_p\left\{E_\zeta(\hat{\theta}) - E_\zeta\left(\theta_N\right)\right\}^2 - \left\{E_\zeta\left(\theta_N\right) - \theta_N\right\}^2$$

이 성립하게 되고 이는 (8.2)을 의미한다. □

기대분산을 최소화하는 추정량을 찾아내기 위하여 다음 정리는 그 기대분산의 하한값을 제공해준다.

정리 8.2. 초모집단 모형에서 y_i들이 서로 독립이라 할 때, 유한모집단의 모집단 총계에 대해 설계 비편향(design-unbiased)인 추정량의 기대분산은 다음을 만족한다.

$$E_\zeta Var\left(\hat{Y}\right) \geq \sum_{i=1}^{N}\left(\frac{1}{\pi_i}-1\right)Var_\zeta\left(y_i\right) \tag{8.3}$$

증명 먼저 $\hat{Y}$을 $\hat{Y}=\hat{Y}_{HT}+R$으로 표현하자. (이때 $\hat{Y}_{HT}$는 HT추정량임.) 그런데 추정량 $\hat{Y}$이 설계 비편향을 만족하므로 $E\left(R\right)=0$이 성립한다. 따라서 임의의 고정된 $j\in U$에 대하여

$$\begin{aligned}
0 &= E\left(R\right)\\
&= \sum_{A\in\mathcal{A}} p\left(A\right)R\left(A\right)\\
&= \sum_{A\in\mathcal{A};j\in A} p\left(A\right)R\left(A\right)+\sum_{A\in\mathcal{A};j\notin A} p\left(A\right)R\left(A\right)
\end{aligned}$$

이 성립한다. 이 때,

$$V_\zeta\left(\hat{Y}\right)=V_\zeta\left(\hat{Y}_{HT}\right)+V_\zeta\left(R\right)+2Cov_\zeta\left(\hat{Y}_{HT},R\right)$$

이므로

$$\begin{aligned}
E_p\left\{Cov_\zeta\left(\hat{Y}_{HT},R\right)\right\} &= E_p\left[E_\zeta\left\{\left(\hat{Y}_{HT}-E_\zeta\left(\hat{Y}_{HT}\right)\right)R\right\}\right]\\
&= E_p\left[\sum_{j\in U}E_\zeta\left\{\frac{\left(y_j-E_\zeta\left(y_j\right)\right)I_j}{\pi_j}R\right\}\right]\\
&= \sum_{j\in U}E_\zeta\left\{\frac{\left(y_j-E_\zeta\left(y_j\right)\right)}{\pi_j}E\left\{I_j\left(A\right)R\left(A\right)\right\}\right\}\\
&= \sum_{j\in U}E_\zeta\left\{\frac{\left(y_j-E_\zeta\left(y_j\right)\right)}{\pi_j}\sum_{A\in\mathcal{A};j\in A}R\left(A\right)p\left(A\right)\right\}\\
&= -\sum_{j\in U}E_\zeta\left\{\frac{\left(y_j-E_\zeta\left(y_j\right)\right)}{\pi_j}\sum_{A\in\mathcal{A};j\notin A}R\left(A\right)p\left(A\right)\right\}\\
&= 0,
\end{aligned}$$

이 성립하는데 여기서 마지막 등식이 성립하는 이유는 $\sum_{A\in\mathcal{A};j\notin A} R(A)\,p(A)$ 이 y_j와 상관없기 때문이다. 따라서,

$$\begin{aligned}
E_p\left\{V_\zeta\left(\hat{Y}\right)\right\} &= E_p\left\{V_\zeta\left(\hat{Y}_{HT}\right)\right\} + E_p\left\{V_\zeta(R)\right\} \\
&\geq E_p\left\{V_\zeta\left(\hat{Y}_{HT}\right)\right\} \\
&= E_p\left\{V_\zeta\left(\sum_{i=1}^{N}\frac{y_i I_i}{\pi_i}\right)\right\} \\
&= E_p\left\{\sum_{i=1}^{N}\frac{\sigma_i^2 I_i}{\pi_i^2}\right\} = \sum_{i=1}^{N}\frac{\sigma_i^2}{\pi_i}
\end{aligned}$$

이 성립하고

$$\begin{aligned}
AV\left(\hat{Y}\right) &= E_pV_\zeta\left(\hat{Y}\right) + V_pE_\zeta\left(\hat{Y}\right) - V_\zeta(Y) \\
&\geq E_pV_\zeta\left(\hat{Y}\right) - V_\zeta(Y) \\
&\geq \sum_{i=1}^{N}\frac{\sigma_i^2}{\pi_i} - \sum_{i\in U}\sigma_i^2
\end{aligned}$$

을 만족하게 된다. □

앞의 (8.3)식의 오른쪽에 위치한 하한은 모든 (설계) 비편향추정량의 기대분산의 하한으로 Godambe and Joshi (1965)에 의해 밝혀져 Godambe-Joshi 하한이라고 불리운다.

제 2 절 모형 지지 최적 추정

이 절에서는 주어진 근사적으로 비편향인 추정량 중에서 초모집단 모형에서 기대분산을 최소화하는 추정량을 찾아내는 방법론을 살펴 보기로 한다. 이러한 추정량을 모형 지지 최적 추정량이라고 한다면 정리 에 의해서 이 최적 추정량은 Godambe-Joshi 기대분산 하한을 만족시키게 될 것이다.

먼저 다음과 같은 초모집단 모형을 가정하도록 하자.

$$E_\zeta(y_i) = \mathbf{x}_i'\boldsymbol{\beta} \quad (8.4)$$

$$Cov_\zeta(y_i, y_j) = \begin{cases} \sigma_i^2 & \text{if } i = j \\ 0 & \text{if } i \neq j. \end{cases} \quad (8.5)$$

이러한 경우 Isaki and Fuller (1982)는 GREG 추정량이 근사적으로 기대분산의 하한을 만족함을 보였다. 이를 살펴보기 위해 (7.43)의 분산에 모형에 대한 기대값을 취하면

$$\begin{aligned} E_\zeta\left\{Var\left(\hat{Y}_{GREG}\right)\right\} &= E_\zeta\left\{\sum_{i=1}^{N}\sum_{j=1}^{N}(\pi_{ij}-\pi_i\pi_j)\frac{y_i-\mathbf{x}_i'B}{\pi_i}\frac{y_j-\mathbf{x}_j'B}{\pi_j}\right\} \\ &\doteq E_\zeta\left\{\sum_{i=1}^{N}\sum_{j=1}^{N}(\pi_{ij}-\pi_i\pi_j)\frac{y_i-\mathbf{x}_i'\boldsymbol{\beta}}{\pi_i}\frac{y_j-\mathbf{x}_j'\boldsymbol{\beta}}{\pi_j}\right\} \\ &= \sum_{i=1}^{N}\left(\frac{1}{\pi_i}-1\right)\sigma_i^2 \end{aligned}$$

으로 되어 (8.3)과 일치하기 때문이다. 따라서 GREG 추정량은 근사적으로 기대분산을 하한을 구현하는 최적추정량이라 할 수 있다. 또한 이 하한을 최소화하기 위한 π_i 를 찾기 위해서는 제한조건 $\sum_{i=1}^{N}\pi_i = n$ 하에서 $\sum_{i=1}^{N}\pi_i^{-1}\sigma_i^2$를 최소화하는 π_i를 찾는 문제로 접근할수 있으므로 Cauchy-Schwarz 부등식에 의하여

$$\left(\sum_{i=1}^{N}\frac{\sigma_i^2}{\pi_i}\right)\left(\sum_{i=1}^{N}\pi_i\right)\geq\left(\sum_{i=1}^{N}\sigma_i\right)$$

이 성립하고 따라서 이 경우 하한값은 $\pi_i \propto \sigma_i$인 경우에 얻어지게 된다는 것을 알수 있다. 즉, 추정량은 GREG 추정량을 사용하고 추출 확률은 모형의 표준편차에 비례하도록 표본 설계를 하면 최적 추정이 될수 있는 것이다.

만약 GREG 추정량을 사용하지 않고 HT 추정량을 사용하고자 한다면 이러한 경우 기대 분산을 최소화 하는 표본 설계 방법은 어떻게 구현할 것인가? 이를 살펴보기 위하여 위의 초모집단 모형 (8.4)-(8.5) 하에서 HT 추정량의 기대 분산을 계산해 보면 다음과 같다.

$$E_\zeta\left\{Var\left(\hat{Y}_{HT}\right)\right\} = Var_p\left\{\sum_{i\in A}\frac{1}{\pi}\mathbf{x}_i'\boldsymbol{\beta}\right\}+\sum_{i=1}^{N}\left(\frac{1}{\pi_i}-1\right)\sigma_i^2.$$

따라서 $\pi_i \propto \sigma_i$ 이면서

$$\sum_{i\in A}\frac{1}{\pi_i}\mathbf{x}_i = \sum_{i=1}^{N}\mathbf{x}_i \tag{8.6}$$

을 만족하는 샘플링 디자인 하에서는 HT 추정량이 Godambe-Joshi 하한을 만족하므로 최적 추정량이 된다. 이와 관련한 보다 자세한 내용은 Nedyalkova and Tillé (2008)을 참고하기 바란다. 한편, (8.6)를 만족하는 표본 설계 방법을 balanced sampling 이라고 하는데 이러한 조건을 만족시키는 표본 설계 방법으로는 Deville and Tillé (2004)가 제안한 cube sampling 이 대표적인 방법론이라 할수 있다.

제 3 절 최적 예측 추정

앞의 절과는 달리 이 절에서는 주어진 초모집단 모형이 표본 자료에도 성립한다고 할때 이 모형을 이용하여 모집단 자료에 대한 최적 예측을 통해서 모수를 추정하는 방법을 고려해 보자. 이러한 모형기반 접근법은 모형이 성립하였을때 최적의 추정을 구현한다는 장점이 있다. 자료가 (8.4)-(8.5)를 따른다고 할때 y_i의 선형 최적 비편향 예측량(best linear unbiased predictor)은 다음과 같다.

$$\hat{y}_i = \mathbf{x}_i'\hat{\boldsymbol{\beta}} = \mathbf{x}_i'\left(\sum_{i\in A}\sigma_i^{-2}\mathbf{x}_i\mathbf{x}_i'\right)^{-1}\sum_{i\in A}\sigma_i^{-2}\mathbf{x}_i y_i. \tag{8.7}$$

따라서 모수 $Y=\sum_{i=1}^N y_i$의 best linear unbiased predictor (BLUP) 는

$$\hat{Y}_{BLUP} = \sum_{i\in A} y_i + \sum_{i\in A^c}\hat{y}_i \tag{8.8}$$

의 형태로 표현될수 있을 것이다. 이때 A^c는 A의 여집합으로써 표본으로 뽑히지 않은 모집단의 나머지 부분 집합을 의미한다. 따라서 식 (8.8)의 BLUP 추정량은 주어진 모형 하에서 최적의 추정을 구현한다. 하지만 이 추정량이 모형이 성립하지 않는 경우에 근사적으로도 편향이 생길수 있으므로 이에 대한 편향 수정(bias correction)을 해주는 것이 바람직하다. 식 (8.8)의 최적 추정량의 설계기반 편향은 다음과 같다.

$$E_p\left(\hat{Y}_{BLUP}\right) - Y = E_p\left\{\sum_{i\in A^c}(\hat{y}_i - y_i)\right\} = -E_p\left\{\sum_{i\in A}\left(\frac{1}{\pi_i}-1\right)(y_i-\hat{y}_i)\right\}. \tag{8.9}$$

그런데 식 (8.7)의 $\hat{\boldsymbol\beta}$은

$$\sum_{i\in A}\sigma_i^{-2}\left(y_i-\mathbf{x}_i'\boldsymbol\beta\right)\mathbf{x}_i=0$$

을 만족하므로

$$\mathbf{x}_i'\boldsymbol\lambda=(\pi_i^{-1}-1)\sigma_i^2 \tag{8.10}$$

을 만족하는 $\boldsymbol\lambda$를 찾을수 있으면 (8.9)의 편향값은 0 이 되고 따라서 BLUP 추정량이 근사적으로 설계 비편향성을 만족하게 된다. 즉, $\mathbf{x}_i$에 $(\pi_i^{-1}-1)\sigma_i^2$을 포함하여 확장된 회귀 모형을 만들어서 BLUP 추정량을 구현하면 모형 하에서는 최적이면서 근사적 설계 비편향성도 만족하는 추정이 된다. 이렇게 식 (8.10)처럼 모수 추정 단계에서 편향 수정 (bias-correction) 조건을 부여하는 방법으로 모형 기반 추정을 하는 방법에 대해서는 Firth and Bennett (1998)에서 좀더 일반적으로 다루고 있다. Firth and Bennett (1998) 는 식 (8.10)를 Internal Bias Calibration (IBC) 조건이라고 칭하였다.

식 (8.8)의 BLUP 추정 대신에 모집단 전체 자료에 대해 prediction 을 하는

$$\hat{Y}_{BLUP2}=\sum_{i=1}^{N}\hat{y}_i \tag{8.11}$$

을 생각해 볼수 있다. 이러한 경우 IBC 조건은 $\mathbf{x}_i'\boldsymbol\lambda=\pi_i^{-1}\sigma_i^2$으로 바뀌는 것을 확인할수 있다. 일반적으로 식 (8.8)의 BLUP 추정 보다는 식 (8.11)의 BLUP 추정량이 더 분산이 작아진다. 이와 관련한 내용으로는 Matloff (1981)를 참고하기 바란다.

제 4 절 설계 기반 최적 추정

이번에는 모형을 사용하지 않고서도 어떻게 $\mathbf{X}=\sum_{i=1}^N\mathbf{x}_i$ 정보를 반영하여 추정을 개선할수 있는지에 대한 방법론을 살펴 보고자 한다. 모수 $(\mathbf{X},Y)=\sum_{i=1}^N(\mathbf{x}_i,y_i)$에 대한 HT 추정량을 $(\hat{\mathbf{X}}_{HT},\hat{Y}_{HT})$이라고 하면 다음과 같은 형태의 선형 결합을 고려할수 있다.

$$\hat{Y}(a,b,c)=a+\mathbf{b}'\hat{\mathbf{X}}_{HT}+c\hat{Y}_{HT} \tag{8.12}$$

이러한 추정량들의 집합 중에서 설계 비편향성을 만족하고 설계 분산을 최소화 하는 추정량을 찾으면 이를 설계 기반 최적 선형 추정량이라고 부를수 있을 것이다. 식 (8.12)의 선형 추정량이 설계 비편향이기 위해서는

$$a + \mathbf{b}'\mathbf{X} + (c-1)Y = 0 \tag{8.13}$$

을 만족해야 하는데 $c = 1$인 경우에는 계수가 모수 Y에 의존하지 않게 된다. 따라서 $c = 1$과 $a = -\mathbf{b}'\mathbf{X}$를 (8.12)에 대입하면

$$\hat{Y}(b) = \mathbf{b}'\left(\hat{\mathbf{X}}_{HT} - \mathbf{X}\right) + \hat{Y}_{HT} \tag{8.14}$$

으로 좀더 단순하게 표현된다. 따라서 식 (8.14)로 표현된 추정량의 설계 분산을 최소화하는 $\mathbf{b}$값을 찾아서 이를 대입하면

$$\hat{Y}_{opt} = \hat{Y}_{HT} + Cov(\hat{Y}_{HT}, \hat{\mathbf{X}}_{HT})\left\{Var(\hat{\mathbf{X}}_{HT})\right\}^{-1}\left(\mathbf{X} - \hat{\mathbf{X}}_{HT}\right) \tag{8.15}$$

으로 계산된다. 여기서 $Cov(\hat{Y}_{HT}, \hat{\mathbf{X}}_{HT})$와 $Var(\hat{\mathbf{X}}_{HT})$은 설계 기반 추정에서 얻어지는 분산을 지칭한다. 실제로는 분산값은 표본으로부터 알수 없으므로 그에 대한 비편향 추정치를 대입하여 최적 추정량을 구현한다. 이러한 방식의 설계 기반 최적 추정방법은 Montanari (1987)과 Rao (1994)에 의해서 소개되었다.

한편 Y의 설계 기반 최적 추정량은 다음의 목적함수를 최소화 하는 것으로 이해될수 있다.

$$Q(Y) = \begin{pmatrix} \hat{\mathbf{X}}_{HT} - \mathbf{X} \\ \hat{Y}_{HT} - Y \end{pmatrix}' \begin{pmatrix} Var(\hat{\mathbf{X}}_{HT}) & Cov(\hat{\mathbf{X}}_{HT}, \hat{Y}_{HT}) \\ \text{symm.} & Var(\hat{Y}_{HT}) \end{pmatrix}^{-1} \begin{pmatrix} \hat{\mathbf{X}}_{HT} - \mathbf{X} \\ \hat{Y}_{HT} - Y \end{pmatrix}$$

위의 목적함수를 최소화하는 Y를 찾으면 (8.15)의 최적 추정량이 나오는데 이러한 아이디어는 일종의 Generalized Method of Moments (GMM) 추정법으로 이해될수 있을 것이다. GMM 추정은 계량 경제학에서 분포 가정 없이 moment 가정만을 사용하여 최적 추정을 구현하고자 할때 많이 사용되는 방법론이다. 이 방법론은 동일한 모집단에서 서로 다른 두 표본을 독립적으로 추출하였을때 이를 최적 결합하여 추정하고자 할때 유용하다.

제 9 장

분산 추정

제 1 절 서론

표본조사에서 구현되는 추정량의 표본오차의 크기는 종종 표본분산(sampling variance)으로 표현되는데 본 장에서는 그 분산을 어떻게 정확하게 추정하는가 하는 것을 다루고자 한다. 표본조사에서 얻어지는 분산 추정치는 신뢰구간 계산 등에 사용되는 분석적(analytic) 목적 외에도 추정량의 신뢰도 평가나 표본보정 및 추가 등에 사용하게 되는 기술적(descriptive) 목적이 있다. 만약 분산 추정 없이 점추정만으로 표본조사 결과가 발표된다면 그 추정치들이 얼마나 정확한 것인가에 대한 근거가 없으므로 결국 통계의 정확성에 대한 과학적 근거를 상실하게 된다.

좋은 분산 추정량의 조건으로는 다음과 같은 특성을 생각해 볼 수 있을 것이다.

- 비편향이거나 편향이 있더라도 매우 작아야 할 것
- 분산 추정량이 안정적(stable)이어야 할 것. 즉, 분산 추정량의 분산이 작을 것
- 음수 값을 취하지 않을 것
- 계산이 복잡하지 않을 것

2.2절에서 배운 HT 분산 추정량은 비편향이라는 장점이 있으나 음수 값을 취할 수 있고 결합표본포함확률 π_{ij} 를 구해야 하는데 표본수가 큰 경우 계산이 방대해 진다는 단점이 있다.

예제 9.1. $N = 3$인 모집단 $U = \{1, 2, 3\}$에서 다음의 표본설계를 고려하자. 이 때, $y_1 = 16, y_2 = 21, y_3 = 18$이라고 하자.

표 9.1: 새 표본추출방법의 표본분포표

표본 (A)	$Pr\,(A)$	HT 추정치	HT 분산 추정치
$A_1 = \{1, 2\}$	0.4	50	206
$A_2 = \{1, 3\}$	0.3	50	200
$A_3 = \{2, 3\}$	0.2	60	-90
$A_4 = \{1, 2, 3\}$	0.1	80	-394

[표 9.1]에서 HT 추정량의 분산은 85로써 식 (2.12)의 HT 분산 추정치의 기대값

$$206 \times 0.4 + 200 \times 0.3 + (-90) \times 0.2 + (-394) \times 0.1 = 85$$

와 일치하나 특정 표본에서 분산 추정치가 음수가 나와 비현실적인 통계가 된다.

3.3.2절에서 배운 PPS 추정량의 분산 추정량 (3.34)은 항상 0보다 크거나 같게 되고 결합표본포함확률을 구하지 않고 간단하게 계산될 수 있다는 장점이 있어서 많이 사용된다. 실무에서는 PPS 추정량의 분산 뿐만 아니라 HT 추정량의 분산을 PPS 추정량의 분산 추정량으로 추정하는 경우가 종종 있다. 이를 단순 분산 추정법이라 하고 단순 분산 추정량은

$$\hat{V}_0 = \frac{1}{n\,(n-1)} \sum_{i \in A} \left(\frac{y_i}{p_i} - \hat{Y}_{HT} \right)^2, \tag{9.1}$$

(이 때 $p_i = \pi_i / n$)으로 표현된다.

다음 정리는 (9.1)의 단순 분산 추정량으로 $\hat{Y}_{HT}$의 분산을 추정하고자 하는 경우의 편향을 나타낸다.

정리 9.1. 식 (9.1)의 분산 추정량은 다음을 만족한다.

$$E\left(\hat{V}_0\right) - Var\left(\hat{Y}_{HT}\right) = \frac{n}{n-1}\left\{Var\left(\hat{Y}_{PPS}\right) - Var\left(\hat{Y}_{HT}\right)\right\} \tag{9.2}$$

여기서 $Var\left(\hat{Y}_{PPS}\right)$은 $p_i = \pi_i/n$을 일회 추출확률로 사용한 PPS 추출 추정량의 분산으로,

$$Var\left(\hat{Y}_{PPS}\right) = \frac{1}{n}\sum_{i=1}^{N} p_i \left(\frac{y_i}{p_i} - Y\right)^2$$

이다.

증명 단순 분산 추정량 $\hat{V}_0$의 분모항의 기대값은

$$\begin{aligned} & E\left\{\sum_{k\in A}\left(\frac{y_k}{p_k} - Y + Y - \hat{Y}_{HT}\right)^2\right\} \\ = \; & E\left\{\sum_{k\in A}\left(\frac{y_k}{p_k} - Y\right)^2\right\} + 2E\left\{\sum_{k\in A}\left(\frac{y_k}{p_k} - Y\right)\left(Y - \hat{Y}_{HT}\right)\right\} \\ & + E\left\{\sum_{k\in A}\left(Y - \hat{Y}_{HT}\right)^2\right\} \end{aligned}$$

으로 전개된다. 이 중 첫 번째 항은

$$\begin{aligned} E\left\{\sum_{k\in A}\left(\frac{y_k}{p_k} - Y\right)^2\right\} &= \sum_{k=1}^{N}\left(\frac{y_k}{p_k} - Y\right)^2 \pi_k \\ &= n^2 Var\left(\hat{Y}_{PPS}\right) \end{aligned}$$

이 되고

$$\sum_{k\in A}\left(\frac{y_k}{p_k} - Y\right) = n\left(\sum_{k\in A}\frac{y_k}{\pi_k} - Y\right) = n\left(\hat{Y}_{HT} - Y\right)$$

임을 이용하면 두 번째 항은 $-2nVar\left(\hat{Y}_{HT}\right)$가 되고 마지막 항은 $nVar\left(\hat{Y}_{HT}\right)$가 되므로 이를 정리하면 (9.2)가 성립한다. □

대부분의 경우에 (9.2)의 편향은 양수가 되고 따라서 (9.1)의 분산 추정량을 사용한 방법은 보수적인 분산 추정법이 된다. 단순임의추출의 경우 (9.1)의 분산 추정량의 상대편향은

$$\frac{\hat{V}_0 - Var\left(\hat{Y}_{HT}\right)}{Var\left(\hat{Y}_{HT}\right)} = \frac{n}{n-1}\frac{n}{N-n} \tag{9.3}$$

이 되고 n이 크고 n/N이 작은 경우 무시할 수 있다.

이러한 단순 분산 추정법은 다단계 추출에도 그대로 적용될 수 있다. 다단계 추출하에서의 HT 추정량은

$$\hat{Y}_{HT} = \sum_{i \in A_I} \frac{\hat{Y}_i}{\pi_{Ii}}$$

으로 표현하고 단순 분산 추정량은

$$\hat{V}_0 = \frac{1}{n(n-1)} \sum_{i \in A_I} \left(\frac{\hat{Y}_i}{p_i} - \hat{Y}_{HT}\right)^2, \tag{9.4}$$

으로 표현되는데 여기서 $p_i = \pi_{Ii}/n$ 이고 n은 일차 표본추출단위(PSU)의 표본크기이다. 이 경우 (9.2)가 성립함을 보일 수 있다. 만약 p_i대신 π_{Ii}를 사용하여 표현하면 단순 분산 추정량은

$$\hat{V}_0 = \frac{n}{(n-1)} \sum_{i \in A_I} \left(\frac{\hat{Y}_i}{\pi_{Ii}} - \frac{1}{n}\hat{Y}_{HT}\right)^2$$

으로 표현된다. 만약 층화 다단계 추출이고 각 층 내에서 첫 n_h개의 PSU가 추출되었다면 단순 분산 추정량은 기본 가중치 $w_{hi} = 1/(p_{hi}n_h)$를 사용하여

$$\hat{V}_0 = \sum_{h=1}^{H} \frac{n_h}{n_h - 1} \sum_{i=1}^{n_h} \left(w_{hi}\hat{Y}_{hi} - \frac{1}{n_h}\sum_{j=1}^{n_h} w_{hj}\hat{Y}_{hj}\right)^2 \tag{9.5}$$

으로 표현될 것이다.

제 2 절 선형화 분산 추정법

추정량이 비추정량이나 회귀추정량처럼 HT 추정량들의 비선형 함수로 표현되는 추정량인 경우의 분산을 정확히 계산하는 것은 일반적으로 불가능하고, 대신에 테일러 전개를 이용하여 비선형 함수를 선형 함수로 근사한 후 그 선형 함수의 분산을 추정하는 작업이 많이 사용된다.

테일러 정리를 이용한 선형화에 대하여서는 부록에서 다루었다. 여기서는 이 테일러 정리를 어떻게 분산 추정에 사용할 지에 대해 예를 들어 설명하기로 한다. 부록의 따름정리 A.1을 이용하면 p-차원 $\mathbf{y}$에 대해서 만약 $\bar{\mathbf{y}}_n = \bar{\mathbf{Y}}_N + O_p\left(n^{-1/2}\right)$ 가 성립할 때

$$g\left(\bar{\mathbf{y}}_n\right) = g\left(\bar{\mathbf{Y}}\right) + \sum_{j=1}^{p} \frac{\partial g\left(\bar{\mathbf{Y}}\right)}{\partial y_j}\left(\bar{y}_j - \bar{Y}_j\right) + O_p\left(n^{-1}\right)$$

으로 선형화 작업을 하게 되고 이 경우 $g\left(\bar{\mathbf{y}}_n\right)$의 선형화된 분산은

$$V\left\{g\left(\bar{\mathbf{y}}_n\right)\right\} \doteq \sum_{i=1}^{p}\sum_{j=1}^{p} \frac{\partial g\left(\bar{\mathbf{Y}}\right)}{\partial y_i}\frac{\partial g\left(\bar{\mathbf{Y}}\right)}{\partial y_j} Cov\left\{\bar{y}_i, \bar{y}_j\right\}$$

이 되므로 선형화 분산 추정량은

$$\hat{V}\left\{g\left(\bar{\mathbf{y}}_n\right)\right\} \doteq \sum_{i=1}^{p}\sum_{j=1}^{p} \frac{\partial g\left(\bar{\mathbf{y}}_n\right)}{\partial y_i}\frac{\partial g\left(\bar{\mathbf{y}}_n\right)}{\partial y_j} \hat{C}\left\{\bar{y}_i, \bar{y}_j\right\} \tag{9.6}$$

으로 표현된다. 이를 정리하면 선형화 분산 추정법은 다음과 같다.

1. 테일러 전개를 실시하고 선형 부분을 제외한 나머지 항을 무시한다.

2. 각 선형부분 ($\bar{y}_n$ 항) 의 분산과 공분산 추정치를 분산 추정 공식을 이용하여 구한다.

3. 미분 계수항 ($\partial g/\partial x$ 와 $\partial g/\partial y$) 들을 표본으로부터 추정한다.

예제 9.2. 관심모수가 $R = \bar{Y}/\bar{X}$인 경우

$$\hat{R} = \frac{\bar{Y}_{HT}}{\bar{X}_{HT}}$$

을 테일러 전개를 실시하면

$$\hat{R} = R + \bar{X}^{-1}\left(\bar{Y}_{HT} - R\bar{X}_{HT}\right) + O_p\left(n^{-1}\right)$$

이 되고 따라서 (9.6)의 분산 추정량은

$$\hat{V}\left(\hat{R}\right) \doteq \bar{X}_{HT}^{-2}\hat{V}\left(\bar{Y}_{HT}\right) + \bar{X}_{HT}^{-2}\hat{R}^2\hat{V}\left(\bar{X}_{HT}\right) - 2\bar{X}_{HT}^{-2}\hat{R}\hat{C}\left(\bar{X}_{HT}, \bar{Y}_{HT}\right) \quad (9.7)$$

으로 표현된다. 만약 위의 각 $\bar{y}$와 $\bar{x}$의 분산 추정항들이 HT 분산 추정량으로 구현된다면 (9.7)은, $e_i = y_i - \hat{R}x_i$라 정의할 때,

$$\hat{V}\left(\hat{R}\right) \doteq \frac{1}{\hat{X}_{HT}^2}\sum_{i\in A}\sum_{j\in A}\frac{\pi_{ij} - \pi_i\pi_j}{\pi_{ij}}\frac{e_i}{\pi_i}\frac{e_j}{\pi_j}$$

으로 표현될 수 있다.

예제 9.1의 결과를 이용하면 7.2절의 비추정량 $\hat{Y}_r = X\hat{R}$의 분산 추정량은

$$\hat{V}\left(\hat{X}_r\right) \doteq \left(\frac{X}{\hat{X}_{HT}}\right)^2\sum_{i\in A}\sum_{j\in A}\frac{\pi_{ij} - \pi_i\pi_j}{\pi_{ij}}\frac{e_i}{\pi_i}\frac{e_j}{\pi_j}, \quad (9.8)$$

으로 (7.16)의 분산 추정량에 $\hat{X}_{HT}^{-2}X^2$만큼 곱해준 형태로 표현된다. 그렇다면 (7.16)와 (9.8) 중 어떠한 분산 추정량을 사용하여야 할 것인가? 먼저 $\hat{X}_{HT}^{-2}X^2 \doteq 1$ 이므로 두 분산 추정량은 근사적으로 동일해 질 것이다. 표본수가 크지 않은 경우, Royall and Cumberland (1981)은 초모집단 모형을 사용하면 (9.8)의 분산 추정량이 $\hat{X}_{HT}$와 X의 떨어져 있는 정도에 대한 조건부 분산을 더 정확하게 반영하게 되므로, (9.8)의 분산 추정량이 더 선호된다고 주장하였다. 보다 일반적인 경우 Särndal et al. (1989)는 GREG 추정량의 분산 추정량으로써 (7.44) 대신

$$\hat{V}\left(\hat{Y}_{GREG}\right) = \sum_{i\in A}\sum_{j\in A}\frac{\pi_{ij} - \pi_i\pi_j}{\pi_{ij}}\frac{g_ie_i}{\pi_i}\frac{g_je_j}{\pi_j} \quad (9.9)$$

을 사용할 것을 주장하였다. 여기서

$$g_i = \mathbf{X}'\left(\sum_{i\in A}\frac{1}{\pi_ic_i}\mathbf{x}_i\mathbf{x}_i'\right)^{-1}\frac{1}{c_i}\mathbf{x}_i \quad (9.10)$$

로써 $\hat{Y}_{GREG} = \sum_{i\in A} \pi_i^{-1} g_i y_i$로 표현되고

$$e_i = y_i - \mathbf{x}_i' \left(\sum_{i \in A} \frac{1}{\pi_i c_i} \mathbf{x}_i \mathbf{x}_i' \right)^{-1} \sum_{i \in A} \frac{1}{\pi_i c_i} \mathbf{x}_i y_i$$

가 된다. 식 (9.10)의 g_i는 가중치의 보정승수로써 기본 가중치 π_i^{-1}에 곱해져서 최종 가중치 $w_i = \pi_i^{-1} g_i$를 만드는데 이 최종 가중치는 (7.3)의 calibration 을 만족한다.

예제 9.3. 식 (7.32)에서 정의된 사후층화추정량의 분산 추정을 고려하자. 분산 추정식 (7.44) 또는 (9.9)을 사용하기위해 $i \in A_g$인 경우, 잔차항은 $e_i = y_i - \bar{y}_g$로 표현할 수 있고, 여기서 $\bar{y}_g = \hat{N}_g^{-1} \hat{Y}_g$으로써 $\hat{Y}_g = \sum_{i \in A_g} \pi_i^{-1} y_i$ 이고 $\hat{N}_g = \sum_{i \in A_g} \pi_i^{-1}$이다. 또한 g-보정승수는 $g_i = N_g / \hat{N}_g$이 될 것이다.

단순임의추출의 경우 (7.44)의 비조건부(unconditional) 분산 추정량은

$$\hat{V}_u = \frac{N^2}{n} \left(1 - \frac{n}{N}\right) \sum_{g=1}^{G} \frac{n_g - 1}{n - 1} s_g^2 \tag{9.11}$$

으로 표현되고 여기서 $s_g^2 = (n_g - 1)^{-1} \sum_{i \in A_g} (y_i - \bar{y}_g)^2$이다. 한편 (9.9)의 조건부 분산 추정량은

$$\hat{V}_c = \left(1 - \frac{n}{N}\right) \frac{n}{n-1} \sum_{g=1}^{G} \frac{N_g^2}{n_g} \frac{n_g - 1}{n_g} s_g^2 \tag{9.12}$$

으로 표현된다. 이 조건부 분산 추정량 $\hat{V}_c$는 층화추출의 분산 추정량과 매우 유사하다.

이러한 조건부 분산 추정량은 비조건부 분산 추정량에 비해, 특히 구간추정에서 더 좋은 효율을 나타내는 것으로 알려져 있다.

제 3 절 복제치 분산 추정법

앞 절에서 다룬 선형화 방법은 추정량의 형태가 복잡해지면 테일러 전개가 복잡해져서 분산 추정이 어려워지고, 여러 개의 y 변수가 있을 때 일일이 미분

계수를 계산해야 한다는 단점이 있다. 또한 선형화 방법은 테일러 일차 항의 분산만을 근사치로 계산하므로 표본수가 충분히 크지 않은 경우에는 종종 과소 추정을 하게 된다. 복제치(replicate) 분산 추정법은 테일러 전개를 사용하지 않고도 분산을 계산하는 방법으로 하나의 표본으로부터 여러 개의 재표본(resample)을 추출한 후 각 재표본으로부터 추정치들을 각각 계산하고 (이를 복제치(replicate)라고 함) 그 복제치들의 변동을 이용하여 분산을 추정하는 방법이며 종종 컴퓨터를 이용한 반복된 계산을 필요로 한다. 복제치 방법은 랜덤 그룹 방법, 잭나이프 방법, 균형 반복 복제법(balanced repeated replication; BRR) 방법, 부트스트렙(bootstrap) 방법 등 여러 가지 방법이 있다. 이와 관련된 자세한 내용은 Wolter (2007)을 참고하기 바란다.

3.1 랜덤 그룹 방법

랜덤 그룹 방법은 이미 1939 년에 Mahalanobis 에 의해 실제 조사에 사용되었던 분산 추정법으로 지금은 거의 사용되지 않지만 그 원리는 분산 추정 이론에서 아직도 중요하게 여겨진다. 랜덤 그룹 방법은 G개의 표본그룹을 만들어 각각의 표본으로부터 점추정치를 구한후 그들의 변동을 이용하여 분산 추정을 하는 방법으로 랜덤 그룹을 독립적으로 뽑는 독립적 랜덤 그룹법과 그렇지 않는 비독립적 랜덤 그룹법이 있다. 우선 독립적 랜덤 그룹법을 살펴보기로 한다. 독립적 랜덤 그룹법은 다음과 같은 스텝을 가진다.

[Step 1] 주어진 표본추출방법에 의해 첫 번째 그룹의 표본 ($A_{(1)}$)을 뽑는다. 이 표본 $A_{(1)}$으로부터 모수 θ에 대한 비편향추정량 $\hat{\theta}_{(1)}$을 구현한다.

[Step 2] 동일한 표본추출법을 사용하여 전체 모집단으로부터 두 번째 그룹의 표본 $A_{(2)}$를 독립적으로 뽑는다. 이 표본 $A_{(2)}$로부터 모수 θ에 대한 비편향추정량 $\hat{\theta}_{(2)}$을 구현한다.

[Step 3] 이러한 방법으로 G개의 표본 그룹을 뽑고 각각의 표본그룹으로부터 $\hat{\theta}_{(1)}, \cdots, \hat{\theta}_{(G)}$을 계산한다.

[Step 4] 모수에 대한 최종 점추정량으로

$$\hat{\theta}_{RG} = \frac{1}{G}\sum_{k=1}^{G}\hat{\theta}_{(k)} \tag{9.13}$$

을 사용하고 그에 대한 분산 추정량으로는

$$\hat{V}\left(\hat{\theta}_{RG}\right) = \frac{1}{G}\frac{1}{G-1}\sum_{k=1}^{G}\left(\hat{\theta}_{(k)} - \hat{\theta}_{RG}\right)^2 \tag{9.14}$$

을 사용한다.

식 (9.14)의 추정량의 $\hat{\theta}_{RG}$의 분산에 대한 비편향성은 정리 3.2을 이용하여 쉽게 보일 수 있다. 이 경우 $\hat{\theta}_1, \cdots, \hat{\theta}_G$들이 독립임은 각 표본그룹들이 독립적으로 추출됨으로써 확보될 수 있는 성질인데 이러한 독립적 랜덤 그룹 방법의 장점은 아무리 복잡한 형태의 표본설계에서도 분산 추정이 가능하다는 것이다. 다음은 Wolter (2007)에서 소개된 독립적 랜덤 그룹 방법의 사례이다.

예제 9.4. 다단계 추출을 이용하여 가구 표본을 뽑고자 할 때 2개의 랜덤 그룹을 사용하기로 한다고 하자. 지역추출틀이 존재하고 조사 모집단이 2개의 층으로 구분되었다고 하자. 첫 번째 층에서는 N_1개의 PSU가 있고 두 번째 층에서는 하나의 PSU가 존재해서 두 번째 층에서는 그 PSU가 일차 표본추출에서 추출된다고 한다. 첫번째 샘플 $A_{(1)}$이 다음과 같이 뽑힌다고 하자.

1. 첫 번째 층에서는 2개의 PSU가 어떠한 πps 추출법을 사용하여 추출된다. 각각의 추출된 PSU로부터는 m_1개의 표본 가구가 등확률 계통추출을 사용하여 추출된다.

2. 두 번째 층에서는 하나의 PSU밖에 없으므로 그 PSU가 뽑히고 이 PSU는 10개에서 15개 사이의 가구들로 이루어진 블록(block)들로 나뉘어진다. 여기서 그 블록 크기에 비례하는 비균등 확률계통추출이 사용되어 블록이 뽑히고 그 블록 내의 가구는 모두 조사된다.

두 번째 샘플 $A_{(2)}$도 동일한 방법으로 $A_{(1)}$의 추출과 독립적으로 추출된다. 이렇게 하여 얻어진 두 표본으로부터 모수 θ에 대한 각각의 추정량, $\hat{\theta}_{(1)}$과 $\hat{\theta}_{(2)}$, 이 얻어지면 모수 θ에 대한 최종 추정량은

$$\hat{\hat{\theta}} = \left(\hat{\theta}_{(1)} + \hat{\theta}_{(2)}\right)/2$$

가 되고 그 분산 추정량은

$$\begin{aligned}\hat{V}\left(\hat{\hat{\theta}}\right) &= \frac{1}{2(1)}\sum_{g=1}^{2}\left(\hat{\theta}_{(g)} - \hat{\hat{\theta}}\right)^2 \\ &= \left(\hat{\theta}_{(1)} - \hat{\theta}_{(2)}\right)^2/4\end{aligned}$$

이 된다.

위의 예에서 살펴볼 수 있듯이 이러한 독립적 랜덤 그룹 방법은 개념이 이해하기 쉽고 아주 복잡한 표본설계에서도 간단하게 분산 추정이 구현된다는 장점이 있다. 그러나 위의 예에서처럼 분산 추정량의 자유도가 $G-1$로 매우 낮게 되므로 분산 추정값이 매우 불안정(unstable)하게 나올 수 있고 또한 추정량 자체도 중복을 허용하므로 실제 조사에서는 잘 사용되지 않는다.

비독립적 랜덤 그룹법은 랜덤 그룹을 비복원으로 추출하여 표본 $A = \cup_{g=1}^{G} A_{(g)}$를 서로 겹치지 않는 부차표본 $A_{(1)}, \cdots, A_{(G)}$으로 나눈 후, 각 부차표본에서 추정량을 구현한 후 그들을 서로 독립인 것으로 간주하고 (9.14)의 분산 추정량을 사용하는 것이다. 다음의 정리는 랜덤 그룹이 독립적이지 않은 경우에도 적용될 수 있는 (9.14)의 분산 추정량의 성질이다.

정리 9.2. 모집단에서 얻어진 G개의 표본 $A_{(1)}, \cdots, A_{(G)}$으로부터 얻어진 모수 θ의 비편향추정량들을 각각 $\hat{\theta}_{(1)}, \cdots, \hat{\theta}_{(G)}$이라고 할 때 (9.13)에서 정의된 점추정량에 대한 분산 추정량 (9.14)은 다음을 만족한다.

$$E\left\{\hat{V}\left(\hat{\theta}_{RG}\right)\right\} - V\left(\hat{\theta}_{RG}\right) = -\frac{1}{G(G-1)}\sum\sum_{i\neq j} Cov\left(\hat{\theta}_{(i)}, \hat{\theta}_{(j)}\right) \quad (9.15)$$

증명 추정량의 형태 (9.13)로부터

$$V\left(\hat{\theta}_{RG}\right) = \frac{1}{G^2}\left\{\sum_{i=1}^{G} V\left(\hat{\theta}_{(i)}\right) + \sum\sum_{i\neq j} Cov\left(\hat{\theta}_{(i)}, \hat{\theta}_{(j)}\right)\right\} \quad (9.16)$$

이 성립하고 또한

$$\sum_{i=1}^{G}\left(\hat{\theta}_{(i)} - \hat{\theta}_{RG}\right)^2 = \sum_{i=1}^{G}\left(\hat{\theta}_{(i)} - \theta\right)^2 - G\left(\hat{\theta}_{RG} - \theta\right)^2$$

을 이용하면 $E\left(\hat{\theta}_{(i)}\right)=\theta$이므로

$$\begin{aligned} & E\left\{\sum_{i=1}^{G}\left(\hat{\theta}_{(i)}-\hat{\theta}_{RG}\right)^2\right\} \\ = & \sum_{i=1}^{G} V\left(\hat{\theta}_{(i)}\right)-G\times V\left(\hat{\theta}_{RG}\right) \\ = & \left(1-G^{-1}\right)\sum_{i=1}^{G} V\left(\hat{\theta}_{(i)}\right)-G^{-1}\sum\sum_{i\neq j} Cov\left(\hat{\theta}_{(i)},\hat{\theta}_{(j)}\right) \end{aligned}$$

이 성립하여

$$E\left\{\hat{V}\left(\hat{\theta}_{RG}\right)\right\}=G^{-2}\sum_{i=1}^{G} V\left(\hat{\theta}_{(i)}\right)-G^{-2}(G-1)^{-1}\sum\sum_{i\neq j} Cov\left(\hat{\theta}_{(i)},\hat{\theta}_{(j)}\right)$$

이 유도되고 (9.16)를 이용하면 (9.15)가 유도된다. □

식 (9.15)의 오른쪽 항은 $\hat{V}\left(\hat{\theta}_{RG}\right)$의 편향이다. 이 편향은 랜덤 그룹이 복원추출처럼 독립적으로 추출되는 경우에는 0이 되고, 비복원추출인 경우에는 각 공분산 항들이 음의 값을 갖게 되므로 분산 추정량이 과다 추정되지만 그 과다 추정 정도는 많은 경우에 무시할 수 있게 된다. 다음의 예를 살펴보기로 하자.

예제 9.5. 크기가 N인 유한모집단에서 n개의 표본이 뽑힌 상태에서 $\hat{\theta}=\bar{y}$의 분산을 G개의 랜덤 그룹법을 적용하여 추정하고자 할 때, 다음과 같은 방법을 생각해 보자. 먼저 크기가 n인 표본을 $A=\cup_{g=1}^{G}A_{(g)}$으로 랜덤하게 나누고 각 $A_{(g)}$들의 크기가 $b=n/G$인 부차표본으로 만든다면 각 $A_{(g)}$들로부터 얻어지는 표본평균은 $\hat{\theta}_{(g)}=\bar{y}_{(g)}$으로 표현되고 전체 평균은

$$\hat{\theta}=\frac{1}{G}\sum_{g=1}^{G}\bar{y}_{(g)}$$

으로 표현될 수 있다. 이 경우 $\bar{y}_{(1)},\cdots,\bar{y}_{(G)}$은 독립적(independent)이지는 않지만 동일한 분포를 따르므로(identically distributed) (9.16)에서

$$Var\left(\hat{\theta}\right)=\frac{1}{G}V\left(\bar{y}_{(1)}\right)+\left(1-\frac{1}{G}\right)Cov\left(\bar{y}_{(1)},\bar{y}_{(2)}\right)$$

이 성립하고

$$V\left(\bar{y}_{(1)}\right) = \left(\frac{1}{b} - \frac{1}{N}\right) S^2$$

이 성립하므로

$$Cov\left(\bar{y}_{(1)}, \bar{y}_{(2)}\right) = -\frac{1}{N} S^2$$

이 성립한다. 따라서 (10.20)의 분산 추정량 편향은

$$\begin{aligned} Bias\left\{\hat{V}\left(\hat{\theta}_{RG}\right)\right\} &= -Cov\left(\bar{y}_{(1)}, \bar{y}_{(2)}\right) \\ &= \frac{1}{N} S^2 \end{aligned}$$

으로, N이 충분히 클 경우, (9.14)의 분산 추정량이 근사적으로 $\hat{\theta}_n$의 분산에 대해 비편향추정을 하게 되는 것이다.

위의 예제에서 $\bar{y}$의 분산을 비독립적 랜덤 그룹법을 사용하여 추정할 수 있음을 살펴보았다. 이러한 랜덤 그룹법은 $A_{(g)}$의 추출 방법이 본 표본 A의 추출 방법과 동일한 경우 유용하게 사용될 수 있으나 복잡한 형태의 표본추출의 경우 이러한 비독립적 랜덤 그룹법의 구현이 어려워진다는 단점이 있다.

3.2 잭나이프 방법

잭나이프 방법은 처음에는 Quenouille (1956)에 의해 비편향(ratio bias)의 크기를 줄일 수 있는 기법으로 소개되었다가 Tukey (1958)가 잭나이프라는 이름으로 다시 소개하면서 이것이 분산 추정 기법으로 사용될 수 있음이 밝혀져 지금은 실제 조사에서 분산 추정 기법으로 많이 사용되는 방법이다.

Quenouille (1949)의 아이디어를 소개하기 위하여 n개의 관측치 (x_i, y_i)가 평균이 (μ_x, μ_y)인 이변량 분포로부터의 랜덤 표본이라 가정하자. 관심모수가 $\theta = \mu_y/\mu_x$일 때 추정량 $\hat{\theta} = \bar{x}^{-1}\bar{y}$은 $O\left(n^{-1}\right)$크기의 편향이 존재함이 알려져 있다. 즉,

$$E\left(\hat{\theta}\right) = \theta + \frac{C}{n} + O\left(n^{-2}\right)$$

을 만족하는 상수 C가 존재한다. 이 경우

$$\hat{\theta}^{(-k)} = \left(\sum_{i \neq k} x_i\right)^{-1} \sum_{i \neq k} y_i$$

은 크기가 $n-1$인 랜덤 표본이므로

$$E\left(\hat{\theta}^{(-k)}\right)=\theta+\frac{C}{n-1}+O\left(n^{-2}\right)$$

이 성립하고 따라서 $\hat{\theta}_{(k)}=n\hat{\theta}-(n-1)\,\hat{\theta}^{(-k)}$로 정의하면, 다음의 통계량

$$\hat{\theta}_{(.)}=\frac{1}{n}\sum_{k=1}^{n}\hat{\theta}_{(k)} \tag{9.17}$$

은 편향의 크기가 $O\left(n^{-2}\right)$이 되어 $\hat{\theta}$보다 편향의 크기가 근사적으로 줄어든다. 즉, (9.17)으로 정의된 형태의 추정량은 기존의 비추정량보다 비편향의 크기가 근사적으로 더 작아지게 된다.

만약 $\hat{\theta}=\bar{y}$인 경우, $\hat{\theta}_{(k)}=y_k$이다. Tukey (1958)는 $\hat{\theta}_{(k)}$이 근사적으로 IID 샘플로 간주될 수 있음에 착안하여 잭나이프 분산 추정량을

$$\begin{aligned}\hat{V}_{JK}\left(\hat{\theta}\right) &\doteq \frac{1}{n}\frac{1}{n-1}\sum_{k=1}^{n}\left(\hat{\theta}_{(k)}-\bar{\theta}_{(.)}\right)^2\\ &= \frac{n-1}{n}\sum_{k=1}^{n}\left(\hat{\theta}^{(-k)}-\bar{\theta}^{(.)}\right)^2\end{aligned}$$

으로 사용할 것을 제안하였다. 만약 $\hat{\theta}_n=\bar{y}$인 경우에는

$$\hat{V}_{JK}=\frac{1}{n}\frac{1}{n-1}\sum_{i=1}^{n}(y_i-\bar{y})^2=\frac{1}{n}s_y^2$$

으로, 잭나이프 추정량은 FPC를 무시할 경우의 일반적인 분산 추정량과 동일해 진다. 만약 $\hat{\theta}=f\left(\bar{x},\bar{y}\right)$의 분산을 추정할 경우 잭나이프 추정량은, $\hat{\theta}^{(-k)}=f\left(\bar{x}^{(-k)},\bar{y}^{(-k)}\right)$을 정의할 때,

$$\hat{V}_{JK}\left(\hat{\theta}\right)=\frac{n-1}{n}\sum_{k=1}^{n}\left(\hat{\theta}^{(-k)}-\hat{\theta}\right)^2 \tag{9.18}$$

으로 간단하게 정의된다. 식 (9.18)의 잭나이프 복제치 $\hat{\theta}^{(-k)}$은 $\hat{\theta}$의 계산 과정에서 가중치를 $w_i=1/n$대신에

$$w_i^{(-k)}=\begin{cases}(n-1)^{-1} & \text{if } i\neq k\\ 0 & \text{if } i=k\end{cases}$$

을 사용하여 계산한 것이다. 즉, n개의 잭나이프 가중치를 만들어서 각 k-번째 잭나이프 복제치는 k-번째 잭나이프 가중치를 사용하여 θ의 추정량을 구현하면 된다.

다음의 정리는 테일러 정리의 또 다른 버전으로써 잭나이프 분산 추정량과 선형화 분산 추정량이 근사적으로 동일함을 보여주는데 사용될 수 있다.

정리 9.3. Let $\{X_n, W_n\}$ be a sequence of random variables such that

$$X_n = W_n + O_p(r_n)$$

where $r_n \to 0$ as $n \to \infty$. If $g(x)$ is a function with s-th continuous derivatives in the line segment joining X_n and W_n and the s-th order partial derivatives are bounded, then

$$\begin{aligned} g(X_n) &= g(W_n) + \sum_{k=1}^{s-1} \frac{1}{k!} g^{(k)}(W_n)(X_n - W_n)^k \\ &\quad + O_p(r_n^s) \end{aligned}$$

where $g^{(k)}(a)$ is the k-th derivative of $g(x)$ evaluated at $x = a$.

이 정리를 이용하여 먼저 단순임의추출에서 잭나이프 분산 추정량의 근사적 성질을 살펴보기로 하자. 일단 $\bar{y}^{(-k)} - \bar{y} = (n-1)^{-1}(\bar{y} - y_k)$ 이므로

$$\bar{y}^{(-k)} - \bar{y} = O_p\left(n^{-1}\right)$$

이 성립함을 확인할 수 있고 따라서 $\hat{\theta} = f(\bar{x}, \bar{y})$인 경우 위의 정리를 사용하면

$$\begin{aligned} \hat{\theta}^{(-k)} - \hat{\theta} &= \frac{\partial f}{\partial x}(\bar{x}, \bar{y})\left(\bar{x}^{(-k)} - \bar{x}\right) \\ &\quad + \frac{\partial f}{\partial y}(\bar{x}, \bar{y})\left(\bar{y}^{(-k)} - \bar{y}\right) + o_p\left(n^{-1}\right) \end{aligned}$$

이 되어서

$$
\begin{aligned}
& \frac{n-1}{n}\sum_{k-1}^{n}\left(\hat{\theta}^{(-k)}-\hat{\theta}\right)^2 \\
= & \left\{\frac{\partial f}{\partial x}(\bar{x},\bar{y})\right\}^2\frac{n-1}{n}\sum_{k=1}^{n}\left(\bar{x}^{(-k)}-\bar{x}\right)^2+\left\{\frac{\partial f}{\partial y}(\bar{x},\bar{y})\right\}^2\frac{n-1}{n}\sum_{k=1}^{n}\left(\bar{y}^{(-k)}-\bar{y}\right)^2 \\
& +2\left\{\frac{\partial f}{\partial x}(\bar{x},\bar{y})\right\}\left\{\frac{\partial f}{\partial y}(\bar{x},\bar{y})\right\}\frac{n-1}{n}\sum_{k=1}^{n}\left(\bar{x}^{(-k)}-\bar{x}\right)\left(\bar{y}^{(-k)}-\bar{y}\right)+o_p\left(n^{-1}\right)
\end{aligned}
$$

이고 따라서 잭나이프 분산 추정량과 선형화 분산 추정량의 근사적 동일성이 보여지게 된다. 즉, (9.18)의 분산 추정량은 미분을 계산 하지 않고서도

$$
\begin{aligned}
\hat{V}_{JK}\left(\hat{\theta}\right) = & \left\{\frac{\partial f}{\partial x}(\bar{x},\bar{y})\right\}^2\hat{V}(\bar{x})+\left\{\frac{\partial f}{\partial y}(\bar{x},\bar{y})\right\}^2\hat{V}(\bar{y}) \\
& +2\left\{\frac{\partial f}{\partial x}(\bar{x},\bar{y})\right\}\left\{\frac{\partial f}{\partial y}(\bar{x},\bar{y})\right\}\hat{C}(\bar{x},\bar{y})+o_p\left(n^{-1}\right)
\end{aligned}
$$

이 성립하게 되는 것이다.

지금까지는 단순임의추출의 경우에 대해서만 살펴보았지만 다단계 층화집락추출의 경우에도 잭나이프 분산 추정량을 구현할 수 있다. 각 층 내에서 첫 n_h개의 PSU 가 추출되었다고 할 때 HT 추정량을

$$\hat{Y}_{HT}=\sum_{h=1}^{H}\sum_{i=1}^{n_h}w_{hi}\hat{Y}_{hi}$$

로 표현할 수 있다. 이 경우의 잭나이프 분산 추정은 각 층에서 하나의 PSU를 제거하여 총 $\sum_{h=1}^{H}n_h$개의 복제치를 만드는 것으로써 잭나이프 가중치는

$$
w_{hi}^{(-gj)}=\begin{cases} 0 & \text{if } h=g \text{ and } i=j \\ (n_h-1)^{-1}n_hw_{hi} & \text{if } h=g \text{ and } i\neq j \\ w_{hi} & \text{otherwise}\end{cases}
$$

으로 계산하여

$$\hat{V}_{JK}\left(\hat{Y}_{HT}\right)=\sum_{h=1}^{H}\frac{n_h-1}{n_h}\sum_{i=1}^{n_h}\left(\hat{Y}_{HT}^{(-hi)}-\frac{1}{n_h}\sum_{j=1}^{n_h}\hat{Y}_{HT}^{(-hj)}\right)^2 \tag{9.19}$$

으로 구현한다. 이 때

$$\hat{Y}_{HT}^{(-gj)} = \sum_{h=1}^{H}\sum_{i=1}^{n_h} w_{hi}^{(-gj)}\hat{Y}_{hi}$$

이다. 다음의 정리는 잭나이프 분산 추정량의 산술적(algebraic) 성질로써 증명은 생략하기로 한다.

정리 9.4. 식 (9.19)의 잭나이프 분산 추정량은 (9.5)의 단순 분산 추정량과 동일해진다.

따라서 정리 9.1과 위의 정리를 이용하면 잭나이프 분산 추정량은 HT 추정량의 실제 분산을 약간 과대 추정하게 된다. 그러나 이를 보정하기 위하여 층별로 $1 - n_h/N_h$를 곱하기도 하는데 2단계 이상의 추출에서 n_h/N_h를 무시할 수 없을 때에는 이러한 보정이 부차단계추출에 대한 분산을 과소 추정하게 되어 바람직하지 않게 된다.

만약 $\hat{\theta} = f(\hat{X}_{HT}, \hat{Y}_{HT})$인 경우 잭나이프 복제치는 $\hat{\theta}^{(-gj)} = f(\hat{X}_{HT}^{(-gj)}, \hat{Y}_{HT}^{(-gj)})$이 될 것이고 분산 추정량은

$$\hat{V}_{JK}\left(\hat{\theta}\right) = \sum_{h=1}^{H}\frac{n_h - 1}{n_h}\sum_{i=1}^{n_h}\left(\hat{\theta}^{(-hi)} - \frac{1}{n_h}\sum_{j=1}^{n_h}\hat{\theta}^{(-hj)}\right)^2 \tag{9.20}$$

또는, 보다 간편하게

$$\hat{V}_{JK}\left(\hat{\theta}\right) = \sum_{h=1}^{H}\frac{n_h - 1}{n_h}\sum_{i=1}^{n_h}\left(\hat{\theta}^{(-hi)} - \hat{\theta}\right)^2 \tag{9.21}$$

으로 구현한다. 이러한 분산 추정량이 단순임의추출에서의 증명 과정과 동일한 방식으로 선형화 분산 추정량과 근사적으로 동일함을 보일수 있다. 이러한 근사적 성질에 대해 보다 깊이 알기를 원하면 Krewski and Rao (1981)이나 Shao and Tu (1995)를 참조하기 바란다.

예제 9.6. 예제 9.3에서는 사후층화추정량의 두 가지 종류의 분산 추정량을 소개하였다. 여기서는 잭나이프를 사용하여 사후층화추정량의 분산 추정량을

살펴보기로 한다. 논의의 편의성을 위하여 단순임의추출을 가정하자. 이 경우 사후층화추정량은

$$\hat{Y}_{post} = \sum_{g=1}^{G} N_g \bar{y}_g$$

으로 표현되고 이 때 $\bar{y}_g = n_g^{-1} \sum_{i \in A_g} y_i$가 된다. 이 사후층화추정량의 k-번째 복제치는, $k \in A_h$라 할 때

$$\hat{Y}_{post}^{(-k)} = \sum_{g \neq h} N_g \bar{y}_g + N_h \bar{y}_h^{(-k)}$$

으로 표현되고 여기서 $\bar{y}_h^{(-k)} = (n_h - 1)^{-1} (n_h \bar{y}_h - y_k)$이 되고 따라서

$$\begin{aligned} \hat{Y}_{post}^{(-k)} - \hat{Y}_{post} &= N_h \left(\bar{y}_h^{(-k)} - \bar{y}_h \right) \\ &= N_h (n_h - 1)^{-1} (\bar{y}_h - y_k) \end{aligned}$$

이 성립한다. 따라서 잭나이프 분산 추정량은

$$\begin{aligned} \hat{V}_{JK} \left(\hat{Y}_{post} \right) &= \frac{n-1}{n} \sum_{k=1}^{n} \left(\hat{Y}_{post}^{(-k)} - \hat{Y}_{post} \right)^2 \\ &= \frac{n-1}{n} \sum_{g=1}^{G} N_g^2 (n_g - 1)^{-1} s_g^2 \end{aligned}$$

으로 n/N을 무시하면 (9.12)의 조건부 분산 추정량과 근사적으로 동일해진다.

일반적으로 잭나이프와 같은 복제치 분산 추정 방법은 조건부 분산을 추정하므로, 일반적인 비조건부 분산 추정량보다 더 나은 성질이 있음이 알려져 있다.

3.3 기타 방법

복제치 분산 추정법에는 일반적으로 잭나이프가 가장 많이 사용되나 잭나이프는 몇 가지 단점을 갖고 있다. 첫째로는 각 원소(또는 PSU)를 하나씩 없애면서 복제치를 계산하기 때문에 전체적으로 계산해야 할 복제치의 갯수가 많다는 것이다. 실제 대규모 서베이에서 전체 PSU가 10,000 개라 할 때 이 10,000 개의 잭나이프 복제치를 구하는 것은 계산 속도 면에서나 컴퓨터 용량 면에서

바람직하지 않은 측면이 될 수 있다. 이를 해결하기 위해 가장 많이 사용되는 방법이 그룹 잭나이프(grouped jackknife) 방법 인데, 이는 여러 개의 PSU를 하나의 그룹으로 묶어서 그 그룹을 하나씩 지워가면서 잭나이프 복제치를 구하는 것이다. 위의 예에서 10,000개의 복제치를 구하지 않고 100 개의 PSU 를 하나의 그룹으로 만들면, 결국 100개의 복제치만 구현하면 될 것이다. 잭나이프의 두 번째 단점으로는 평균이 아닌 중위수(median)나 백분위수(quantile)등의 분산 추정에서는 불일치성(inconsistency)을 가진다는 점이다. 따라서 이러한 모수의 추정에는 잭나이프가 아닌 다른 방법을 사용해야 할 것이다. 이러한 경우에는 균형 반복 복제법(Balanced repeated replication)이나 부트스트렙(bootstrap) 등의 방법이 적당하다.

균형 반복 복제법(balanced repeated replication; BRR)은 층화추출에서 PSU의 개수가 모두 2개($n_h = 2$)인 경우에 특별히 사용하도록 설계된 분산 추정 방법으로 미국 센서스국 등에서 오래전 부터 사용되어온 방법이다. 층화추출에서 PSU의 개수가 모두 2개인 표본설계를 two-per-stratum design이라고 한다. 총 H개의 층이 있는 층화추출에서 two-per-stratum design 이 사용된 경우에서의 분산 추정량은 간단하게

$$\hat{V} = \sum_{h=1}^{H} W_h^2 \left(y_{h1} - y_{h2}\right)^2 / 4 \tag{9.22}$$

으로 표현될 수 있다. 이 경우 총 $2H$개의 PSU가 있게 되고 이 경우 각 층에서 1개의 PSU 만을 뽑는 부차표본을 생각하면 그 부차표본은 크기가 H인 표본으로 이를 half-sample이라 한다. 이러한 가능한 half sample의 개수는 총 2^H개이고 이 각각의 half sample에서 계산된 총계(또는 평균) 추정치는

$$\hat{\theta}_{(g)} = \sum_{h=1}^{H} W_h \left\{ \delta_h^{(g)} y_{h1} + \left(1 - \delta_h^{(g)}\right) y_{h2} \right\} \tag{9.23}$$

으로 표현될 수 있다. 여기서 $\delta_h^{(g)}$은 y_{h1}이 g-번째 half-sample 에 속하면 1의 값을, 그렇지 않으면 0의 값을 갖는 지시변수가 된다. 따라서

$$\hat{\theta}_{(g)} - \hat{\theta} = \sum_{h=1}^{H} W_h \frac{\epsilon_h^{(g)}}{2} \left(y_{h1} - y_{h2}\right)$$

으로 표현되고 여기서 $\epsilon_h^{(g)} = 2\delta_h^{(g)} - 1$으로 정의된다. 이러한 경우 $\epsilon_h^{(g)}$은 1 또는 -1의 값을 취하므로 그 제곱값은 항상 1이 되고 서로 다른 두 층 h와 h'에 대해서 h층의 첫 번째 원소와 h'의 첫 번째 원소가 같이 뽑히는 half-sample의 개수와 h층의 첫 번째 원소와 h'의 두 번째 원소가 같이 뽑히는 half-sample의 개수는 같을 것이므로

$$\sum_{g=1}^{2^H} \epsilon_h^{(g)} \epsilon_{h'}^{(g)} = 0$$

이 된다. 따라서

$$\frac{1}{2^H} \sum_{g=1}^{2^H} \left(\hat{\theta}_{(g)} - \hat{\theta}\right)^2 = \sum_{h=1}^{H} W_h^2 \frac{1}{4} \left(y_{h1} - y_{h2}\right)^2$$

이 성립하고 이는 (9.22)의 분산 추정량과 동일해진다. 그러나 이러한 경우 2^H개의 half-sample 을 모두 고려하지 않고

$$\sum_{g=1}^{G} \epsilon_h^{(g)} \epsilon_{h'}^{(g)} = 0 \tag{9.24}$$

이 성립하는 G를 $H < G \le H+3$의 범위에서 찾을 수 있다는 것이 알려져 있다. 조건 (9.24)을 균형(balanced) 조건이라고 하고 이를 만족하는 half-sample들의 집합을 balanced half sample이라고 한다. 이렇게 (9.24)을 만족하는 half-sample을 바탕으로 하는 분산 추정량은

$$\hat{V}_{BRR} = \frac{1}{G} \sum_{g=1}^{G} \left(\hat{\theta}_{(g)} - \hat{\theta}\right)^2 \tag{9.25}$$

으로 간단하게 표현되는데 이는 다음을 만족한다.

정리 9.5. half-sample 복제치 (9.23)을 이용하여 얻어지는 분산 추정량 (9.25)은 조건 (9.24)을 만족시키는 경우 (9.22)와 동일해진다.

예제 9.7. 크기가 G인 Hadamard matrix M_G는 각 원소가 1 또는 -1로 이루어진 $G \times G$행렬로써 $M_G' M_G = G \times I_G$ 로 정의되고, M_G의 각 열벡터(column vector)는 서로 직교(orthogonal)한다. 여기서 G 는 1,2, 또는 4의 배수로만

정의된다. 층의 수가 $H = 3$인 경우 $H < G \leq H + 3$의 범위의 4의 배수는 4이므로 $G = 4$인 Hadamard 행렬은

$$\begin{bmatrix} 1 & 1 & 1 & 1 \\ 1 & -1 & 1 & -1 \\ 1 & -1 & -1 & 1 \\ 1 & 1 & -1 & -1 \end{bmatrix}$$

으로써 여기서 첫 번째 열(column)을 제외한 나머지 세 열을 $\left(\epsilon_h^{(1)}, \epsilon_h^{(2)}, \epsilon_h^{(3)}, \epsilon_h^{(4)}\right)'$으로 하는 balanced half sampling design 을 고려하면 (9.24)의 조건이 성립한다. 즉, 첫 번째 half-sample은 모든 층에서 첫 번째 원소를 뽑는 half-sample이 되고 두 번째 half-sample은 층 $h = 2$에서만 첫 번째 원소를 뽑고 층 $h = 1, 3$에서는 두 번째 원소를 뽑는 half-sample이 된다. 따라서

$$\begin{aligned} \hat{\theta}_{(1)} &= 2\left\{W_1 y_{11} + W_2 y_{21} + W_3 y_{31}\right\} \\ \hat{\theta}_{(2)} &= 2\left\{W_1 y_{12} + W_2 y_{21} + W_3 y_{32}\right\} \\ \hat{\theta}_{(3)} &= 2\left\{W_1 y_{12} + W_2 y_{22} + W_3 y_{31}\right\} \\ \hat{\theta}_{(4)} &= 2\left\{W_1 y_{11} + W_2 y_{22} + W_3 y_{32}\right\} \end{aligned}$$

으로 표현되고

$$\frac{1}{4}\sum_{g=1}^{4}\left(\hat{\theta}_{(g)} - \hat{\theta}\right)^2 = \sum_{h=1}^{3} W_h^2 \left(y_{h1} - y_{h2}\right)^2 / 4$$

로 나타내짐을 확인할 수 있다.

부트스트렙은 Efron (1979)에 의해서 잭나이프의 일반화 방법론으로 제안된 방법으로, 분산 추정 뿐만 아니라 신뢰구간 추정등에도 적용될 수 있다는 장점이 있으나 복잡한 표본설계에서의 적용에는 아직 더 많은 연구가 필요한 분야이다. 캐나다 통계청 등지에서는 Rao and Wu (1988)의 부트스트렙 방법이 많이 사용되고 있다.

제 10 장

이상추출 (Two-phase sampling)

제 1 절 서론

지금까지 배운 내용을 정리하자면, 특정 관심항목 y가 있을 때 적절한 보조변수 $\mathbf{x}$를 이용하면 y의 총계 또는 평균에 대한 추정량의 효율이 높아진다. 이 보조변수가 모집단 전체에서 관측되면 이 보조변수를 이용하여 층화를 하거나 아니면 PPS (또는 πps)의 크기척도 등으로 사용하면 표본 추출의 효율이 높아지게 될 것이다. 만약 이 보조변수가 모집단 전체에서 관측되지 않는 경우에는 표본 추출 단계에서는 이 보조변수를 이용할 수 없지만 만약 이 보조변수의 모집단 참값을 안다면 추정의 단계에서 반영하여 비추정이나 GREG 추정 등을 사용하여 추정의 효율을 높일 수 있을 것이다.

그러나 만약 이러한 보조변수에 대한 모집단 참값을 알지 못하면 어떻게 할 것인가? 관심변수 y를 관측하는 비용에 비해서 $\mathbf{x}$를 관측하는 비용이 매우 저렴하다면 이상추출(double sampling 또는 two-phase sampling)이 사용될 수 있다. 이상추출의 표본은 다음과 같은 형태를 갖는다.

[Phase 1] 유한모집단으로부터 크기가 n인 제 일차 표본(A_1)을 뽑고 그 표본으로부터 $\mathbf{x}$를 관측한다.

[Phase 2] 제 일차 추출(Phase 1)에서 뽑힌 표본을 모집단으로 간주하고 그 표본 A_1으로부터 크기가 r인 제 이차 표본(second phase sample) A_2를 뽑는다. 이 경우 종종 제 이차 표본추출(second phase sampling)의 표본설계는 제 일차 추출표본(first phase sample)의 관측치 $\mathbf{x}$을 이용하여 결정된다.

6장의 이단계 추출에서는 최종 표본추출확률이 일차 추출의 관측값에 의존하지 않는 불변성(invariance)을 기본 전제로 하는데, 이상추출은 이러한 불변성을 가정하지 않는 보다 일반적인 추출이다. 제 이차 표본추출확률이 제 일차 표본의 관측치에 의해 결정된다는 것은 결국 제 이차 표본추출확률값이 고정된 값이 아닌 확률변수값이 된다는 것을 의미하고, 따라서 이 경우 기존의 HT 추정 이론을 적용할 수 없을 것이다. 이를 좀 더 자세히 살펴보면

$$\pi_i = Pr\,(i \in A_2) = \sum_{A_2;\ i \in A_2} P\,(A_2)$$

으로 표현되고, 이 때

$$P\,(A_2) = \sum_{A_1; A_2 \subset A_1} P_2\,(A_2 \mid A_1)\, P_1\,(A_1)$$

으로 여기서 $P_1\,(\cdot)$은 제 일차 표본추출의 확률밀도함수이고 $P_2\,(\cdot \mid A_1)$은 제 이차 표본추출의 조건부 확률밀도함수가 된다. 따라서

$$\begin{aligned}
\pi_i &= \sum_{\{A_2;\ i \in A_2\}} \sum_{\{A_1; A_2 \subset A_1\}} P_2\,(A_2 \mid A_1)\, P_1\,(A_1) \\
&= \sum_{\{A_1;\ i \in A_1\}} \sum_{\{A_2; A_2 \subset A_1 \& i \in A_2\}} P_2\,(A_2 \mid A_1)\, P_1\,(A_1) \\
&= \sum_{\{A_1;\ i \in A_1\}} \sum_{\{A_2;\ i \in A_2\}} P_2\,(A_2 \mid A_1)\, P_1\,(A_1)
\end{aligned}$$

이고 제 이차 표본추출에서의 조건부 이차 표본추출확률을

$$\pi_{2i|1} = Pr\,(i \in A_2 \mid A_1)$$

으로 정의하면 일차 표본포함확률은

$$\begin{aligned} \pi_i &= \sum_{A_1;\ i \in A_1} \pi^{(2)}_{i|A_1} P_1(A_1) \\ &= E_1\left(\pi_{2i|1}\right) \end{aligned} \tag{10.1}$$

이 된다. (여기서 $E_1(\cdot)$은 제 일차 표본추출에 대한 기대값이다.) 여기서 $\pi_{2i|1}$은 조건부 확률로 제 일차 표본의 관측치 $\mathbf{x}$의 함수이고, 실현된 일차 표본의 관측값에 따라 $\pi_{2i|1}$의 값이 달라지므로 $\pi_{2i|1}$는 확률변수가 된다. 기대값을 계산하려면 모든 가능한 A_1에 대하여 $\mathbf{x}$값을 관측하여 $\pi^{(2)}_{2i|1}$의 값을 계산한 후 (10.1)에 대입하여야 하는데 실제로는 하나의 A_1만을 뽑으므로 π_i를 계산할 수 없고, 따라서 HT 추정량의 구현이 불가능해진다.

예제 10.1. 일차 표본추출에서는 크기가 n인 표본을 단순임의추출로 뽑아 x_i를 관측하고, 이차 표본추출에서는 x_i에 비례하는 πps추출이 사용되는 경우

$$\pi_{2i|1} = \frac{r x_i}{\sum_{k \in A_1} x_k}$$

으로 어떤 A_1이 뽑히느냐에 따라 $\pi_{2i|1}$의 값이 달라지게 된다.

만약 6장에서 소개한 불변성(invariance)이 만족되는 경우에는 $\pi_{2i|1} = \pi_{2i}$이 성립하고 따라서 (10.1)에서

$$\begin{aligned} \pi_i &= \sum_{A_1;\ i \in A_1} P_1(A_1)\, \pi_{2i} \\ &= \pi_{1i}\pi_{2i} \end{aligned}$$

이 성립하고 따라서 HT 추정량을 구현하는 것이 가능하다.

그렇다면 이상추출에서는 어떠한 추정량을 사용해야 할 것인가 ? 만약 제 일차 추출에서 y를 관측하였다면 그 경우 사용되었을 모집단 총계 추정량은

$$\hat{Y}_1 = \sum_{i \in A_1} \frac{y_i}{\pi_{1i}}$$

이 될 것이다. 따라서 제 이차 추출이 이루어지고 난 후에 제 이차 표본 추출 하에서의 $\hat{Y}_1$에 대한 조건부 비편향 추정량을 구하면

$$\hat{Y}^* = \sum_{i \in A_2} \frac{y_i}{\pi_{1i}\pi_{2i|1}} \tag{10.2}$$

이 된다. 여기서 $\pi_i^* = \pi_{1i}\pi_{2i|1}$으로 정의하면 $\hat{Y}^* = \sum_{i \in A_2} y_i/\pi_i^*$으로 표현되고 식 (10.2)의 추정량은 π^*-추정량으로 불리운다.

이 π^*-추정량은 모집단 총계에 대해 비편향추정을 구현한다. 또한 그 분산은

$$V\left(\hat{Y}^*\right) = V\left\{E\left(\hat{Y}^* \mid A_1\right)\right\} + E\left\{V\left(\hat{Y}^* \mid A_1\right)\right\}$$

을 이용하면

$$V\left(\hat{Y}^*\right) = V\left\{\sum_{i \in A_1} \frac{y_i}{\pi_{1i}}\right\} + E\left\{\sum_{i \in A_1}\sum_{j \in A_1}\left(\pi_{2ij|1} - \pi_{2i|1}\pi_{2j|1}\right)\frac{y_i}{\pi_i^*}\frac{y_j}{\pi_j^*}\right\} \quad (10.3)$$

으로 표현되며 여기서 $\pi_{2ij|1} = Pr\left(i \in A_2, j \in A_2 \mid A_1\right)$으로 제 이차 추출에 대한 조건부 결합표본포함확률을 나타낸다. 식 (10.3)에 나타난 π^*-추정량의 분산은 두 항의 합으로 표현되는데 첫 번째 항은 제 일차 표본추출로 인한 분산항을 나타내고 두 번째 항은 제 이차 표본추출로 인한 분산항을 나타낸다.

제 2 절 층화를 위한 이상추출

층화추출은 추정량의 효율을 높혀주는 대표적인 표본추출법으로서, 좋은 층화변수를 사용하는 것으로 층화추출의 효과를 극대화 할 수 있을 것이다. 그러나 이러한 층화변수가 모집단에서 관측되지 않는 경우에는 이상추출을 사용하여 제 일차 추출에서 층화변수를 관측하고 이를 바탕으로 층화를 한 후 제 이차 추출에서 관심변수 y를 관측하는 방법이 종종 사용된다. 이러한 표본추출을 층화를 위한 이상추출(two-phase sampling for stratification)이라 하고 여기서 층화변수는 $\mathbf{x}_i = (x_{i1}, \cdots, x_{iH})$으로 표현되고 x_{ih}는 원소 i가 층 h에 속하면 1, 아니면 0의 값을 가지는 지시변수이다.

이해를 돕기 위하여 제 일차 추출에서 단순임의추출을 사용한 경우를 생각해보자. 이 경우 층화를 위한 이상추출은 다음과 같이 표현된다.

1. 제 일차 추출을 통해 크기가 n인 일차 표본을 단순임의추출로 뽑는다. 이 일차 표본으로부터 $\mathbf{x}_i$을 관측하므로 각 층의 일차 표본 크기 n_h를 구할 수 있게 된다. 여기서 $\sum_{i \in A_1} \mathbf{x}_i = (n_1, n_2, \cdots, n_H)$이고 $n = \sum_{h=1}^{H} n_h$을 만족한다.

2. 각 층의 n_h개의 일차 표본으로부터 r_h개의 이차 표본을 독립적으로 추출한다. 이때 사용되는 추출방법은 층화단순임의추출이 된다.

제 이차 추출에서 각 층 별 일차 표본수 n_h는 확률변수이고 이 n_h들은

$$(n_1, n_2, \cdots, n_H) \sim MN(n; W_1, W_2, \cdots, W_H)$$

의 분포를 따르는데, $MN(n; \mathbf{p})$은 모수가 $\mathbf{p}$인 다항분포(multinomial distribution)를 나타내고 $W_h = N_h/N$이며 여기서 N_h는 층 h의 모집단 크기로 미지의 모수이다.

이와 같은 이상표본추출에서 관심변수 y의 모평균에 대한 π^*-추정량은 다음과 같다.

$$\hat{\bar{Y}}_{tp} = \sum_{h=1}^{H} w_h \bar{y}_{h2} \tag{10.4}$$

이 때 $w_h = n_h/n$이고 $\bar{y}_{h2} = r_h^{-1} \sum_{i \in A_2} x_{ih} y_i$이다. 여기서 $w_h = n_h/n$의 기대값은 $W_h = N_h/N$이므로 결국 (10.4)의 추정량은 층화추출에서 층의 크기를 모르는 경우의 추정 방법으로 볼 수 있다. 이 경우 분산은 (10.3)을 이용하면

$$V\left(\hat{\bar{Y}}_{tp}\right) = \left(\frac{1}{n} - \frac{1}{N}\right) S^2 + E\left\{\sum_{h=1}^{H} \left(\frac{n_h}{n}\right)^2 \left(\frac{1}{r_h} - \frac{1}{n_h}\right) s_{h1}^2\right\} \tag{10.5}$$

이 됨을 확인할 수 있는데 여기서

$$s_{h1}^2 = \frac{1}{n_h - 1} \sum_{i \in A_1} x_{ih} (y_i - \bar{y}_{h1})^2$$

이고 $\bar{y}_{h1} = n_h^{-1} \sum_{i \in A_1} x_{ih} y_i$이다. 또한 $\bar{y}_1 = n^{-1} \sum_{h=1}^{H} n_h \bar{y}_{h1}$으로 정의하고

$$s_1^2 = \frac{1}{n-1} \sum_{i \in A_1} (y_i - \bar{y}_1)^2$$

로 정의하면 $E\left(s_1^2\right) = S^2$이고

$$s_1^2 = \sum_{h=1}^{H} \left\{\frac{n_h}{n-1} (\bar{y}_{h1} - \bar{y}_1)^2 + \frac{n_h - 1}{n - 1} s_{h1}^2\right\}$$

으로 표현되므로 분산식 (10.5)는 근사적으로

$$V\left(\hat{\hat{Y}}_{tp}\right)=E\left\{n^{-1}\sum_{h=1}^{H}w_h\left(\bar{y}_{h1}-\bar{y}_1\right)^2+\sum_{h=1}^{H}r_h^{-1}w_h^2s_{h1}^2\right\} \tag{10.6}$$

으로 표현된다. 여기서 일차 표본추출에서의 FPC 항 (n/N)은 무시하였다. 분산식 (10.6)은 두 항의 합으로 표현되는데 첫 번째 항은 층간 분산(between-stratum variance)의 함수이고 두 번째 항은 층내 분산(within-stratum variance)의 함수인데 층간 분산항에는 n개의 일차 추출표본이 사용되었고 층내 분산항에는 각 층별로 r_h개의 이차 추출표본이 사용되었다. 따라서 층간 분산항이 층내 분산에 비해서 더 클수록 층화를 위한 이상추출의 효율이 더 좋아진다.

또한 분산식 (10.6)은 $\hat{\hat{Y}}_{tp}$의 분산 추정에 대한 아이디어를 제공해준다. 식 (10.6) 자체가 일차 추출표본 추정치들의 함수들의 기대값으로 표현되었으므로 $\bar{y}_{h1}$과 s_{h1}^2 대신에 각각 $\bar{y}_{h2}$과 s_{h2}^2을 대입하여 구현하면 될 것이다. 즉,

$$\hat{V}\left(\hat{\hat{Y}}_{tp}\right)=E\left\{n^{-1}\sum_{h=1}^{H}w_h\left(\bar{y}_{h2}-\hat{\hat{Y}}_{tp}\right)^2+\sum_{h=1}^{H}r_h^{-1}w_h^2s_{h2}^2\right\} \tag{10.7}$$

은 근사적 비편향 분산 추정량이 된다. 식 (10.7)의 분산 추정량은 잭나이프로도 구현 가능하다. 이와 관련해서는 Kim et al. (2006)을 참고하기 바란다.

만약 이상추출을 사용하지 않는 경우에는 모집단에서 층화변수를 관측할 수 없으므로 단순임의추출이 사용될 것이고 동일한 $r=\sum_{i=1}^{H}r_h$개의 표본 크기를 가정하면

$$V\left(\hat{\hat{Y}}_{SRS}\right)=E\left\{r^{-1}\sum_{h=1}^{H}w_h\left(\bar{y}_{h1}-\bar{y}_1\right)^2+r^{-1}\sum_{h=1}^{H}w_hs_{h1}^2\right\}$$

으로 표현될 수 있으므로

$$V\left(\hat{\hat{Y}}_{SRS}\right)-V\left(\hat{\hat{Y}}_{tp}\right)=E\left\{\left(\frac{1}{r}-\frac{1}{n}\right)\sum_{h=1}^{H}w_h\left(\bar{y}_{h1}-\bar{y}_1\right)^2+\sum_{h=1}^{H}\left(\frac{1}{r}-\frac{w_h}{r_h}\right)w_hs_{h1}^2\right\}$$

의 효율 개선이 있게 된다. 첫 번째 항은 층간 분산항을 추정하는 표본수의 차이에서 생기는 분산항의 차이를 나타내고 두 번째 항은 r_h를 결정하는 표본수 배정 방법에서 생기는 분산항의 차이를 나타낸다. 만약 비례배정($r_h=rw_h$)

을 사용한다면 두 번째 항은 0 이 되지만, 최적배정을 사용하면 두 번째 항도 0 보다 크게 될 것이다.

그렇다면 어떠한 배정이 최적배정이 될 것인가 ? 이를 위해서는 비용 함수를 먼저 정의하는 것이 필요하다. 비용 함수를

$$C = c_1 n + \sum_{h=1}^{H} c_{2h} r_h$$

으로 표현하고 제 이차 표본추출비율을 각 층별로 $\nu_h = r_h/n_h$로 정의하면 주어진 최적화 문제는 분산식 (10.5)로부터

$$V = \frac{1}{n}\left\{\left(S^2 - \sum_{h=1}^{H} W_h S_h^2\right) + \sum_{h=1}^{H} W_h S_h^2 \frac{1}{\nu_h}\right\}$$

을 최소화하되 이 때의 제한 조건은

$$C = n\left(c_1 + \sum_{h=1}^{H} c_{2h} W_h \nu_h\right)$$

으로 표현된다. 이 최적화 문제를 풀기 위해서 $V \times C$가 n에 의존하지 않음에 착안하여, $V \times C$를 최소화하는 경우는

$$\frac{\nu_h^2 c_{2h}}{S_h^2} = \frac{c_1}{\left(S^2 - \sum_{h=1}^{H} W_h S_h^2\right)}$$

이고 따라서

$$\nu_h^* = \left(\frac{c_1}{c_{2h}} \times \frac{S_h^2}{S^2 - \sum_{h=1}^{H} W_h S_h^2}\right)^{1/2} \tag{10.8}$$

인 경우, 즉

$$\frac{r_h^*}{n^*} = W_h \nu_h^* = W_h \left(\frac{c_1}{c_{2h}}\right)^{1/2} \left(\frac{S_h^2}{S^2 - \sum_{h=1}^{H} W_h S_h^2}\right)^{1/2} \tag{10.9}$$

에서 최적배정이 된다. 만약 c_{2h}와 S_h가 일정하다고 가정하면 최적해는

$$\frac{r^*}{n^*} = \left(\frac{c_1}{c_2}\right)^{1/2} \left(\frac{1}{\phi - 1}\right)^{1/2} \tag{10.10}$$

으로 표현되는데 여기서

$$\phi = \frac{S^2}{S_w^2}$$

으로 비례배정을 사용한 층화추출의 단순임의추출에 대한 상대효율(relative efficiency)을 나타낸다. 만약 제 일차 추출의 비용이 제 이차 추출의 비용보다 10배가 낮고 ϕ값이 2 이라면 $r/n = \sqrt{0.1} = 0.32$가 된다.

한편 층화를 위한 이상추출 방법은 적격(eligible)여부에 따라 정의되는 부차모집단의 모수 추정에도 유용한 방법이다. 예를 들어 관심 모집단이 전체 모집단이 아니라 특정 속성을 갖는 부차모집단이고 이러한 특정속성에 대한 정보가 모집단 프레임에 없는 경우에는 제 1차 추출에서 적격 여부에 대한 정보를 얻어낸후 이를 바탕으로 층화하여 적격에 해당되는 층에 대해서만 제 2차 추출을 하여 관심변수 y값을 관측하는 방법이 사용될수 있다. 예를 들어 60세 이상 가구원이 있는 가구가 목표 모집단인 서베이가 있다고 하자. 이 경우 이러한 가구원의 연령대 정보를 가진 가구 모집단 프레임이 없으므로 제 1차 추출에서는 가구원의 연령을 조사한후 적격으로 판정된 가구에 한해서 제 2차 추출을 실시하는 이상추출 방법을 생각할수 있을 것이다. 이러한 방법은 결국 적격 가구를 대상으로한 층화 이상 추출 방법이라고 할 수 있을 것이다.

제 3 절 이상추출에서의 회귀추정

앞 절에서는 제 일차 추출에서 얻어지는 보조변수 $\mathbf{x}$가 제 이차 추출의 설계에서 사용되어지는 경우에 대해 살펴보았다. 여기서는 보조변수가 설계가 아닌 추정의 단계에서 사용되는 경우에 대해 살펴보기로 한다.

이해를 돕기 위해서 제 일차 추출 표본이 크기가 n인 단순임의추출 표본이고 제 이차 추출 표본이 크기가 r인 단순임의추출 표본이라 하자. 또한 제 일차 표본에서는 $\mathbf{x}_i$를 관측하므로 그 표본 평균을

$$\bar{\mathbf{x}}_1 = \frac{1}{n} \sum_{i \in A_1} \mathbf{x}_i$$

이라 하고 제 이차 표본에서의 관측값 $\mathbf{x}_i, y_i$의 표본 평균을

$$(\bar{\mathbf{x}}_2, \bar{y}_2) = \frac{1}{r} \sum_{i \in A_2} (\mathbf{x}_i, y_i)$$

으로 표현하면 이 이차 추출에서 얻어지는 y의 모집단 평균에 대한 회귀추정량은

$$\bar{y}_{reg,tp} = \bar{y}_2 + (\bar{\mathbf{x}}_1 - \bar{\mathbf{x}}_2)' \hat{B} \tag{10.11}$$

으로 정의되고 여기서

$$\hat{B} = \left(\sum_{i \in A_2} \mathbf{x}_i \mathbf{x}_i' \right)^{-1} \sum_{i \in A_2} \mathbf{x}_i y_i$$

로 정의된다. 근사적으로

$$\bar{y}_{reg,tp} = \bar{y}_2 + (\bar{\mathbf{x}}_1 - \bar{\mathbf{x}}_2)' B + O_p\left(r^{-1}\right)$$

으로 표현 가능하고 (여기서 B는 모집단 회귀계수) 따라서 (10.11)으로 정의된 회귀추정량은 근사적으로 비편향이며

$$V\left(\bar{y}_{reg,tp}\right) \doteq B' V\left(\bar{\mathbf{x}}_1\right) B + V\left(\bar{e}_2\right) \tag{10.12}$$

로 표현되는데 여기서

$$\bar{e}_2 = \frac{1}{r} \sum_{i \in A_2} \left(y_i - \mathbf{x}_i' B\right)$$

을 나타낸다. 따라서

$$V\left(\bar{y}_{reg,tp}\right) \doteq \left(\frac{1}{n} - \frac{1}{N}\right) B' S_{xx} B + \left(\frac{1}{r} - \frac{1}{N}\right) S_{ee} \tag{10.13}$$

으로 표현되고 여기서

$$\begin{aligned} S_{xx} &= \frac{1}{N-1} \left(\mathbf{x}_i - \bar{\mathbf{x}}_N\right) \left(\mathbf{x}_i - \bar{\mathbf{x}}_N\right)' \\ S_{ee} &= \frac{1}{N-1} \left(e_i - \bar{e}_N\right)^2 \end{aligned}$$

을 나타낸다. 분산식 (10.13)에서 첫 번째 항은 $\mathbf{x}$로 설명되는 분산항을 나타내고 두 번째 항은 $\mathbf{x}$로 설명되지 않는 분산항을 나타내게 된다. 만약 회귀추정량을 사용하지 않고 단순 평균을 사용하면

$$V\left(\bar{y}_2\right) - V\left(\bar{y}_{reg,tp}\right) = \left(\frac{1}{r} - \frac{1}{n}\right) B' S_{xx} B$$

이 되어 보조변수 $\mathbf{x}$의 설명력이 클수록 그리고 r/n이 작을수록 회귀추정량의 효율이 높아지게 된다.

분산 추정은 테일러 전개를 사용한 분산식 (10.13)로부터 각 모수를 추정하여 사용할 수 있을 것이다. 즉, 분산 추정량은

$$\hat{V}\left(\bar{y}_{reg,tp}\right) \doteq \left(\frac{1}{n} - \frac{1}{N}\right) \hat{B}'\hat{S}_{xx,1}B + \left(\frac{1}{r} - \frac{1}{N}\right)\hat{S}_{ee,2} \tag{10.14}$$

으로 표현되고, 여기서

$$\begin{aligned}\hat{S}_{xx,1} &= \frac{1}{n-1}\sum_{i\in A_1}\left(\mathbf{x}_i - \bar{\mathbf{x}}_1\right)\left(\mathbf{x}_i - \bar{\mathbf{x}}_1\right)' \\ \hat{S}_{ee,2} &= \frac{1}{r-1}\sum_{i\in A_2}\left(y_i - \mathbf{x}_i'\hat{B}\right)^2.\end{aligned}$$

이다.

총 비용함수가 $C = c_0 + c_1 n + c_2 r$로 나타나는 경우 주어진 비용 하에서 (10.13)의 분산을 최소화하는 최적 표본수 배정 문제를 생각해 보자. 두 단계에서의 표본수의 비를 $\nu = r/n$라고 하면 결국

$$\begin{aligned}V \times (C - c_0) &= (c_1 + \nu c_2)\left(B'S_{xx}B + \frac{1}{\nu}S_{ee}\right) \\ &= \text{Const.} + c_2 B'S_{xx}B\nu + c_1 S_{ee}\frac{1}{\nu}\end{aligned}$$

을 최소화 하는 ν를 찾는 문제로 생각할수 있다. 그 경우 최적해는

$$\nu^* = \left(\frac{c_1}{c_2} \times \frac{S_{ee}}{B'S_{xx}B}\right)^{1/2} \tag{10.15}$$

으로 얻어진다.

예제 10.2. 보조변수 x가 스칼라이고 1개당 관측 비용이 1만원이 든다고 하고 관심변수 y의 관측비용은 개당 10만원이 든다고 하자. 두 변수간의 상관계수가 $\rho = 0.8$이고 총 비용이 1,000만원이라고 할때 $C = c_1 n + c_2 r$의 비용함수를 갖는 경우의 최적 표본수 배정을 생각해 보자. 식 (10.15)을 이용하면

$$\nu^* = \left(\frac{c_1}{c_2} \times \frac{1-\rho^2}{\rho^2}\right)^{1/2} = 0.2372$$

이 얻어지고 따라서

$$C = n(c_1 + c_2\nu^*)$$

에 넣고 풀면 $n^* = 300$, $r^* = 70$이 된다. 이 경우 총비용은 1,000만원이 되고 분산은 ($1/N$항을 무시하면)

$$\left(\frac{0.8^2}{300} + \frac{1-0.8^2}{70}\right)\sigma_y^2 = 7.28 \times 10^{-3}\sigma_y^2$$

이 된다. 이 분산은 1,000만원을 모두 y를 관측하는데 사용할 경우 얻어지는 경우의 분산인 $0.01\sigma_y^2$보다 37.4%효율의 증가를 가져온다. 즉, two-phase 회귀 추정을 하지 않고 직접 추정으로 위의 최적 배정의 분산과 동일한 분산을 얻어내기 위해서 들어가는 총 비용은 1,374만원이 된다.

제 일차 추출이 단순임의추출이 아닌 일반적인 경우에는 이상추출 회귀추정량은 다음과 같이 표현될 수 있다.

$$\hat{Y}_{reg,tp} = \sum_{i\in A_1} w_i\mathbf{x}_i'\hat{\boldsymbol{\beta}}_2 + \sum_{i\in A_2} w_i\frac{1}{\pi_{2i|1}}\left(y_i - \mathbf{x}_i'\hat{\boldsymbol{\beta}}_2\right). \tag{10.16}$$

이때 $w_i = 1/\pi_{1i}$이고 $\hat{\boldsymbol{\beta}}_2$는 제 이차표본에서 얻어진 회귀 계수 추정값으로 그 형태에 관계없이 (10.16)의 추정량은 근사적으로 비편향성을 만족한다. 분산 추정을 간편하게 하기 위해서는

$$\hat{\boldsymbol{\beta}}_2 = \left(\sum_{i\in A_2} w_i\mathbf{x}_i\mathbf{x}_i'\right)^{-1}\sum_{i\in A_2} w_i\mathbf{x}_i y_i$$

으로 구현하되 $1/\pi_{2i|1}$이 $\mathbf{x}_i$에 포함되도록 $\mathbf{x}_i$를 확장하면 (10.16)의 이상추출 회귀추정량(two-phase regression estimator)은

$$\hat{Y}_{reg,tp} = \sum_{i\in A_1} w_i\mathbf{x}_i'\hat{\boldsymbol{\beta}}_2 \tag{10.17}$$

의 형태로 모든 표본 원소에 예측값 $\hat{y}_i = \mathbf{x}_i'\hat{\boldsymbol{\beta}}_2$을 사용하는 projection estimator의 형태로 표현된다 (Kim and Rao, 2012). 다시 말해서 식 (10.17)의 형태로 표현되는 이상추출 projection 추정량이 근사적으로 비편향성을 만족하기 위해서는

$$\sum_{i\in A_2} w_i\frac{1}{\pi_{2i|1}}\left(y_i - \mathbf{x}_i'\hat{\boldsymbol{\beta}}_2\right) = 0 \tag{10.18}$$

을 만족해야 한다.

식 (10.16)로 정의되는 이상추출 회귀 추정량의 근사적 분산을 알아보기 위하여 $\hat{\boldsymbol{\beta}}_2$의 확률적 수렴값을 $\boldsymbol{\beta}^*$라고 하자. 이 경우

$$\hat{Y}_{\text{diff,tp}} = \sum_{i \in A_1} w_i \mathbf{x}_i' \boldsymbol{\beta}^* + \sum_{i \in A_2} w_i \frac{1}{\pi_{2i|1}} \left(y_i - \mathbf{x}_i' \boldsymbol{\beta}^* \right)$$

으로 정의하면 이 추정량은 이상추출 차이추정량(difference estimator)가 된다. 보조정리 7.2 와 동일한 논리로 이상추출 회귀추정량은 $\hat{Y}_{\text{diff,tp}}$와 근사적으로 동일하고 따라서 분산은 $\hat{Y}_{\text{diff,tp}}$의 분산으로 구하면 된다. 즉,

$$V\left(\hat{Y}_{\text{diff,tp}}\right) = V\left(\sum_{i \in A_1} w_i y_i\right) + E\left[V\left\{\sum_{i \in A_2} w_i \frac{1}{\pi_{2i|1}} \left(y_i - \mathbf{x}_i'\boldsymbol{\beta}^*\right) \mid A_1\right\}\right] \tag{10.19}$$

으로 계산되며 이를 이상추출 회귀추정량의 근사적 분산으로 간주할수 있다. 만약 두 단계 모두 SRS 인 경우에 위의 분산식은

$$\begin{aligned} V\left(\hat{Y}_{\text{diff,tp}}\right) &= \frac{N^2}{n}\left(1 - \frac{n}{N}\right) S_y^2 + \left(\frac{N^2}{n}\right)^2 \frac{n^2}{r}\left(1 - \frac{r}{n}\right) S_e^2 \\ &= N^2\left(\frac{1}{n} - \frac{1}{N}\right)\left(S_y^2 - S_e^2\right) + N^2\left(\frac{1}{r} - \frac{1}{N}\right) S_e^2 \end{aligned}$$

으로 정리될수 있는데 이는 식 (10.13)과 동일한 형태이다.

이상추출 회귀추정량의 분산추정을 위해서는 (10.19)의 분산 형태를 이용하는 것보다는 (10.14)에서처럼 두 개의 요인을 분리하여 계산하는게 더 편리하다. 이를 위하여 식 (10.18)를 만족하는 이상추출 회귀추정량을 만들면

$$\hat{Y}_{reg,tp} = \sum_{i \in A_1} w_i \mathbf{x}_i' \hat{\boldsymbol{\beta}}_2 = \hat{\mathbf{X}}_1' \hat{\boldsymbol{\beta}}_2$$

의 형태로 표현되므로 이러한 경우 분산추정은 w_i를 복제 가중치(replication weight)인 $w_i^{(k)}$로 바꾸어서

$$\hat{Y}_{reg,tp}^{(k)} = \hat{\mathbf{X}}_1^{(k)\prime} \hat{\boldsymbol{\beta}}_2^{(k)}$$

을 계산한 후에 이 복제치들을 바탕으로 분산추정량을 계산한다. 이때

$$\hat{\mathbf{X}}^{(k)} = \sum_{i \in A_1} w_i^{(k)} \mathbf{x}_i$$

이고

$$\hat{\boldsymbol{\beta}}_2^{(k)} = \left(\sum_{i \in A_2} w_i^{(k)} \mathbf{x}_i \mathbf{x}_i' \right)^{-1} \sum_{i \in A_2} w_i^{(k)} \mathbf{x}_i y_i$$

으로 계산된다. 이렇게 함으로써 식 (10.16)에 있는 $\pi_{2i|1}$의 복제치를 계산하지 않고도 분산 추정을 가능하게 해준다. 식 (10.18)은 결국 식 (10.17) 형태의 projection estimator 가 8.3절에서 다루었던 IBC 조건을 만족하기 위한 조건식이라고 할수 있다.

제 4 절 반복조사

실제 조사에서는 동일한 모집단에 대해 다른 시점을 두고 조사를 하게 되는 경우가 있다. 예를 들어 매달 실업률을 발표하거나 선거를 앞두고 특정 후보의 지지율을 조사하는 등의 경우인데, 이 경우 동일한 모집단에 대해 여러 시점에 걸쳐서 표본을 반복하여 뽑아 조사를 실시하게 된다. 이를 반복조사라 하는데 이 반복조사에서는 다음과 같은 세 가지 정도의 모수를 생각할 수 있다.

1. $\bar{Y}_1 - \bar{Y}_2$: 한 시점과 다른 시점간에 $\bar{Y}$의 차이

2. $(\bar{Y}_1 + \bar{Y}_2)/2$: 모든 시점에서의 $\bar{Y}$의 전체 평균

3. $\bar{Y}_2$: 가장 최근의 시점에서의 $\bar{Y}$값

여기서 어떠한 모수를 추정하느냐에 따라 반복조사의 표본설계가 달라지게 된다. 예를 들어 두 시점(t_1, t_2)에서의 각각의 추정량을 $\bar{y}_1$과 $\bar{y}_2$이라 한다면 첫 번째 모수의 추정량은 $\bar{y}_1 - \bar{y}_2$으로 그 분산은 $Corr(\bar{y}_1, \bar{y}_2) = 1$인 경우에 최소가 된다. 즉, 시점 t_1과 시점 t_2에서 동일한 표본이 뽑히는 경우가 될 것이다. 이러한 조사를 패널조사(panel survey)라 한다. 반면에 모든 시점에서의 $\bar{Y}$의 전체 평균에 대해서는 추정량으로 $(\bar{y}_1 + \bar{y}_2)/2$가 사용되므로 $Corr(\bar{y}_1, \bar{y}_2) = 1$인 경우보다는 $Corr(\bar{y}_1, \bar{y}_2) = 0$인 경우, 즉 새로운 표본을 추출하는 경우가 더 효율적이 된다.

만약 위의 세 번째 모수, 즉 최근 시점에서의 $\bar{Y}$ 값을 추정하는 것이 목적인 경우에는 동일한 표본을 추출하는 것이나 새로운 표본을 추출하는 것 모두 동일한 효율을 가지게 된다. 이상추출의 원리를 이용하면 부분적으로 새로운

표본을 추출하는 경우에 - 이를 부분적 중복 추출(partial overlap sampling)이라고 하자 - 보다 효율적인 추정이 가능하게 될 수 있음이 알려져 있다. 이를 좀 더 자세히 살펴보기 위하여 다음과 같은 단순한 형태의 부분적 중복추출조사를 생각해 보자.

1. 첫 번째 시점(t_1)에서 단순임의추출을 통하여 크기가 n인 일차 표본 A_1을 추출한다.

2. 두 번째 시점(t_2)에서는 모집단(U)을 A_1과 $U \setminus A_1$으로 층화한다. 첫 번째 층인 A_1으로부터는 크기가 n_m인 단순임의추출표본(A_{2m})을, 두 번째 층인 $U \setminus A_1$으로부터는 크기가 $n_u = n - n_m$인 표본(A_{2u})을 단순임의추출을 사용하여 첫 번째 층의 추출과 독립적으로 추출한다. 여기서 첫 번째 층은 matched 층으로, 두 번째 층은 unmatched 층으로도 불리운다.

이 경우 matched 층의 최종 표본은 제 일차 추출표본이 A_1이고 제 이차 추출표본이 A_{2m}인 이상추출표본으로 볼 수 있다. 또한 unmatched 층의 최종 표본은 제 일차 추출표본이 $U \sim A_1$이고 제 이차 추출표본이 A_{2u}인 이상 추출표본으로 볼 수 있다. 각 층에서 얻어지는 추정량은 다음과 같다.

Stratum	일차 표본 크기	최종 표본 크기	$\bar{Y}$ 추정량
Matched	n	n_m	$\hat{\hat{Y}}_m$
Unmatched	$N-n$	n_u	$\hat{\hat{Y}}_u$
	N	n	$\alpha\hat{\hat{Y}}_u + (1-\alpha)\hat{\hat{Y}}_m$

이러한 경우 임의의 상수 α에 대해 정의된 다음의 추정량을 생각해 보자 .

$$\hat{\hat{Y}}_\alpha = \alpha\hat{\hat{Y}}_u + (1-\alpha)\hat{\hat{Y}}_m \tag{10.20}$$

즉, 위의 추정량은 두 개의 층에서 얻어지는 각각의 추정량을 가중 평균한 형태의 추정량으로 복합추정량(composite estimator)으로도 불린다. 이러한 복합추정량은 $\hat{\hat{Y}}_u$와 $\hat{\hat{Y}}_m$이 각각 (근사적으로) $\bar{Y}$에 대해 비편향인 경우, 모든 α에 대해서 (근사적) 비편향추정량이 된다. 한편 (10.20)의 분산을 최소화하는 값을 찾으면

$$\alpha^* = \frac{V\left(\hat{\hat{Y}}_m\right) - Cov\left(\hat{\hat{Y}}_u, \hat{\hat{Y}}_m\right)}{V\left(\hat{\hat{Y}}_u\right) + V\left(\hat{\hat{Y}}_m\right) - 2Cov\left(\hat{\hat{Y}}_u, \hat{\hat{Y}}_m\right)} \tag{10.21}$$

이 되고 이 경우 최적복합추정량(optimal composite estimator)는

$$\hat{\hat{Y}}_{\alpha}^{*} = \alpha^{*}\hat{\hat{Y}}_{u} + (1-\alpha^{*})\,\hat{\hat{Y}}_{m}$$

이 되며 그 경우의 분산은

$$V\left(\hat{\hat{Y}}_{\alpha}^{*}\right) = \frac{V\left(\hat{\hat{Y}}_{m}\right)V\left(\hat{\hat{Y}}_{u}\right) - \left\{Cov\left(\hat{\hat{Y}}_{u},\hat{\hat{Y}}_{m}\right)\right\}^{2}}{V\left(\hat{\hat{Y}}_{u}\right) + V\left(\hat{\hat{Y}}_{m}\right) - 2Cov\left(\hat{\hat{Y}}_{u},\hat{\hat{Y}}_{m}\right)} \tag{10.22}$$

이 될 것이다.

그렇다면 $\hat{\hat{Y}}_{u}$와 $\hat{\hat{Y}}_{m}$으로 어떠한 추정량을 사용할 것인가? 관심모수는 두 번째 시점에서의 y-평균이므로 첫 번째 시점에서 관측한 y-값은 보조변수 x로 볼 수 있다. Unmatched 층에서는 이전 시점의 정보가 없으므로 보조변수 x를 사용할 수 없고 따라서 단순 평균으로 추정한다. 즉,

$$\hat{\hat{Y}}_{u} = \frac{1}{n_u}\sum_{i\in A_{2u}} y_i \equiv \bar{y}_u$$

을 사용한다. 그러나 matched 층에서는 이전 시점의 관측값이 있으므로 이를 이용하여 이상 추출 회귀추정량을 구현할 수 있다. 즉,

$$\hat{\hat{Y}}_{m} = \bar{y}_m + (\bar{x}_1 - \bar{x}_m)\,b$$

으로 표현되고 여기서

$$\begin{aligned}(\bar{x}_m, \bar{y}_m) &= n_m^{-1}\sum_{i\in A_{2m}}(x_i, y_i)\\ b &= \left\{\sum_{i\in A_{2m}}(x_i-\bar{x}_m)^2\right\}^{-1}\sum_{i\in A_{2m}}(x_i-\bar{x}_m)\,y_i\end{aligned}$$

이다. 이 경우 10.3절의 내용을 적용하면 아래의 관계식이 성립한다.

Stratum	$\bar{Y}$ 추정량	기대값	분산
Matched	$\hat{\hat{Y}}_{m} = \bar{y}_m + (\bar{x}_1 - \bar{x}_m)\,b$	$\bar{Y}$	$n_m^{-1}(1-\rho^2)\,S^2 + n^{-1}\rho^2 S^2$
Unmatched	$\hat{\hat{Y}}_{u} = \bar{y}_u$	$\bar{Y}$	$n_m^{-1}S^2$

또한

$$Cov\left(\hat{\hat{Y}}_m, \hat{\hat{Y}}_u\right) = 0 \tag{10.23}$$

이 성립하므로 이 경우 최적해 (10.21)는

$$\alpha^* = \frac{nn_u - n_u^2\rho^2}{n^2 - n_u^2\rho^2}$$

으로 $\rho = 0$인 경우 $\alpha^* = n_u/n$이고 $\rho = 1$인 경우 $\alpha^* = n_u/(n + n_u)$이 된다. 또한 이 최적복합추정량의 분산은 식 (10.22)로부터

$$V\left(\hat{\hat{Y}}_\alpha^*\right) = \frac{n - n_u\rho^2}{n^2 - n_u^2\rho^2}S^2 \tag{10.24}$$

이 된다. 이때 $n_m = n$인 경우나 $n_m = 0$인 경우 모두 (10.24)의 분산은 S^2/n으로 동일해진다. 또한 (10.24)의 분산을 최소화하는 표본배정은

$$\frac{n_u}{n} = \frac{1}{1 + \sqrt{1 - \rho^2}}, \qquad \frac{n_m}{n} = \frac{\sqrt{1 - \rho^2}}{1 + \sqrt{1 - \rho^2}}$$

으로 ρ가 클수록 n_m의 크기가 상대적으로 작아진다. 이러한 최적배정하에서는 (10.24)의 분산이

$$V\left(\hat{\hat{Y}}_\alpha^*\right) = \frac{S^2}{2n}\left(1 + \sqrt{1 - \rho^2}\right) \tag{10.25}$$

으로 표현되고 ρ값에 따라 S^2/n에서 $S^2/(2n)$의 크기를 갖게된다.

위에서 살펴본 바와 같이 표본의 일부는 전 시점의 표본 중에서 뽑고 나머지는 다른 부분에서 뽑는 부분적중복추출은 그렇지 않은 경우보다 현 시점의 평균 추정에 더 효율적인 추정을 구현할 수 있다. 시점이 여러 개인 경우에도 이러한 개념을 확장시켜서 일부는 표본에서 탈락하고 일부는 계속 유지되는 형태의 표본설계를 생각해 볼 수 있는데 이러한 표본설계를 순환표집(rotation sampling)이라고 한다. 미국 센서스 국에서 실시하는 Current Population Survey 나 캐나다 통계청의 Labour force survey 등이 대표적인 rotation sampling 을 사용하는 조사이다. 이 rotation sampling 에서는 복합추정량을 사용하여 추정하는 것이 보편화되어 있는데 이와 관련된 자세한 내용은 Fuller (1990)를 참고하기 바란다.

제 11 장

무응답

제 1 절 서론

거의 대부분의 표본조사에서는 무응답이 발생한다. 무응답은 조사 단위 자체가 응답을 하지 않는 단위무응답(unit nonresponse)과 일부 항목에 대해서만 응답을 하지 않는 항목무응답으로 나누어질 수 있다. 이러한 무응답의 처리 방법으로는 단위무응답의 경우 재조사(call-back 또는 follow-up survey)나 무응답가중치조정 (nonresponse weighting adjustment)을 통하여 처리하고 항목무응답의 경우에는 결측값대체 (imputation)를 통하여 처리한다.

무응답이 미치는 영향을 알아보기 위하여 다음과 같은 자료 구조를 생각해 보자.

층(stratum)	모집단 크기	모평균	표본 크기
응답자 모집단	N_R	$\bar{Y}_R$	n_R
무응답자 모집단	N_M	$\bar{Y}_M$	n_M
전체 모집단	N	$\bar{Y}$	n

즉, 전체 모집단은 응답자들로 이루어진 모집단들과 무응답자들로 이루어진 모집단으로 구성되어 있을 것이다. 만약 단순임의추출로 전체 모집단에서 표본을 추출한다면 표본 내의 응답자에 대해서만 관측할 수 있을 것이다. 이때 얻어지는 응답자 평균을 $\bar{y}_R$ 이라고 하고 이 응답자 평균을 사용하여 전체

모집단 평균을 추정한다고 할 때 다음의 결과를 얻게 된다.

$$Bias(\bar{y}_R) \doteq \left(1 - \frac{N_R}{N}\right)(\bar{Y}_R - \bar{Y}_M)$$
$$V(\bar{y}_R) \doteq \frac{1}{n_R} S_R^2$$

여기서 두 가지 문제점이 발생하게 된다. 하나는 편향된 추정을 한다는 것이다. 편향이 0이 되는 경우는 응답자의 평균과 무응답자의 평균이 같게 되는 경우 뿐이다. 또 다른 문제점은 표본수의 감소($n_R < n$)로 인한 추정의 효율 저하이다. 이렇게 발생하는 편향을 보정하고 감소된 효율을 다시 높이고자 하는 것이 무응답 처리의 기본 방향이다.

제 2 절 단위무응답의 처리

2.1 재조사

조사원이 전화를 하거나 면접 조사를 할 때 단위 무응답이 생기는 이유 중에는 면접을 거절(refusal)하는 이유도 있겠지만 면접 시도를 할 시점에 집에 없다든지 하는 부재(nonexistence)의 이유도 있을 것이다. 이러한 무응답자들의 일부를 다시 조사하여 조사 결과를 얻어내면 무응답의 편향을 줄이는 데 매우 효과적일 것이다.

전체 n_M명의 무응답자 중에서 νn_M $(0 < \nu < 1)$명에게 다시 재조사를 실시하여 최종 표본을 얻었다고 할 때 자료 구조는 다음과 같을 것이다.

층	모집단 크기	일차 표본 크기	최종 표본 크기	최종 표본 평균
응답자	N_R	n_R	$r_1 = n_R$	$\bar{y}_1$
무응답자	N_M	n_M	$r_2 = \nu n_M$	$\bar{y}_2$
전체	N	n	r	

이때 단순임의추출을 가정할 경우 모평균에 대한 비편향 점추정량은 다음과 같다.

$$\hat{\bar{Y}} = \frac{n_R}{n}\bar{y}_1 + \frac{n_M}{n}\bar{y}_2$$

여기서 전체 무응답자 n_M중에서 νn_M이 단순임의추출로 뽑힌 것으로 가정한다. 이러한 경우는 층화를 위한 이상추출의 특수한 경우로 볼 수 있으므로 추정량의 분산은 (10.5)를 이용하면

$$Var\left(\hat{\hat{Y}}\right) = \frac{1}{n}\left(1 - \frac{n}{N}\right) S^2 + \frac{W_2 S_2^2}{n}\left(\frac{1}{\nu} - 1\right)$$

으로 표현되고 여기서 $W_2 = N^{-1} N_M$이다. 많은 경우 일차 조사보다 재조사가 비용이 더 들게 된다. (예를 들어 일차로는 우편조사를 하고 무응답 가구에 한해서 방문조사를 실시하는 경우가 대표적인 예일 것이다.) 이 경우의 비용 함수는

$$C = c_0 n + c_1 W_1 n + c_2 W_2 \nu n$$

으로 표현되고 최적 일차 표본 크기 (n) 및 재조사비율(ν)의 결정은 주어진 비용 하에서 분산을 최소화하도록 구현될 수 있을 것이다. 식 (10.8)을 이용하면 최적 재조사비율은

$$\nu^* = \sqrt{\frac{c_0 + c_1 W_1}{c_2} \times \frac{S_2^2}{S^2 - W_2 S_2^2}}$$

으로 계산될 수 있을 것이다.

2.2 무응답 가중치조정법

무응답 가중치조정법은 재조사를 하지 않고 응답자만의 가중치를 조정하여 추정량의 편향을 줄이고자 하는 방법이다. 만약 무응답이 없을 때 HT 추정량

$$\hat{Y}_{HT} = \sum_{i \in A} \frac{1}{\pi_i} y_i$$

을 사용한다고 하자. 여기서 A의 모든 원소의 y-값을 관측하는 대신 그 부분집합인 A_R에서만 y-값을 관측하고 $A_M = A \cap A_R^c$에서는 관측하지 못한다고 하면 모집단에서 일차 추출로 A를 뽑고 그 표본 A로부터 응답자 집합 A_R을 뽑는 이상추출의 문제로 바꾸어 생각할 수 있을 것이다. 그러나 이상추출과 다른 점은 제 이차 추출의 추출확률을 모른다는 점이다. 만약 응답확률

$\phi_i = Pr(i \in A_R \mid A)$을 알고 $\phi_i > 0$인 경우 식 (7.2)의 π^*-추정량의 형태로 정의되는

$$\hat{Y}_\phi = \sum_{i \in A_R} \frac{1}{\pi_i \phi_i} y_i$$

은 Y에 대해 비편향이 될 것이다. 그러나 실제로는 ϕ_i를 모르므로 그 추정치 $\hat{\phi}_i$를 사용하여

$$\hat{Y}_{NWA} = \sum_{i \in A_R} \frac{1}{\pi_i \hat{\phi}_i} y_i \tag{11.1}$$

으로 응답자의 가중치를 조정하여 추정한다. 여기서 $\hat{\phi}_i$을 응답경향함수(response propensity score)라고도 한다.

만약 보조변수 $\mathbf{x}_i$가 표본 전체에서 관측된다고 하고 응답 확률이 다음을 만족한다고 하자.

$$\frac{1}{\phi_i} = \mathbf{x}_i' \boldsymbol{\lambda} \quad \text{for some } \boldsymbol{\lambda}. \tag{11.2}$$

이때 $\mathbf{x}_i$는 1을 포함한다고 하자. 이러한 경우 Fuller et al. (1994)는 다음과 같은 회귀 추정량을 제안하였다.

$$\hat{Y}_{reg} = \sum_{i \in A_R} w_i y_i, \tag{11.3}$$

이때

$$w_i = d_i \left(\sum_{i \in A} d_i \mathbf{x}_i \right)' \left(\sum_{i \in A_R} d_i \mathbf{x}_i \mathbf{x}_i' \right)^{-1} \mathbf{x}_i$$

이고 $d_i = 1/\pi_i$이다.

조건 (11.2)하에서 식 (11.3)의 회귀 추정량은 근사적으로 비편향임을 보일 수 있다. 이를 살펴보기 위해서 위의 회귀 추정량을 다음과 같이 표현하자.

$$\hat{Y}_{reg} = \hat{\mathbf{X}}_{HT}' \hat{\boldsymbol{\beta}}_r,$$

여기서 $\hat{\mathbf{X}}_{HT} = \sum_{i \in A} d_i \mathbf{x}_i$이고

$$\hat{\boldsymbol{\beta}}_r = \left(\sum_{i \in A_R} d_i \mathbf{x}_i \mathbf{x}_i' \right)^{-1} \sum_{i \in A_R} d_i \mathbf{x}_i y_i$$

이다. 이때 $\mathbf{x}_i$ 에 1이 포함되어 있기에 우리는 $\hat{Y}_{HT} = \sum_{i \in A} d_i y_i$를 다음과 같이 표현할수 있다.

$$\hat{Y}_{HT} = \hat{\mathbf{X}}'_{HT} \hat{\boldsymbol{\beta}}_n,$$

여기서

$$\hat{\boldsymbol{\beta}}_n = \left(\sum_{i \in A} d_i \mathbf{x}_i \mathbf{x}'_i \right)^{-1} \sum_{i \in A} d_i \mathbf{x}_i y_i.$$

따라서

$$\begin{aligned} \hat{Y}_{reg} - \hat{Y}_{HT} &= \hat{\mathbf{X}}'_{HT} \left(\hat{\boldsymbol{\beta}}_r - \hat{\boldsymbol{\beta}}_n \right) \\ &= \hat{\mathbf{X}}'_{HT} \left(\sum_{i \in A_R} d_i \mathbf{x}_i \mathbf{x}'_i \right)^{-1} \sum_{i \in A_R} d_i \mathbf{x}_i \left(y_i - \mathbf{x}'_i \hat{\boldsymbol{\beta}}_n \right) \end{aligned}$$

이고 무응답 메카니즘에 대해 기대값을 취하면

$$E_R \left(\hat{Y}_{reg} - \hat{Y}_{HT} \mid A, \mathcal{F}_N \right) \cong \hat{\mathbf{X}}'_{HT} \left(\sum_{i \in A} d_i \phi_i \mathbf{x}_i \mathbf{x}'_i \right)^{-1} \sum_{i \in A} d_i \phi_i \mathbf{x}_i \left(y_i - \mathbf{x}'_i \hat{\boldsymbol{\beta}}_n \right)$$

으로 나타낼수 있다. 이러한 경우 조건 (11.2)을 만족하므로

$$\begin{aligned} \hat{\mathbf{X}}'_{HT} &= \sum_{i \in A} d_i \mathbf{x}'_i = \sum_{i \in A} d_i (\phi_i \boldsymbol{\lambda}' \mathbf{x}_i) \mathbf{x}'_i \\ &= \boldsymbol{\lambda}' \sum_{i \in A} d_i \phi_i \mathbf{x}_i \mathbf{x}'_i \end{aligned}$$

이 성립하고 따라서

$$\hat{\mathbf{X}}'_{HT} \left(\sum_{i \in A} d_i \phi_i \mathbf{x}_i \mathbf{x}'_i \right)^{-1} \sum_{i \in A_R} d_i \phi_i \mathbf{x}_i \left(y_i - \mathbf{x}'_i \hat{\boldsymbol{\beta}}_n \right) = \sum_{i \in A} d_i \left(y_i - \mathbf{x}'_i \hat{\boldsymbol{\beta}}_n \right) \tag{11.4}$$

이 얻어지고 위의 우항은 0이 되므로 (11.3)의 회귀 추정량의 근사적 비편향성이 증명된다.

예제 11.1. 무응답층을 이용한 가중치조정법은 다음과 같은 단계로 무응답가중치조정을 실시한다.

1. 먼저 전체 표본을 G개의 서로 배타적인 무응답층으로 나누어

$$A = A_1 \cup A_2 \cup \cdots A_G$$

으로 표현한다.

2. 각 무응답층에서 응답경향함수가 상수로 근사될 수 있음을 가정한다. 즉, $\mathbf{x}_i = (x_{i1}, \cdots, x_{iG})'$을 (여기서 x_{ig}는 원소 i가 g-그룹에 속하면 1을 갖는 지시변수) 사용하면 $i \in A_g$인 경우

$$\hat{\phi}_i = \frac{\sum_{i \in A_g} d_i R_i}{\sum_{i \in A_g} d_i}$$

으로 추정되는데 여기서 R_i는 응답 여부를 나타내는 지시변수이다.

3. 따라서 (11.3)의 회귀 추정량은

$$\hat{Y}_{reg} = \sum_{g=1}^{G} \hat{N}_g \bar{y}_{Rg} \tag{11.5}$$

표현되는데 여기서 $\hat{N}_g = \sum_{i \in A_g} d_i$이고

$$\bar{y}_{Rg} = \frac{\sum_{i \in A_g} R_i d_i y_i}{\sum_{i \in A_g} R_i d_i}$$

이다.

다음으로는 식 (11.3)으로 표현되는 회귀 추정량의 분산 추정에 대하여 알아보도록 하자. 먼저 회귀 추정량은 다음 식으로 전개될수 있다.

$$\begin{aligned}
\hat{\mathbf{X}}'_{HT}\hat{\boldsymbol{\beta}}_r &= \hat{\mathbf{X}}'_{HT}\boldsymbol{\beta} + \hat{\mathbf{X}}'_{HT}\left(\hat{\boldsymbol{\beta}}_r - \boldsymbol{\beta}\right) \\
&= \hat{\mathbf{X}}'_{HT}\boldsymbol{\beta} + \hat{\mathbf{X}}'_{HT}\left(\sum_{i \in A_R} d_i \mathbf{x}_i \mathbf{x}'_i\right)^{-1} \sum_{i \in A_R} d_i \mathbf{x}_i \left(y_i - \mathbf{x}'_i \boldsymbol{\beta}\right) \\
&\cong \hat{\mathbf{X}}'_{HT}\boldsymbol{\beta} + \hat{\mathbf{X}}'_{HT}\left(\sum_{i \in A} d_i \phi_i \mathbf{x}_i \mathbf{x}'_i\right)^{-1} \sum_{i \in A} d_i R_i \mathbf{x}_i \left(y_i - \mathbf{x}'_i \boldsymbol{\beta}\right),
\end{aligned}$$

이때 $\boldsymbol{\beta}$은 $\hat{\boldsymbol{\beta}}_r$의 확률적 극한값 (probability limit)이다. 이러한 경우 조건 (11.2)을 이용하여 식 (11.4)의 증명과 동일한 방법을 사용하면

$$\hat{\mathbf{X}}'_{HT}\left(\sum_{i\in A} d_i\phi_i\mathbf{x}_i\mathbf{x}_i'\right)^{-1}\sum_{i\in A} d_iR_i\mathbf{x}_i\left(y_i-\mathbf{x}_i'\boldsymbol{\beta}\right)=\sum_{i\in A} d_i\frac{R_i}{\phi_i}\left(y_i-\mathbf{x}_i'\boldsymbol{\beta}\right)$$

이 유도된다. 이를 정리하면

$$N^{-1}\hat{Y}_{reg}=N^{-1}\sum_{i\in A} d_i\eta_i+o_p(n^{-1/2}) \tag{11.6}$$

로 표현되고 이때 $\eta_i=\mathbf{x}_i'\boldsymbol{\beta}+R_i\phi_i^{-1}\left(y_i-\mathbf{x}_i'\boldsymbol{\beta}\right)$ 이 된다.

식 (11.6)이 성립하므로 $\hat{Y}_{reg}$의 분산을 추정하기 위해서는

$$\hat{\eta}_{HT}=\sum_{i\in A}\frac{1}{\pi_i}\eta_i$$

의 분산을 추정하면 된다. 따라서 $\hat{\eta}_{HT}$의 분산을 추정하기 위하여 다음과 같은 기존의 표본추출구조로부터

$$\text{Population (U)} \overset{Phase1}{\to} \text{Original Sample } (A) \overset{Phase2}{\to} \text{Respondents } (A_R)$$

다음의 새로운 표본추출구조를 생각해보자.

$$\text{Population (U)} \to \text{Responding Population } (U_R) \to \text{Respondents } (A_R)$$

이러한 새로운 표본추출구조 하에서는 첫 번째 추출의 확률분포는 응답확률변수 R_i에 대한 확률분포가 되고 두 번째 추출의 확률분포는 표본추출로 인한 확률분포가 된다. 이렇게 되면 기존의 이상추출과는 확률분포가 바뀌게 되어 이를 reverse approach라고도 하는데, 이 경우 R_i는 모집단 전체에서 정의되며 그 의미는

$$R_i=\begin{cases}1 & \text{unit } i \text{ responds if sampled}\\ 0 & \text{otherwise}\end{cases}$$

이다. 즉, R_i는 만약 표본으로 추출되었을 경우 응답 여부를 나타내는 지시변수가 된다. 이러한 reverse approach는 분산 추정에 유용하게 사용될 수 있다. (Kim, Navarro, and Fuller, 2006 참조).

이러한 reverse approach 에 의하면

$$\begin{aligned} V\left(\hat{\eta}_{HT}\right) &= E\left\{V\left(\sum_{i\in A}\pi_i^{-1}\eta_i \mid R_1, R_2, \cdots, R_N\right)\right\} \\ &+ V\left\{E\left(\sum_{i\in A}\pi_i^{-1}\eta_i \mid R_1, R_2, \cdots, R_N\right)\right\} \end{aligned}$$

으로 표현될 수 있고 여기서

$$\begin{aligned} V_1 &\equiv E\left\{V\left(\sum_{i\in A}\pi_i^{-1}\eta_i \mid R_1, R_2, \cdots, R_N\right)\right\} \\ V_2 &\equiv V\left\{E\left(\sum_{i\in A}\pi_i^{-1}\eta_i \mid R_1, R_2, \cdots, R_N\right)\right\} \end{aligned}$$

으로 정의하면 V_1은

$$E\left\{V\left(\sum_{i\in A}\pi_i^{-1}\eta_i \mid R_1, R_2, \cdots, R_N\right)\right\} = E\left\{\sum_{i=1}^{N}\sum_{j=1}^{N}\left(\pi_{ij} - \pi_i\pi_j\right)\frac{\eta_i}{\pi_i}\frac{\eta_j}{\pi_j}\right\}$$

이고 따라서 η_i를 아는 경우

$$\sum_{i\in A}\sum_{j\in A}\frac{\pi_{ij} - \pi_i\pi_j}{\pi_{ij}}\frac{\eta_i}{\pi_i}\frac{\eta_j}{\pi_j}$$

로 비편향추정이 될 수 있을 것이다. 그러나 실제로는 η_i를 모르므로 그 추정치인

$$\hat{\eta}_i = \mathbf{x}_i'\hat{\boldsymbol{\beta}}_r + R_i(w_i/d_i)(y_i - \mathbf{x}_i'\hat{\boldsymbol{\beta}}_r)$$

을 이용한

$$\hat{V}_1 = \sum_{i\in A}\sum_{j\in A}\frac{\pi_{ij} - \pi_i\pi_j}{\pi_{ij}}\frac{\hat{\eta}_i}{\pi_i}\frac{\hat{\eta}_j}{\pi_j} \tag{11.7}$$

이 V_1에 대한 추정량이 될 수 있을 것이다. 즉, $\hat{V}_1$은 결국 R_i를 상수로 취급하고 분산 추정량을 구현하였을 때 얻어지는 분산 추정량이다. 다음으로는 V_2의 분산 추정에 대하여 살펴보면

$$\begin{aligned} V_2 &= V\left(\sum_{i=1}^{N}\eta_i\right) \\ &= \sum_{i=1}^{N}\left(\phi_i^{-1} - 1\right)\left(y_i - \mathbf{x}_i'\boldsymbol{\beta}\right)^2 \end{aligned}$$

으로 표현되므로 그 추정량은

$$\hat{V}_2 = \sum_{i \in A_R} \frac{1}{\pi_i} \frac{1}{\hat{\phi}_i} \left(\frac{1}{\hat{\phi}_i} - 1 \right) \left(y_i - \mathbf{x}_i' \hat{\boldsymbol{\beta}}_r \right)^2 \tag{11.8}$$

으로 구현될 수 있을 것이다. 근사적으로는 $V_1 = O\left(n^{-1}N^2\right)$ 이지만 $V_2 = O(N)$이므로 만약 n/N이 매우 작은 경우에는 $\hat{V}_2$을 무시하고 $\hat{V}_1$만을 이용하여 분산 추정을 할 수 있을 것이다. 보다 자세한 내용은 Kim and Kim (2007)에서 찾을수 있다.

제 3 절 종단면 가중치

패널 조사(panel survey)는 매년 또는 매분기마다 같은 표본 대상을 조사하는 조사 방식을 지칭한다. 패널 모집 단계에는 모두 응답을 하지만 시간이 지남에 따라 패널 표본에서 탈락하는 사람들이 발생하고 따라서 이러한 패널 마모(panel attrition)을 보정해주는 가중치 작업이 필요하다. 이러한 패널 조사는 각 년도별 통계를 생산하는 횡단면적 (cross-sectional) 분석 보다는 시간이 흐름에 따라 모집단이 어떻게 변화하는지를 연구하는 종단면적 (longitudinal) 분석이 더 중요하므로 모든 차수에 대해 응답하는 진성 응답자(core respondent)들의 응답 자료들을 바탕으로 종종 분석하게 된다. 이렇게 패널 마모로 인한 무응답 편향을 보정하고 진성 응답자들의 모집단 대표성을 개선하기 위하여 가중치 작업을 하는 것을 종단면 가중치 (longitudinal weighting) 작업이라고 부른다. 이와는 달리 특정 년도의 모집단 대표성을 개선하기 위해 calibration 을 통해 가중치 조정을 해주는 작업을 횡단면 가중치 작업이라고 부른다.

종단면 가중치 작업을 설명하기 위하여 T회의 패널조사를 가정하자. 각 t 년도에 관측되는 Y값을 Y_t라고 하면 패널 마모가 없는 경우 표본 원소 i로부터 y_{it}, $t = 1, \cdots, T$를 관측할수 있게 된다. 또한 연도별로 변하지 않는 고정된 값들, 예를 들면 성별, 인종, 나이 (나이는 매년 변하지만 고정된 값으로 간주해도 무방하다), 교육 수준, 거주 지역 이러한 것들은 X로 놓을수 있다. 일차 년도에 얻어진 원표본 집합을 A라고 표현하고 T년까지 모든 응답한 진성 응답자의 집합을 A_C이라고 하자. 이러한 경우 원표본 집합의 최종 가중치를 w_i라고 하면 진성 응답자 집단에 부여하는 종단면 가중치 $w_{i,c}$는 다음의 조건을 만족하도록 부여할수 있다.

$$\sum_{i \in A_C} w_{i,c}\mathbf{x}_i = \sum_{i \in A} w_i \mathbf{x}_i \tag{11.9}$$

위의 조건을 만족하는 종단면 가중치는 11.2.2 절에서 다룬 회귀 가중치를 사용하면 될 것이다. 즉,

$$w_{i,c} = w_i \left(\sum_{i \in A} w_i \mathbf{x}_i \right)' \left(\sum_{i \in A_C} w_i \mathbf{x}_i \mathbf{x}_i' \right)^{-1} \mathbf{x}_i$$

이 종단면 가중치로 사용된다. 이러한 종단면 가중치는 패널 마모 매카니즘이 X에만 의존한다는 강한 가정 하에서 정당화 될수 있다. 이를 Covariate-dependent missingness (CDM)이라고도 하는데 Little (1995)이 처음으로 제안한 용어이다.

어떤 패널 조사에서는 이러한 CDM 가정은 지나치게 강한 가정이 될수도 있다. 이를 보완하기 위해 (11.9)외에 추가로 다른 calibration 조건을 부여할수 있는데 예를 들어 다음과 같은 조건을 부여할수 있다.

$$\sum_{i \in A_C} w_{i,c} y_{i,t} = \hat{Y}_t, \quad t = 1, 2, \cdots, T. \tag{11.10}$$

이때 $\hat{Y}_t$는 Y_t에 대한 최적 추정량이다. 즉, 만약 우리가 어떤 통계적 방법으로 Y_t에 대한 최적 추정량을 계산할수 있다면 이를 calibration 조건에 추가하여 가중치 계산에 반영하도록 하는 것이 바람직하다는 것이다. 결측자료가 있을 경우 최적 추정량의 계산에 대한 것은 10.4절에서 $T = 2$인 경우로 소개되었는데 missing pattern 이 단조 증가하는 monotone missing 인 경우에는 $T > 2$에도 확장할수 있다. Non-monotone missing pattern 인 경우에는 EM 알고리즘과 같은 방법을 사용하여 계산할 수 있는데 이와 관련하여서는 Kim and Shao (2013)을 참고하기 바란다. 다음의 예제는 Y가 범주형 자료인 경우에 사용할 수 있는 방법이다.

예제 11.2. 만약 X가 없고 Y_t가 $\{1, 2, 3\}$의 세 값을 취하는 범주형 자료라고 하자. 이러한 경우 우리의 관심모수는 $\theta_{gt} = P(Y_t = g)$라고 하자. 이 모수들에 대한 최적 추정량을 구한후 (11.10)의 우항에 대입하여 종단면 가중치를 구현할 수 있다. 처음 년도 $t = 1$에서는 모두 응답한다면 총 2^{T-1}개의 응답 패턴을

얻을수 있다. 예를 들어 $T = 4$ 인 경우에는 8개의 응답 패턴이 가능하다. 지시변수 R_{it}는 Y_{it}의 응답 여부를 나타내는 지시변수라고 정의하면 다음의 표의 형태로 표본이 분할된다.

표본	R_1	R_2	R_3	R_4
A_{1111}	1	1	1	1
A_{1110}	1	1	1	0
A_{1101}	1	1	0	1
A_{1100}	1	1	0	0
A_{1011}	1	0	1	1
A_{1010}	1	0	1	0
A_{1001}	1	0	0	1
A_{1000}	1	0	0	0

이제 EM 알고리즘이라는 방법을 사용하여 이 경우 모수에 대한 최적 추정을 하는 방법을 소개하고자 한다. 기본적인 아이디어는 추정을 E-step 과 M-step 으로 나누어서 번갈아가면서 수렴할때 까지 반복적으로 계산하는 것이다. E-step 은 각 표본 집합에서 주어진 응답 자료와 추정 확률값을 바탕으로 무응답된 자료의 조건부 확률값을 계산하는 것이다. 예를 들어 A_{1010}에 있는 자료는 y_{i1}값과 y_{i3}값은 관측되었고 y_{i2}와 y_{i4}는 결측이므로 $P(Y_1 = a, Y_3 = b \mid Y_2 = y_{i2}, Y_4 = y_{i4})$값을 현재 결합확률값 $\hat{P}^{(t)}(y_1, y_2, y_3, y_4)$을 이용하여 계산할수 있다. 즉,

$$\hat{P}^{(t)}(Y_1 = a, Y_3 = b \mid Y_2 = y_{i2}, Y_4 = y_{i4}) = \frac{\hat{P}^{(t)}(a, y_{i2}, b, y_{i4})}{\sum_{a=1}^{3} \sum_{b=1}^{3} \hat{P}^{(t)}(a, y_{i2}, b, y_{i4})}$$

으로 계산할수 있다. 이러한 계산을 모든 표본 집합의 모든 경우에 대해 계산을 해주면 이것이 E-step 이 된다.

M-step 은 이렇게 해서 얻어진 조건부 확률값을 이용하여 모수 추정값을 업데이트 해주는 방식이 된다. 이를 위해 $N_{abcd} = \sum_{i=1}^{N} I(y_{i1} = a) I(y_{i2} = b) I(y_{i3} = c) I(y_{i4} = d)$을 정의하면 결국 주어진 관측치와 조건부 확률값을

이용하여 N_{abcd}의 추정값을 계산하는 문제로 이해할수 있다. 따라서

$$\begin{aligned}
\hat{N}_{abcd}^{(t+1)} &= \sum_{i \in A_{1111}} w_i I(y_{i1}=a)I(y_{i2}=b)I(y_{i3}=c)I(y_{i4}=d) \\
&+ \sum_{i \in A_{1110}} w_i I(y_{i1}=a)I(y_{i2}=b)I(y_{i3}=c)\hat{P}^{(t)}(Y_4=d \mid y_{i1},y_{i2},y_{i3}) \\
&+ \sum_{i \in A_{1101}} w_i I(y_{i1}=a)I(y_{i2}=b)I(y_{i4}=d)\hat{P}^{(t)}(Y_3=c \mid y_{i1},y_{i2},y_{i4}) \\
&+ \cdots \\
&+ \sum_{i \in A_{1001}} w_i I(y_{i1}=a)I(y_{i4}=d)\hat{P}^{(t)}(Y_2=b, Y_3=c \mid y_{i1},y_{i4}) \\
&+ \sum_{i \in A_{1000}} w_i I(y_{i1}=a)\hat{P}^{(t)}(Y_2=b, Y_3=c, Y_4=d \mid y_{i1})
\end{aligned}$$

으로 계산할수 있다. 그후

$$\hat{P}^{(t+1)}(a,b,c,d) = \frac{\hat{N}_{abcd}^{(t+1)}}{\sum_{abcd} \hat{N}_{abcd}^{(t+1)}}$$

으로 계산하면 된다. 이러한 방식은 비모수적인 방법인데 모수적 가정을 하지 않아서 강건성 (robustness)를 확보한다는 장점이 있으나 단점은 추정해야 할 모수가 너무 많을수 있다는 것이다. 만약

$$P(Y_t \mid Y_1, Y_2, \cdots, Y_{t-1}) = P(Y_t \mid Y_{t-1})$$

의 마코프(Markov) 모형을 가정할수 있으면 추정해야 할 모수는 줄어든다. 즉, N_{abcd}를 추정할 필요가 없이 $N_{ab++} = \sum_c \sum_d N_{abcd}$, $N_{+bc+} = \sum_a \sum_d N_{abcd}$, $N_{++cd} = \sum_a \sum_b N_{abcd}$만 추정하면 된다. 즉, 위의 경우 추정해야할 모수의 갯수가 $3^4 = 81$개에서 $3 * 3^2 = 27$개로 줄어들게 된다.

제 12 장

무응답 대체

제 1 절 서론

항목무응답에 대한 처리 방법으로써 결측값대체법(imputation)이 많이 사용된다. 결측값대체는 결측(missing)된 자료에 값을 넣어줌으로서 여러 다른 사용자들이 그 자료를 사용하여도 일관된 점추정값을 구현할 수 있도록 해주는데 일차적인 목표가 있다. 만약 결측된 자료 자체를 사용자들에게 알아서 분석하도록 한다면 여러 다른 사용자들이 동일한 모수에 대해서 각기 다른 분석 결과를 얻어낼 수가 있고 이는 공식 통계의 기본 원칙 중의 하나인 One number principle(하나의 모수에 하나의 추정치를 생산하자는 뜻)에 위배된다. 만약 One number principle이 지켜지지 않아 하나의 관심모수에 여러 개의 추정치가 얻어지게 된다면 그 통계를 소비하는 사람들에게 혼란을 초래하게 되고 자칫하면 통계 자체의 신뢰성이 훼손될 위험이 있다. 그 외 결측값대체의 또다른 목적으로는 무응답 편향을 보정하고 또한 관측된 다른 정보들을 결측값대체에 반영하여 추정의 효율을 높이는 것 등이 있다.

그렇다면 어떻게 결측값대체를 하는 것이 좋은 방법일까? 이해를 돕기 위하여 다음의 예를 생각해 보자.

예제 12.1. 초모집단 모형이 이변량 정규분포모형을 따르는 유한모집단에서 단순임의추출로 자료를 추출하였다고 하자. 이 경우 n개의 표본자료 (x_i, y_i)는 다음의 이변량 정규분포모형을 따를 것이다.

$$\begin{pmatrix} x_i \\ y_i \end{pmatrix} \overset{i.i.d.}{\sim} N\left[\begin{pmatrix} \mu_x \\ \mu_y \end{pmatrix}, \begin{pmatrix} \sigma_{xx} & \sigma_{xy} \\ \sigma_{xy} & \sigma_{yy} \end{pmatrix}\right]. \tag{12.1}$$

또한 x_i는 모두 관측되지만 y_i는 첫번째 $r(< n)$개의 관측치에 대해서만 관측된다고 하자. 이 경우 y_i의 응답확률이 x_i에는 의존할 수 있지만 y_i에는 의존하지 않는다고 가정하면

$$\begin{aligned} x_i &\overset{i.i.d.}{\sim} N(\mu_x, \sigma_{xx}) \\ y_i \mid x_i &\overset{i.i.d.}{\sim} N(\beta_0 + \beta_1 x_i, \sigma_{ee}) \end{aligned} \tag{12.2}$$

으로 모형을 표현할 수 있고 이 경우 $\beta_0 = \mu_y - \beta_1 \mu_x$, $\beta_1 = \sigma_{xx}^{-1}\sigma_{xy}$ 그리고 $\sigma_{ee} = \sigma_{yy} - \beta_1^2 \sigma_{xx} = \sigma_{yy}\left(1 - \rho^2\right)$으로 표현된다. 이러한 모형 하에서 결측자료에 대하여 최적예측치(best predictor)로 결측치대체를 실시하면 y_i의 대체값은

$$\hat{y}_i = \bar{y}_r + (x_i - \bar{x}_r)\hat{\beta}_1 \tag{12.3}$$

으로 표현되고 이 경우 $(\bar{x}_r, \bar{y}_r)$는 첫 r개의 응답 자료만을 이용하여 얻어진 (x_i, y_i)의 표본 평균이 될 것이다. 이렇게 대체(imputation)된 자료를 바탕으로 μ_y를 추정하면

$$\hat{\mu}_{yI} = \frac{1}{n}\left\{\sum_{i=1}^{r} y_i + \sum_{i=r+1}^{n} \hat{y}_i\right\} \tag{12.4}$$

으로 표현되고 이는 μ_y의 최대우도추정량(maximum likelihood estimator)

$$\hat{\mu}_y = \bar{y}_r + (\bar{x}_n - \bar{x}_r)\hat{\beta}_1 \tag{12.5}$$

와 동일해진다 (Anderson, 1957). 이 경우 분산은

$$V(\hat{\mu}_y) = \frac{\sigma_{xx}\beta_1^2}{n} + \frac{\sigma_{ee}}{r} = \frac{\sigma_{yy}}{r}\left[1 - \left(1 - \frac{r}{n}\right)\rho^2\right] \tag{12.6}$$

이 된다. 따라서 $1 - \left(1 - n^{-1}r\right)\rho^2$은 무응답 대체 단계에서 전체 표본에서 관측된 x를 이용하여 회귀 대체를 하게 됨으로써 얻어지는 효율성의 증가분이 될 것이고 (12.3)를 사용한 결측값대체법은 μ_y에 대한 최대우도추정량과 동일해지므로 매우 효율적인 추정을 구현한다고 할 수 있을 것이다.

그러나 이 결측값대체법은 σ_{yy}의 추정에 대해 비편향추정량을 구현해 주지 않는다. 즉,

$$\hat{\sigma}_{yyI} = \frac{1}{n}\left\{\sum_{i=1}^{r} y_i^2 + \sum_{i=r+1}^{n} \hat{y}_i^2\right\} - \hat{\mu}_{yI}^2$$

으로 정의되는 σ_{yy}의 대체추정량(imputed estimator)는 근사적으로 다음을 만족시키기 때문이다.

$$E\left(\hat{\sigma}_{yyI}\right) = \sigma_{yy} - \frac{n-r}{n}\sigma_{yy}\left(1-\rho^2\right) < \sigma_{yy}.$$

따라서 μ_y에는 최적인 결측값대체법이 σ_{yy}의 추정에서는 과소추정을 하게 된다.

여기서는 $Y = \sum_{i=1}^{N} y_i$의 추정에 대해서만 다루기로 하자. 관심 항목 y_i에 대한 결측 대체값을 y_i^*라고 할때 이러한 결측 대체값을 이용한 추정량은 다음과 같이 표현될수 있다.

$$\hat{Y}_I = \sum_{i \in A} \frac{1}{\pi_i}\left\{R_i y_i + (1-R_i) y_i^*\right\} \tag{12.7}$$

이때 R_i는 응답 여부를 나타내는 지시변수이다. 이럴때 (12.7)의 결측대체 추정량(imputation estimator)이 비편향이기 위해서는 어떠한 조건을 만족해야 할 것인가? 다음의 보조정리는 그에 대한 충분 조건을 제시하고 있다.

보조 정리 12.1. 만약 y_i^*가 다음의 조건을 만족하면

$$E\left(y_i^* \mid R_i = 0\right) = E\left(y_i \mid R_i = 0\right), \tag{12.8}$$

식 (12.7)의 결측대체 추정량은 Y에 대한 비편향성을 만족한다.

증명 먼저 $\hat{Y}_{HT} = \sum_{i \in A} \pi_i^{-1} y_i$로 정의하자. 그러면

$$\hat{Y}_I - \hat{Y}_{HT} = \sum_{i \in A} \frac{1}{\pi_i}(1-R_i)\left(y_i^* - y_i\right)$$

이 성립하고 따라서

$$E\left(\hat{Y}_I - \hat{Y}_{HT} \mid R_1, \cdots, R_N, y_1, \cdots, y_N\right) = \sum_{i=1}^{N}(1-R_i)(y_i^* - y_i) \tag{12.9}$$

이 성립한다. 따라서 표본추출 메카니즘에 대하여 기대값을 취하면

$$\begin{aligned} E\{(1-R_i)(y_i^*-y_i)\} &= E\left[E\{(1-R_i)(y_i^*-y_i) \mid R_i\}\right] \\ &= E\left[(1-R_i)E\{(y_i^*-y_i) \mid R_i\}\right] \\ &= E\left[(1-R_i)E\{(y_i^*-y_i) \mid R_i=0\}\right] \end{aligned}$$

이 성립하고 (12.8)에 의해 위의 우항은 0 이 되므로

$$E\left(\hat{Y}_I - \hat{Y}_{HT}\right) = \sum_{i=1}^{N} E\{(1-R_i)(y_i^*-y_i)\} = 0$$

이 성립하게 된다. □

그렇다면 어떻게 해야 (12.8)를 만족하는 무응답 대체법을 구현할수 있을 것인가? 이를 위하여 표본자료 전체로부터 보조 변수 X를 관측할수 있고 모든 가측 집합(measurable set) B에 대하여

$$P(Y \in B \mid X, R=1) = P(Y \in B \mid X, R=0) \tag{12.10}$$

을 만족한다고 가정하자. 위의 (12.10) 조건은 흔히 MAR (Missing At Random)이라고 불리우는데 Rubin (1976)에 의해 처음으로 제창된 개념이다. 이러한 MAR 조건 하에서는 y^* 값을 $E(Y \mid X, R=1)$으로 부터 계산하여 사용하면 (12.8)을 만족함을 보일수 있다. 다음의 보조정리에 그 내용이 정리되어 있다.

보조 정리 12.2. 만약 y^*를

$$E\left(y_i^* \mid \mathbf{x}_i, R_i=1\right) = E\left(y_i \mid \mathbf{x}_i, R_i=1\right) \tag{12.11}$$

이 성립하도록 얻어내고 식 (12.10)의 MAR 조건이 성립한다면 식 (12.7)로 표현되는 결측대체 추정량은 비편향성을 만족한다.

증명 MAR 조건 하에서는 다음이 성립한다.

$$\begin{aligned} E\left(y_i \mid R_i=0\right) &= E\left\{E\left(y_i \mid X_i, R_i=0\right) \mid R_i=0\right\} \\ &= E\left\{E\left(y_i \mid X_i, R_i=1\right) \mid R_i=0\right\}. \end{aligned}$$

따라서 (12.11)이 성립하도록 y^*를 얻어내면 (12.8)가 성립하므로 보조정리 12.1 에 의해서 결측대체 추정량의 비편향성이 만족하게 된다. □

따라서 위의 보조정리에 의해서 $f(y \mid x, R=1)$의 모형을 응답 표본으로부터 추정한후 이를 바탕으로 결측대체값을 구현하면 비편향성을 만족하는 결측대체법을 구현하게 되는 것이다. 식 (12.10)의 MAR 조건이 성립하기 위해서는

$$P(R=1 \mid X, Y) = P(R=1 \mid X) \tag{12.12}$$

이 성립해야 한다. 즉, Y와 R이 X가 주어졌을때 조건부 독립이 되는 것을 MAR 이라고 한다.

제 2 절 회귀 모형 대체법

대체 방법은 분류 기준에 따라 여러 가지로 분류된다. 먼저 결정적 대체(deterministic imputation)과 확률적 대체(stochastic imputation)으로 분류할 수 있는데 결정적 대체는 (12.3)처럼 그 대체값이 대체 작업을 여러 번 반복하여도 변하지 않게 되는 경우를 지칭하고 확률적 대체는 대체값의 결정 과정에 랜덤하게 결정되는 부분이 있어 대체법을 반복함에 따라 대체값이 다르게 나타날 수 있게 되는 경우를 지칭한다. 예를 들어 위의 예제에서 회귀모형을 사용하는 경우 대체값을

$$y_i^* = \hat{y}_i + e_i^*$$

으로 정하되 $\hat{y}_i$는 (12.3)에서처럼 결정적 부분(deterministic part)이고 e_i^*는 확률적 부분(stochastic part)로써 $N\left(0, \hat{\sigma}_{ee}^2\right)$에서 추출하거나 아니면 회귀모형을 사용한 잔차에서 랜덤하게 추출하여 얻어낼 수 있다.

무응답 대체 방법의 또다른 분류 방법은 모수적 대체(parametric imputation)과 비모수적(nonparametric) - 또는 준모수적(semiparametric) - 대체가 있다. 모수적 대체는 정규분포와 같은 모수적 확률분포를 가정하고 그것을 바탕으로 대체값을 구현하는 방법이고 비모수적 대체(nonparametric imputation)는 확률 분포를 가정하지 않고 대체값을 구현하는 방법이다. 모수적 대체법은 그 모형하에서의 모든 모수에 대하여 일치 추정량을 구현할 수 있도록 대체값을 구현할 수 있다는 장점이 있으나, 표본론에서는 전통적으로 모수적 모형접근법이 잘 받아들여지지 않고 있어 표본조사 자료의 대체 방법으로는 잘 사용되지

않는다. 준모수적 대체는 모형을

$$\begin{aligned} E_{\zeta}(y_i) &= \mathbf{x}_i'\boldsymbol{\beta} \\ Var_{\zeta}(y_i) &= \sigma^2 \end{aligned} \quad (12.13)$$

처럼 평균, 분산 등의 가정만 하고 이를 바탕으로 대체치를 구현하는 방법이다. 모형이 (12.13)과 같은 경우 일반적으로 많이 받아들여지는 결측값대체법은 다음과 같다.

1. 전체 표본을 성별, 연령대별, 지역별 등과 같은 주요 범주형 변수를 사용하여 G개의 cell 로 나눈다.

2. 전체 응답자료를 바탕으로 회귀모형을 적용하여 $\hat{\boldsymbol{\beta}}$를 구하고 이를 바탕으로 잔차 $\hat{e}_i = y_i - \mathbf{x}_i'\hat{\boldsymbol{\beta}}$를 계산한다.

3. 최종 대체값은

   $$y_i^* = \mathbf{x}_i'\hat{\boldsymbol{\beta}} + e_i^*$$

   으로 정하되 e_i^*는 해당 셀(cell) 내의 잔차들 중에서 랜덤하게 추출하여 정한다.

이러한 대체법은 stochastic regression imputation이라 부르는데 비슷한 원리로 stochastic ratio imputation 이나 stochastic cell mean imputation (또는 그냥 hot deck imputation 이라고도 함)을 구현할 수 있다. 이 stochastic regression imputation의 장점은 (1) $\boldsymbol{\beta}$의 추정에 무응답 편향을 없애고 (2) σ_{yy}의 일치 추정도 가능할 뿐만 아니라 (3) $\mathbf{x}$와 y와의 상관 관계를 보존하며 (4) 잔차의 셀(cell) 평균이 결국 모형 (12.13)으로부터 얻어난 정도를 보완해 주는 효과를 줌으로써 보다 강건(robust)한 대체 방법론을 제공해 준다는 것 등이 있다.

예제 12.2. 다음과 같은 HT 추정량을 생각해 보자.

$$\hat{Y}_{HT} = \sum_{i \in A} \frac{1}{\pi_i} y_i.$$

여기서 y_i가 관측되지 않고 대신 보조변수 $\mathbf{x}_i$만 관측되는 경우 종종 (12.13)의 회귀모형을 사용하여 대체치를 구현하게 된다. 이러한 모형 하에서 먼저 결정적 대체를 사용하는 경우 그 대체 추정량은

$$\hat{Y}_{Id} = \sum_{i \in A} \frac{1}{\pi_i} \left\{ R_i y_i + (1 - R_i) \mathbf{x}_i' \hat{\boldsymbol{\beta}} \right\} \tag{12.14}$$

로 표현되며 여기서 $\hat{\boldsymbol{\beta}}$는

$$U(\boldsymbol{\beta}) = \sum_{i \in A} \frac{1}{\pi_i} R_i \mathbf{x}_i \left(y_i - \mathbf{x}_i' \boldsymbol{\beta} \right) = \mathbf{0}$$

의 해로 표현된다. 이러한 경우 식 (7.26)와 동일한 방식을 사용하면 적절한 조건 하에서

$$\hat{\boldsymbol{\beta}} = \boldsymbol{\beta} + \left(\sum_{i=1}^{N} R_i \mathbf{x}_i \mathbf{x}_i' \right)^{-1} \sum_{i \in A} \frac{1}{\pi_i} R_i \mathbf{x}_i \left(y_i - \mathbf{x}_i' \boldsymbol{\beta} \right) + o_p \left(\frac{1}{\sqrt{n}} \right)$$

이 성립함을 테일러 전개를 통해서 보일수 있다. 따라서 이를 (12.14)에 대입하면

$$\hat{Y}_{Id} = \sum_{i \in A} \frac{1}{\pi_i} \left\{ R_i \left(y_i + \mathbf{c}' \mathbf{x}_i e_i \right) + (1 - R_i) \mathbf{x}_i' \boldsymbol{\beta} \right\} + o_p \left(\frac{N}{\sqrt{n}} \right) \tag{12.15}$$

으로 표현될 수 있는데 여기서

$$\begin{aligned} \mathbf{c} &= \left(\sum_{i=1}^{N} R_i \mathbf{x}_i \mathbf{x}_i' \right)^{-1} \sum_{i=1}^{N} (1 - R_i) \mathbf{x}_i \\ e_i &= y_i - \mathbf{x}_i' \boldsymbol{\beta} \end{aligned}$$

으로 정의한다. 따라서

$$\hat{Y}_{Id} = \sum_{i \in A} \frac{1}{\pi_i} \left\{ \mathbf{x}_i' \boldsymbol{\beta} + R_i \left(1 + \mathbf{c}' \mathbf{x}_i \right) e_i \right\} + o_p \left(\frac{N}{\sqrt{n}} \right) \tag{12.16}$$

이 성립하고 $\eta_i = \mathbf{x}_i' \boldsymbol{\beta} + R_i \left(1 + \mathbf{c}' \mathbf{x}_i \right) e_i$으로 정의하면 $\hat{Y}_{Id}$는 $\hat{\eta}_{HT} = \sum_{i \in A} \pi_i^{-1} \eta_i$와 근사적으로 동일(asymptotically equivalent)해진다.

따라서 $\hat{\eta}_{HT} = \sum_{i \in A} \pi_i^{-1} \eta_i$을 표본추출 메카니즘에 대해 기대값을 취하면

$$E\left(\hat{\eta}_{HT} \mid R_1, R_2, \cdots, R_N, \mathcal{F}_N\right) = \sum_{i=1}^{N} \mathbf{x}_i' \boldsymbol{\beta} + \sum_{i=1}^{N} R_i (1 + \mathbf{c}' \mathbf{x}_i) e_i$$

이 성립하고 이는 (12.13)과 MAR하에서 $E(e_i \mid \mathbf{x}_i, R_i) = 0$이므로

$$E\left(\sum_{i \in A} \pi_i^{-1} \eta_i\right) = \sum_{i=1}^{N} \mathbf{x}_i' \boldsymbol{\beta} = E\left(\sum_{i=1}^{N} y_i\right)$$

이 되어 비편향이 된다. 한편 분산 추정량은

$$\hat{V}\left(\hat{Y}_{Id}\right) = \sum_{i \in A} \sum_{j \in A} \frac{\pi_{ij} - \pi_i \pi_j}{\pi_{ij}} \frac{\hat{\eta}_i}{\pi_i} \frac{\hat{\eta}_j}{\pi_j} \tag{12.17}$$

으로 표현되며 여기서

$$\hat{\eta}_i = \mathbf{x}_i' \hat{\boldsymbol{\beta}} + R_i \left(1 + \hat{\mathbf{c}}' \mathbf{x}_i\right) \hat{e}_i$$

와

$$\begin{aligned} \hat{\mathbf{c}} &= \left(\sum_{i \in A} \pi_i^{-1} R_i \mathbf{x}_i \mathbf{x}_i'\right)^{-1} \sum_{i \in A} \pi_i^{-1} (1 - R_i) \mathbf{x}_i \\ \hat{e}_i &= y_i - \mathbf{x}_i' \hat{\boldsymbol{\beta}} \end{aligned}$$

으로 계산될 수 있다.

만약 결정적 대체가 사용되지 않고 확률적 대체가 이루어졌다고 할 때 y_i^*를 y_i에 대한 확률적 대체값이라 한다면

$$y_i^* \mid \hat{\boldsymbol{\beta}} \overset{indep}{\sim} \left(\mathbf{x}_i' \hat{\boldsymbol{\beta}}, \hat{\sigma}_{ee}\right) \tag{12.18}$$

를 이용하여 대체가 이루어지는 경우를 살펴보자. 이러한 경우 얻어지는 대체 추정량

$$\hat{Y}_{Is} = \sum_{i \in A} \frac{1}{\pi_i} \left\{R_i y_i + (1 - R_i) y_i^*\right\} \tag{12.19}$$

은

$$\hat{Y}_{Is} = \hat{Y}_{Id} + \left(\hat{Y}_{Is} - \hat{Y}_{Id}\right)$$

으로부터

$$Cov\left(\hat{Y}_{Id}, \hat{Y}_{Is} - \hat{Y}_{Id}\right) = 0$$

임을 이용하면 분산 추정량을 구할 수 있다. 즉,

$$V\left(\hat{Y}_{Is}\right) = V\left(\hat{Y}_{Id}\right) + V\left(\hat{Y}_{Is} - \hat{Y}_{Id}\right) \tag{12.20}$$

에서 오른쪽의 첫 번째 항은 결정적 대체법의 분산 추정식 (12.17)을 이용하여 구현하고 두 번째 항은

$$\hat{Y}_{Is} - \hat{Y}_{Id} = \sum_{i \in A} \frac{1}{\pi_i} (1 - R_i) \left(y_i^* - \mathbf{x}_i' \hat{\boldsymbol{\beta}}\right)$$

을 이용하여 구현한다. 만약 각 대체치들이 (12.18)처럼 독립적으로 추출되는 경우에는

$$\hat{V}\left(\hat{Y}_{Is} - \hat{Y}_{Id}\right) = \sum_{i \in A} \frac{1}{\pi_i^2} (1 - R_i) \left(y_i^* - \mathbf{x}_i' \hat{\boldsymbol{\beta}}\right)^2$$

의 형태로 쉽게 구현될 수 있을 것이다. 이와 관련한 보다 자세한 내용은 Kim and Rao (2009)에서 찾아볼수 있다.

제 3 절 다중 대체법

Rubin (1987)이 개발한 다중 대체법(multiple imputation)은 베이지안 관점을 무응답 대체 문제에 적용한 접근법이다. 만약 추정량

$$\hat{\theta}_n = \sum_{i \in A} w_i y_i \tag{12.21}$$

이 무응답이 없었을 경우 사용할 추정량이라 한다면, 대체를 사용한 추정량은

$$\hat{\theta}_I = \sum_{i \in A} w_i \left[R_i y_i + (1 - R_i) y_i^*\right]$$

의 형태로 표현될 수 있을 것이다. 결측치 y_i의 모수적 분포를 $f(y_i \mid \boldsymbol{\beta})$로 표현할때 만약 모수 $\boldsymbol{\beta}$를 알면 y^*를 발생시킬수 있을 것이다. 실제로는 $\boldsymbol{\beta}$를 모르므로 베이지안 방법을 이용하여

$$y_i^* \sim f(y_i \mid \mathbf{y}_{obs}) \tag{12.22}$$

의 사후예측분포(posterior predictive distribution)로부터 대체치를 발생시키는데 여기서 $\mathbf{y}_{obs}$는 관측된 y-값들을 나타내고

$$f(y_i \mid \mathbf{y}_{obs}) = \int f(y_i \mid \boldsymbol{\beta})\, p(\boldsymbol{\beta} \mid \mathbf{y}_{obs})\, d\boldsymbol{\beta}$$

이고 $p(\boldsymbol{\beta} \mid \mathbf{y}_{obs})$는 모수 $\boldsymbol{\beta}$의 사후분포(posterior distribution)을 나타낸다. 만약 이 사후분포로부터 M개의 모수값 $\boldsymbol{\beta}^*_{(k)}, k = 1, 2, \cdots, M$을 발생시킨다면 사후예측분포는

$$\int f(y_i \mid \boldsymbol{\beta})\, p(\boldsymbol{\beta} \mid \mathbf{y}_{obs})\, d\boldsymbol{\beta} = p \lim_{M\to\infty} \frac{1}{M} \sum_{k=1}^{M} f\left(y_i \mid \boldsymbol{\beta}^*_{(k)}\right)$$

으로 근사시킬 수 있다.

무응답이 없었을 때 사용했을 점추정량 $\hat{\theta}_n$과 그 경우의 분산 추정량 $\hat{V}_n$이 주어졌을 때 Rubin 이 제안한 다중 대체법은 크게 다음과 같은 절차를 통해 이루어진다.

[Step 1] 식 (12.22)의 사후예측분포를 이용하여 각 결측치(y_i)에 대해 $M(> 1)$개의 대체치($y^*_{(1)}, \cdots, y^*_{(M)}$) 를 독립적으로 발생시켜 총 M개의 대체 완료된 자료를 만든다.

[Step 2] 각 k-번째 ($k = 1, 2, \cdots, M$) 대체 완료된 자료를 $\hat{\theta}_n$과 $\hat{V}_n$에 적용한 $\hat{\theta}_{I(k)}$와 $\hat{V}_{I(k)}$를 계산한다.

[Step 3] 총 M개의 $\hat{\theta}_{I(k)}$로부터 점추정량을

$$\hat{\theta}_{MI} = \frac{1}{M} \sum_{k=1}^{M} \hat{\theta}_{I(k)} \tag{12.23}$$

으로 사용하고 그 경우의 분산 추정량으로써

$$\hat{V}_{MI} = U_M + \left(1 + \frac{1}{M}\right) B_M \tag{12.24}$$

을 사용하는데 여기서

$$\begin{aligned} U_M &= M^{-1} \sum_{k=1}^{M} \hat{V}_{I(k)} \\ B_M &= (M-1)^{-1} \sum_{k=1}^{M} \left(\hat{\theta}_{I(k)} - \hat{\theta}_{MI}\right)^2 \end{aligned}$$

이다.

다중 대체법은 하나의 결측값에 여러 개의 대체값을 넣어줌으로써 점추정량의 효율을 높일 수 있고 부수적으로 분산 추정이 쉽게 구현된다는 장점이 있으나, (12.24)의 분산 추정량의 일치성이나 근사적 비편향성이 항상 성립하지 않는다. 이와 관련해서는 Kim et al. (2006)이나 Yang and Kim (2016b)을 참고하기 바란다.

제 4 절 프렉션 대체법

프렉션 대체법 (fractional imputation)은 다중 대체법의 대안으로 Kalton and Kish (1984)에 의해 처음으로 제안되었다가 별 주목을 받지 못하고 나중에 Kim and Fuller (2004), Fuller and Kim (2005), Kim (2011)에 의해 더욱 발전되어 사용되는 무응답 대체 방법론이다.

프렉션 대체법을 설명하기 위해서 표본 자료 전체에서 $\mathbf{x}_i$가 관측되고 그중 응답자에 한해서 y_i를 관측한다고 하자. 이러한 경우 가장 자연스러운 방법은 $f(y \mid \mathbf{x})$의 조건부 분포를 찾아낸후 그 분포를 이용하여 대체값을 얻어내는 것이된다. 이러한 경우 표본 조사에서는 두가지 모형을 구분해야 한다. 하나는 표본을 뽑기 전의 모집단 자료의 분포 - 즉, 초모집단 모형 - 를 지칭하고 다른 하나는 표본 자료가 따르는 모형 - 이를 표본 모형 (sample model)이라 하자 - 을 지칭한다. 표본 모형은 모집단의 모형과 다를수 있다. 왜냐하면 베이즈 정리를 사용하면

$$f_s(y \mid x) = f_p(y \mid x)\, \frac{Pr\,(I = 1 \mid x, y)}{Pr\,(I = 1 \mid x)},$$

으로 표현될수 있는데 여기서 $f_s(\cdot)$은 샘플 모형의 확률 밀도 함수이고 $f_p(\cdot)$은 모집단 모형의 확률 밀도 함수이다. 만약

$$Pr\,(I = 1 \mid x, y) = Pr\,(I = 1 \mid x) \tag{12.25}$$

이면 두 모형은 같아지게 된다. 식 (12.25)을 만족하는 경우를 noninformative sampling 이라고도 한다 (Sugden and Smith, 1984). 일반적인 경우 표본 자료의 분포와 모집단 자료의 분포는 서로 다르고 식 (12.25)는 성립하지 않을 것이다.

그렇다면 이 두 분포 중에서 어떠한 분포를 사용하여 결측 대체치를 얻어낼 것인가? 표본 분포를 이용하여 대체치를 얻고자 하는 경우에는 다음과 같은 가정을 사용하고

$$f(y \mid x, I=1, R=1) = f(y \mid x, I=1, R=0) \tag{12.26}$$

대체값을 $f(y \mid x, I=1, R=1)$으로부터 얻어내는데 이 분포는 관측 자료로부터 추정이 쉽게 될수 있으므로 편리한 방법으로 사용되어 진다. 식 (12.26)은 종종 *missing at random (MAR)* 이라고 불러 지는데 이러한 용어는 Rubin (1976)이 처음 제안하였다. 엄격하게 말하자면 식 (12.26)의 MAR은 실현된 표본 하에서 정의된 개념이고 이것은 다음의 개념과는 좀 구별된다.

$$f(y \mid x, R=1) = f(y \mid x, R=0). \tag{12.27}$$

Berg et al. (2016)은 이 두 개념을 구분하여 식 (12.26) 을 *sample MAR (SMAR)*이라고 부르고 식 (12.27)을 population MAR (PMAR)이라고 불렀다. 그들은 PMAR을 만족하지만 SMAR을 만족하지 않는 경우가 종종 생길수 있으므로 PMAR을 가정하는 것이 더 바람직하다고 주장하였다.

PMAR 하에서 y의 대체값은 $f(y_i \mid x_i)$으로부터 발생시킬수 있는데 이 모형의 모수를 추정하기 위해서는 가중치를 사용하여 추정해야 한다. 즉, $S(\theta; y, x) = \partial \log f(y \mid x; \theta)/\partial\theta$ 으로 정의하면

$$\sum_{i \in A} w_i R_i S(\theta; y_i, x_i) = 0 \tag{12.28}$$

을 사용하여 θ의 추정치 $\hat{\theta}$를 계산한후 $f(y \mid x; \hat{\theta})$을 이용하여 대체치를 얻어내면 된다. 여기서 $w_i = 1/\pi_i$이다.

프렉션 대체(fractional imputation)에서는 m개의 대체값을 얻는데 이를 얻어내는 분포가 원하는 분포와 달라도 된다. 즉, $y_{i1}^*, \cdots, y_{im}^*$은 $f_0(y \mid x)$라는 초기 분포 (이를 proposal distribution 이라고 부른다)로부터 발생시키고 그 대체치들에게 다음과 같은 프렉션 가중치(fractional weight)를 부여한다.

$$w_{ij0}^* = \frac{f(y_{ij}^* \mid x_i; \hat{\theta})/f_0(y_{ij}^* \mid x_i)}{\sum_{k=1}^m f(y_{ik}^* \mid x_i; \hat{\theta})/f_0(y_{ik}^* \mid x_i)}.$$

만약 $f_0(y \mid x)$를 $f(y \mid x; \hat{\theta})$로 사용하면 $w_{ij0}^* = 1/m$이 된다. y가 벡터이고 무응답 여부가 항목 별로 달라지면 $\hat{\theta}$을 (12.28)처럼 바로 얻어낼수 없고 EM 알고리즘과 같은 방법을 사용해서 추정해야 하는데 이때 프렉션 대처법이 E-step 을 구현하는 좋은 계산 방법이 된다 (Kim, 2011).

만약 m이 그리 크지 않은 경우는 프렉션 가중치는 가중치 캘리브레이션 (calibration) 방법을 통해서 더욱 개선될수 있다. $\hat{\theta}$이 식 (12.28)으로 계산되는 경우 캘리브레이션을 사용하기 위한 관계식은 다음과 같이 표현된다.

$$\sum_{i\in A}\sum_{j=1}^{m} w_i(1-R_i)w_{ij}^* S(\hat{\theta}; x_i, y_{ij}^*) = 0 \tag{12.29}$$

이때 w_{ij}^*은 양의 값을 가지면서 $\sum_{j=1}^{m} w_{ij}^* = 1$을 만족해야 한다. 회귀 가중치 계산법을 이용하면 식 (12.29)을 만족하는 캘리브레이션 프렉션 가중치(calibration fractional weight)는 다음과 같이 계산된다.

$$w_{ij}^* = w_{ij0}^* + w_{ij0}^* \Delta \left(S_{ij}^* - \bar{S}_{i\cdot}^*\right), \tag{12.30}$$

이때 $S_{ij}^* = S(\hat{\theta}; x_i, \mathbf{y}_{ij}^*)$, $\bar{S}_{i\cdot}^* = \sum_{j=1}^{m} w_{ij0}^* S_{ij}^*$,

$$\Delta = -\left\{\sum_{i\in A} w_i(1-\delta_i)\sum_{j=1}^{m} w_{ij0}^* S_{ij}^*\right\}' \left[\sum_{i\in A} w_i(1-\delta_i)\sum_{j=1}^{m} w_{ij0}^* \left(S_{ij}^* - \bar{S}_{i\cdot}^*\right)^{\otimes 2}\right]^{-1}$$

이다. 이때 $B^{\otimes 2} = BB'$을 나타낸다. 위의 (12.29)식은 대체값 자료를 사용하여 스코어식(score equation)을 풀더라도 식 (12.28)에서 얻어진 것과 동일한 해를 갖게 함으로써 무응답 대체 메카니즘에서 발생할수 있는 Monte Carlo 오차를 줄어주는 효과를 갖는다. 이렇게 프렉션 대체를 통해서 자료가 완성되면 이때 얻어지는 $Y = \sum_{i=1}^{N} y_i$의 프렉션 대체 추정량은 다음과 같이 계산된다.

$$\hat{Y}_{FI} = \sum_{i\in A} w_i \left\{\delta_i y_i + (1-\delta_i)\sum_{j=1}^{m} w_{ij}^* y_{ij}^*\right\}.$$

분산 추정에서는 복제치 분산 추정법을 사용할 수 있다. 무응답이 없을 경우 $\hat{Y} = \sum_{i\in A} w_i y_i$에 대한 복제치 분산 추정 공식을

$$\hat{V}_{rep} = \sum_{k=1}^{L} c_k(\hat{Y}^{(k)} - \hat{Y})^2$$

으로 표현하고 $\hat{Y}^{(k)} = \sum_{i \in A} w_i^{(k)} y_i$는 k번째 복제치라고 하자. 복제치를 계산하기 위한 가중치 $w_i^{(k)}$는 9장에서 소개된 잭나이프 등의 방법을 통해 계산할수 있다.

프렉션 대체 자료로 계산된 추정량에서 복제치 분산 추정법을 사용하기 위해서는 먼저 $w_i^{(k)}$을 식 (12.28)에 적용해서 $\hat{\theta}^{(k)}$을 얻어내야 한다. 그후

$$w_{ij0}^{*(k)} = \frac{f(y_{ij}^* \mid x_i; \hat{\theta}^{(k)})/f_0(y_{ij}^* \mid x_i)}{\sum_{l=1}^{m} f(y_{il}^* \mid x_i; \hat{\theta}^{(k)})/f_0(y_{il}^* \mid x_i)}$$

을 계산한 후에 동일한 캘리브레이션 방법을 적용하며

$$\sum_{i \in A} \sum_{j=1}^{m} w_i^{(k)} (1 - R_i) w_{ij}^{*(k)} S(\hat{\theta}^{(k)}; x_i, y_{ij}^*) = 0 \tag{12.31}$$

와 $\sum_{j=1}^{m} w_{ij}^{*(k)} = 1$을 만족하는 복제된 (replicated) 프렉션 가중치인 $w_{ij}^{*(k)}$를 만들면 된다. 그 후에는

$$\hat{Y}_{FI}^{(k)} = \sum_{i \in A} w_i^{(k)} \left\{ R_i y_i + (1 - R_i) \sum_{j=1}^{m} w_{ij}^{*(k)} y_{ij}^* \right\}$$

를 계산하여

$$\hat{V}_{rep}(\hat{Y}_{FI}) = \sum_{k=1}^{L} c_k (\hat{Y}_{FI}^{(k)} - \hat{Y}_{FI})^2$$

을 통해 $\hat{Y}_{FI}$의 분산 추정을 구현할수 있다.

이러한 복제치 추정 방법은 다목적 추정에 특히 유용하게 사용될수 있다. 예를 들어, 계산하고자 하는 또다른 모수가 $\Psi = Pr(Y < 3)$라고 한다면 이 모수에 대한 FI 추정량은

$$\hat{\Psi}_{FI} = \sum_{i \in A} w_i \left\{ R_i I(y_i < 3) + (1 - R_i) \sum_{j=1}^{m} w_{ij}^* I(y_{ij}^* < 3) \right\}$$

으로 계산하면 되고 이에 대한 복제치 분산 추정량은

$$\hat{V}_{rep}(\hat{\Psi}_{FI}) = \sum_{k=1}^{L} c_k (\hat{\Psi}_{FI}^{(k)} - \hat{\Psi}_{FI})^2,$$

으로 계산될 수 있는데 여기서

$$\hat{\Psi}_{FI}^{(k)} = \sum_{i \in A} w_i^{(k)} \left\{ R_i I(y_i < 3) + (1 - R_i) \sum_{j=1}^{m} w_{ij}^{*(k)} I(y_{ij}^* < 3) \right\}$$

이 된다. 표본 조사에서의 프렉션 대체법에 대한 보다 자세한 내용은 Yang and Kim (2016a)을 참고하기 바란다.

제 5 절 대량 대체

결측은 어쩔수 없이 발생하는 경우도 있지만 비용 절감 등을 이유로 일부러 결측을 만드는 경우도 있다. 예를 들어 이상 추출(two-phase sampling) 의 경우에서 일차표본에서는 X를 관측하고 Y는 관측하지 않는데 이러한 경우도 Y를 전체 표본에서는 관측하지 않고 그 부분 집합인 이차표본에서만 관측하게 함으로써 비용을 줄이고자 하므로 일종의 계획된 결측 (planned missing) 자료라고 할수 있다. 더 나아가 두 개의 독립된 자료가 있고 한 자료에서는 (X, Y)를 관측하고 다른 자료에서는 X만을 관측하는 경우도 일종의 non-nested 자료 구조를 가진 이상 추출 (two-phase sampling)으로 간주할 수 있고 이 또한 계획된 결측 자료로 분류될 수 있게 된다. 예를 들어 일차표본에서는 설문지로 건강 관련 항목들을 측정하고 소규모의 이차표본에 한해서 건강 검진 기기를 사용하여 건강 지표 실측을 하는 경우가 그에 해당될 것이다.

이렇게 계획된 결측이 있을 경우 이를 무응답 처럼 간주하고 앞 절의 무응답 대체법을 사용하는 것을 합성자료 대체법(synthetic data imputation)이라고 한다. 합성 자료(synthetic data)라는 의미는 자료값을 아예 만들어 낸다는 의미이다. 즉, 이 자료에서는 Y를 아예 관측하지 않았는데 어떤 다른 정보를 이용하여 $\hat{Y}$을 그 자료의 모든 원소에 대해 만들어 내는 것을 합성자료 대체(synthetic data imputation)이라고 한다. 이러한 방법은 무응답처럼 일부가 아닌 대규모의 대체값을 생산하게 되므로 대량 대체(mass imputation)이라고도 부른다.

먼저 10장에서 다룬 이상 추출 자료에서의 추정 방법의 일환으로 어떻게 대량대체를 할수 있는지에 대해 다루고 보자. 먼저 일차표본 A_1에서는 $\mathbf{x}_i$를 관측하고 이차표본 A_2에서는 $\mathbf{x}_i$와 y_i를 관측한다고 하자. 이때 우리의 관심

모수는 $Y = \sum_{i=1}^{N} y_i$이라고 하자. 일차표본의 가중치를 w_i라고 하면 Y의 회귀 모형을 이용한 대량대체 추정량은 다음과 같이 표현될수 있다.

$$\hat{Y}_{reg,I} = \sum_{i \in A_2} w_i y_i + \sum_{i \in A_2^c \cap A_1} w_i \mathbf{x}_i' \hat{\boldsymbol{\beta}} \tag{12.32}$$

여기서 $\hat{\boldsymbol{\beta}}$는 이차표본 관측치 $(\mathbf{x}_i, y_i)$로부터 얻어지는 회귀계수 추정량으로써

$$\hat{\boldsymbol{\beta}} = \left(\sum_{i \in A_2} w_i \mathbf{x}_i \mathbf{x}_i' \right)^{-1} \sum_{i \in A_2} w_i \mathbf{x}_i y_i \tag{12.33}$$

으로 계산되는 경우를 고려하자. 식 (8.9)와 동일한 방법으로 계산하면 $\hat{Y}_{reg,I}$의 편향은

$$\begin{aligned} E(\hat{Y}_{reg,I}) - Y &= E\{\hat{Y}_{reg,I} - \hat{Y}_{HT}\} \\ &= -E\left\{ \sum_{i \in A_2^c \cap A_1} w_i \left(y_i - \mathbf{x}_i' \hat{\boldsymbol{\beta}} \right) \right\} \\ &= -E\left\{ \sum_{i \in A_2} w_i \left(\frac{1}{\pi_{i2|1}} - 1 \right) \left(y_i - \mathbf{x}_i' \hat{\boldsymbol{\beta}} \right) \right\} \end{aligned}$$

으로 표현된다. 따라서 $\hat{y}_i = \mathbf{x}_i' \hat{\boldsymbol{\beta}}$이 다음 식을 만족하는 경우에는 (12.32)의 대량대체 추정량이 근사적으로 비편향을 만족함을 확인할 수 있다.

$$\sum_{i \in A_2} w_i \left(\frac{1}{\pi_{i2|1}} - 1 \right) \left(y_i - \mathbf{x}_i' \hat{\boldsymbol{\beta}} \right) = 0. \tag{12.34}$$

만약 $\hat{\boldsymbol{\beta}}$가 (12.33)으로 계산되는 경우 (12.34)를 만족하기 위해서는 모든 i에 대해서

$$\pi_{i2|1}^{-1} - 1 = \mathbf{x}_i' \boldsymbol{\lambda} \tag{12.35}$$

를 만족시키는 $\boldsymbol{\lambda}$가 존재하면 된다. 조건 (12.35)을 만족하기 위한 간단한 방법으로는 $\mathbf{x}_i$에 $\pi_{i2|1}^{-1} - 1$를 포함시키면 되는데 이는 모든 $i \in A_1$에 대해 이를 계산할수 있다는 것을 전제로 한다. 이러한 대량대체는 y값에 대한 예측을 $A_1 \cap A_2^c$ 전체에 적용해줌으로써 소지역 추정에 특히 유용하게 사용된다. 대량대체를 통해 소지역 추정을 구현하는 경우 얻어지는 소지역 추정량을 합성 추정량(synthetic estimator)라고 부른다.

다음으로는 $\hat{Y}_{reg,I}$의 분산추정을 살펴보자. 분산추정은 복제치 방법을 사용하면 간단하게 계산할 수 있는데 10.3 절에서 소개한 것과 마찬가지로 w_i를 복제 가중치(replication weight)인 $w_i^{(k)}$로 바꾸어서 (12.32)와 동일한 방식으로 $\hat{Y}_{reg,I}^{(k)}$을 계산한 후에 이 복제치들을 바탕으로 분산추정량을 계산할수 있다. 즉,

$$\hat{\boldsymbol{\beta}}^{(k)} = \left(\sum_{i \in A_2} w_i^{(k)} \mathbf{x}_i \mathbf{x}_i' \right)^{-1} \sum_{i \in A_2} w_i^{(k)} \mathbf{x}_i y_i$$

을 사용하여

$$\hat{Y}_{reg,I}^{(k)} = \sum_{i \in A_2} w_i^{(k)} y_i + \sum_{i \in A_2^c} w_i^{(k)} \mathbf{x}_i \hat{\boldsymbol{\beta}}^{(k)}$$

을 계산한 후에

$$\hat{V}_{rep} = \sum_{k=1}^{L} c_k \left(\hat{Y}_{reg,I}^{(k)} - \hat{Y}_{reg,I} \right)^2$$

을 분산추정량으로 사용하면 된다. Rao and Sitter (1995)는 일차표본이 단순임의추출인 경우에 대해 위의 분산추정 방법론을 처음으로 제안하였고 Kim and Rao (2012)는 두 개의 독립적인 표본에서 공통된 보조변수 x를 관측할때 대량대체을 사용하는 경우에 대하여 다루었다.

제 13 장

소지역 추정

제 1 절 서론

지금까지는 모집단 총계 추정에 대해서 주로 다루었지만 13장에서는 전체 집합이 아닌 도메인에 대한 추정에 대해 다루고자 한다. 도메인은 전국이 아닌 시도와 같은 행정구역 상의 특정 지역을 의미하기도 하고 30대 남자 이런 식으로 인구학적 변수로 구분되는 모집단의 부분 집합을 칭하기도 한다. 논의를 간단하게 하기 위하여 다음과 같이 모집단 U가 G개의 상호 배타적인 부분 모집단(subpopulation)으로 구성되어 있다고 하자.

$$U = U_1 \cup U_2 \cup \cdots \cup U_G$$

이때 우리의 관심 모수는 $Y_g = \sum_{i \in U_g} y_i$ 또는 $\bar{Y}_g = Y_g / N_g$, $N_g = |U_g|$가 된다.

도메인 총계 Y_g를 확률표본으로부터 추정하는 가장 간단한 방법은 HT 추정법을 사용하여

$$\hat{Y}_{d,g} = \sum_{i \in A_g} \frac{1}{\pi_i} y_i \tag{13.1}$$

을 계산하는 것인데 여기서 $A_g = U_g \cap A$이다. 이렇게 (13.1)의 방식으로 얻어지는 추정량을 직접 추정량 (direct estimator)라고도 한다. 직접 추정법은 Y_g에 대한 비편향 추정을 구현한다는 장점이 있으나 $n_g = |A_g|$가 작을 경우 분산이 커지게 되어 추정의 신뢰성을 담보하지 못한다.

소지역 추정(small area estimation)은 보조 정보를 이용하여 도메인 모수에 대한 추정의 효율을 개선하고자 하는 방법론을 지칭한다. 소지역 추정은 다양한 영역에서 통계 수요가 증가함에 따라 최근 활발히 연구되고 있는 분야로써 이에 대한 실제 적용 사례도 증가하는 추세이다. Rao and Molina (2015)는 소지역 추정에 대한 많은 방법론과 사례를 소개하고 있다. 만약 행정 자료등을 통하여 Y_g와 관련있는 보조 정보 $\mathbf{X}_g = \sum_{i \in U_g} \mathbf{x}_i$을 얻을수가 있고 표본자료로부터 Y에 대한 X의 회귀 계수 $\hat{\boldsymbol{\beta}}$를 추정할 수 있다면

$$\hat{Y}_{s,g} = \mathbf{X}_g' \hat{\boldsymbol{\beta}} \tag{13.2}$$

의 형태로 추정을 할수 있을 것이다. 이는 12.5 절에서 다룬 합성자료 대체법(synthetic data imputation)을 이용한 Y_g의 추정량이다. 이렇게 (13.2)로 구현된 추정량을 합성 추정량 (synthetic estimator)라고 부르는데 합성 추정량은 일반적으로 편향이 존재하지만 분산은 작다는 장점이 있다. 실제로 합성 추정량의 편향은

$$E(\hat{Y}_{s,g}) - Y_g = \sum_{i \in U_g} \{\mathbf{x}_i E(\hat{\boldsymbol{\beta}}) - y_i\}$$

으로 계산될수 있으며 $\mathbf{x}_i$에 그룹 g에 대한 지시변수를 포함하지 않는 한 위의 편향은 0이 아닌 값을 갖는다.

위의 직접 추정량과 합성 추정량을 결합하면 다음과 같은 형태의 추정량의 집합을 생각할수 있다.

$$\hat{Y}_{c,g} = \alpha_g \hat{Y}_{d,g} + (1 - \alpha_g) \hat{Y}_{s,g}. \tag{13.3}$$

이때 α_g는 $0 < \alpha_g < 1$을 만족하는 상수로써 두 추정량을 어떻게 결합할지를 나타내는 결합 계수이다. 이런 형태로 나타나는 추정량을 복합 추정량 (composite estimator)라고 부른다. 위의 형태로 표현되는 다음의 보조 정리는 복합 추정량 $\hat{Y}_{c,g}$의 평균오차제곱(Mean Squared Error)를 최소화하는 최적 계수값 α_g에 대한 결과를 제시하고 있다.

보조 정리 13.1. 그룹 g 내의 표본수 $n_g = |A_g|$ 가 $n_g = o(n)$을 만족하고 $V(\hat{\boldsymbol{\beta}}) = O(1/n)$이 성립할때 식 (13.3)으로 표현되는 복합 추정량의 평균오차

제곱을 최소화하는 최적 계수값은 근사적으로 다음과 같이 계산된다.

$$\alpha_g^* = \frac{MSE(\hat{Y}_{s,g})}{MSE(\hat{Y}_{d,g}) + MSE(\hat{Y}_{s,g})} \tag{13.4}$$

증명 복합추정량의 MSE는 다음과 같이 표현된다.

$$\begin{aligned} E\{(\hat{Y}_{c,g} - Y_g)^2\} &= E\left[\left\{\alpha_g(\hat{Y}_{d,g} - Y_g) + (1-\alpha_g)(\hat{Y}_{s,g} - Y_g)\right\}^2\right] \\ &= \alpha_g^2 MSE(\hat{Y}_{d,g}) + (1-\alpha_g)^2 MSE(\hat{Y}_{s,g}) \\ &+ 2\alpha_g(1-\alpha_g)E\left\{(\hat{Y}_{d,g} - Y_g)(\hat{Y}_{s,g} - Y_g)\right\} \end{aligned}$$

그런데 마지막 항은 $E(\hat{Y}_{d,g} - Y_g) = 0$을 만족하므로

$$\begin{aligned} E\left\{(\hat{Y}_{d,g} - Y_g)(\hat{Y}_{s,g} - Y_g)\right\} &= Cov(\hat{Y}_{d,g}, \hat{Y}_{s,g}) \\ &\leq \left\{V(\hat{Y}_{d,g})\right\}^{1/2}\left\{V(\hat{Y}_{s,g})\right\}^{1/2} \\ &= O(n_g^{-1/2})O(n^{-1/2}) = o(n_g^{-1}) \end{aligned}$$

이므로 근사적으로 무시할수 있다. 따라서

$$MSE(\hat{Y}_{c,g}) \cong \alpha_g^2 MSE(\hat{Y}_{d,g}) + (1-\alpha_g)^2 MSE(\hat{Y}_{s,g})$$

이 성립하고 이를 최소화하는 α_g값은 (13.4)로 얻어진다. □

식 (13.4)의 최적계수값을 사용한 복합추정량은 최적복합 추정량 또는 간단히 복합 추정량이라고 부른다. 이러한 최적계수를 구하기 위해서는 $MSE(\hat{Y}_{d,g})$와 $MSE(\hat{Y}_{s,g})$를 계산해야 하는데 $MSE(\hat{Y}_{d,g})$는 직접 추정량의 분산 추정치를 사용하여 쉽게 계산할수 있다. 그러나 $MSE(\hat{Y}_{s,g})$를 계산하기 위해서는

$$MSE(\hat{Y}_{s,g}) = E\{(\hat{Y}_{s,g} - Y_g)^2\} = E\{(\mathbf{X}_g'\hat{\boldsymbol{\beta}} - Y_g)^2\} \cong E\{(\mathbf{X}_g'\boldsymbol{\beta} - Y_g)^2\}$$

이므로 Y_g를 종속 변수로 하고 $\mathbf{X}_g$를 독립변수로 사용한 회귀 모형의 오차항의 모형 분산의 크기에 따라 결정된다. 즉, 합성 추정량의 MSE는 모형을 바탕으로 얻어진다. 이러한 모형을 이용하여 최적 계수를 결정하고자 할때 모형의 분석 단위가 소지역 자체가 되는 모형을 지역단위모형(area level model)이라고 하고 그보다는 관측 단위인 y_i에 대한 회귀 모형을 사용하면 이를 원소단위 모형(unit level model)이라고 부른다.

제 2 절 지역단위모형

지역단위모형은 분석의 단위를 소지역 단위로 사용하는 모형으로 Fay and Herriot (1979)에 의해서 처음으로 소지역 추정에 사용되어서 Fay-Harriot 모형이라고도 한다. 추정하고자 하는 모수를 $\bar{Y}_g = N_g^{-1} \sum_{i \in U_g} y_i$이라하고 보조변수 $\bar{\mathbf{X}}_g$를 외부로부터 얻을수 있다고 하면 이 경우 다음과 같은 지역단위 회귀모형을 세울수 있다.

$$\bar{Y}_g = \bar{\mathbf{X}}_g' \boldsymbol{\beta} + u_g \tag{13.5}$$

이 때 $u_g \sim \left(0, \sigma_u^2\right)$이다. 또한 $\bar{Y}_g$에 대한 직접추정량에 대한 모형은 다음과 같다.

$$\hat{\bar{Y}}_{d,g} \sim \left(\bar{Y}_g, V_g\right) \tag{13.6}$$

여기서 $V_g = V(\hat{\bar{Y}}_{d,g})$이다. 모형 (13.5)는 모집단 자료의 구조에 대한 모형이므로 구조 오차 모형(structural error model)이라 부를수 있고 (13.6)은 표본 추정량의 샘플링 에러에 대한 모형이므로 표본오차 모형(sampling error model)이라고 부를수 있다.

만약 $\boldsymbol{\beta}$를 안다고 한다면 식 (13.5)는 $\bar{\mathbf{X}}_g' \boldsymbol{\beta}$가 $\bar{Y}_g$에 대한 또다른 추정량으로 사용될수 있음을 보여준다. 따라서 이 두 추정량에 대한 모형은

$$\begin{aligned} \hat{\bar{Y}}_{d,g} &= \bar{Y}_g + e_g \\ \bar{\mathbf{X}}_g' \boldsymbol{\beta} &= \bar{Y}_g - u_g \end{aligned}$$

으로 표현되고 여기서 두개의 오차항 e_g과 u_g는 서로 독립이고 평균이 둘다 0이고 분산이 각각 V_g and σ_u^2를 갖게 된다. 따라서 $\bar{Y}_g$에 대한 BLUP 추정량은 다음과 같이 표현된다.

$$\hat{\bar{Y}}_g^* = \alpha_g^* \hat{\bar{Y}}_{d,g} + \left(1 - \alpha_g^*\right) \bar{\mathbf{X}}_g' \boldsymbol{\beta} \tag{13.7}$$

이때 $\alpha_g^* = \sigma_u^2 / (V_g + \sigma_u^2)$이다. 이 경우 지역단위모형의 모수 $\boldsymbol{\beta}$, V_g, σ_u^2을 아는

것으로 가정하면

$$\begin{aligned} MSE\left(\hat{\bar{Y}}_g^*\right) &= V\left(\hat{\bar{Y}}_g^* - \bar{Y}_g\right) \\ &= V\left\{\alpha_g^*\left(\hat{\bar{Y}}_{d,g} - \bar{Y}_g\right) + \left(1-\alpha_g^*\right)\left(\bar{\mathbf{X}}_g'\boldsymbol{\beta} - \bar{Y}_g\right)\right\} \\ &= \left(\alpha_g^*\right)^2 V_g + \left(1-\alpha_g^*\right)^2 \sigma_u^2 \\ &= \alpha_g^* V_g = \left(1-\alpha_g^*\right)\sigma_u^2 \end{aligned} \tag{13.8}$$

이 되고, $0 < \alpha_g^* < 1$ 이므로

$$MSE\left(\hat{\bar{Y}}_g^*\right) < V_g$$

와

$$MSE\left(\hat{\bar{Y}}_g^*\right) < \sigma_u^2$$

이 성립한다.

실제로는 $\boldsymbol{\beta}$과 σ_u^2를 모르므로 이에 대한 모수 추정을 한후에 그에 대한 추정량을 사용하여

$$\hat{\bar{Y}}_g^* = \hat{\alpha}_g^*\hat{\bar{Y}}_{d,g} + \left(1-\hat{\alpha}_g^*\right)\bar{\mathbf{X}}_g'\hat{\boldsymbol{\beta}}. \tag{13.9}$$

을 구현할 수 있는데 여기서 최적 계수는 $\hat{\alpha}_g^* = \hat{\sigma}_u^2/(\hat{V}_g + \hat{\sigma}_u^2)$으로 계산된다. 식 (13.9)은 (13.3)의 복합 추정량의 형태를 가지며 (13.4)의 최적계수를 모형을 통해 구현한 형태로 이해될 수 있다.

구조오차 모형의 모수 추정은 일반화 최소제곱법(generalized least squares) 방법이나 최대우도추정법을 사용할 수 있는데 (13.5)와 (13.6)을 결합하면

$$\hat{\bar{Y}}_g = \bar{\mathbf{X}}_g'\boldsymbol{\beta} + u_g + e_g$$

이고 $u_g + e_g \sim (0, \sigma_u^2 + V_g)$으므로 σ_u^2을 알때의 $\boldsymbol{\beta}$의 최소분산 추정치는 다음의 값을 최소화하는 해로 구현될 수 있다.

$$Q_1(\boldsymbol{\beta} \mid \sigma_u^2) = \sum_{g=1}^{G} \frac{(\hat{\bar{Y}}_g - \bar{\mathbf{X}}_g'\boldsymbol{\beta})^2}{\sigma_u^2 + V_g}. \tag{13.10}$$

따라서 그 해는

$$\hat{\boldsymbol{\beta}} = \left(\sum_{g=1}^{G} w_g \bar{\mathbf{X}}_g \bar{\mathbf{X}}_g'\right)^{-1} \sum_{g=1}^{G} w_g \bar{\mathbf{X}}_g \hat{\bar{Y}}_{d,g}$$

으로 나타낼수 있는데 여기서 $w_g = \left(\sigma_u^2 + V_g\right)^{-1}$을 사용한다.

한편 σ_u^2의 추정을 위해서는 $Z_g(\boldsymbol{\beta}) = \left(\hat{\bar{Y}}_g - \bar{\mathbf{X}}_g'\boldsymbol{\beta}\right)^2$으로 정의하면 $Z_g(\boldsymbol{\beta}) \sim \left[\sigma_u^2 + V_g, 2\left(\sigma_u^2 + V_g\right)^2\right]$임을 이용하여

$$Q_2\left(\sigma_u^2 \mid \boldsymbol{\beta}\right) = \sum_{g=1}^{G} \left\{ \frac{Z_g(\boldsymbol{\beta})}{\sigma_u^2 + V_g} - 1 \right\}^2 \tag{13.11}$$

을 최소화하는 σ_u^2를 찾으면 된다. 따라서 (13.10)과 (13.11)의 최적화 문제를 번갈아가면서 수렴할때 까지 푸는 일종의 iterative reweighted least squares method 를 사용하여 모수 추정을 할수 있다.

만약 (13.5)의 구조오차 모형을 모수적 모형을 가정할수 있으면 최대우도 추정법을 사용해서 모수 추정을 할수도 있다. 일반적으로 말해서 (13.5)의 구조오차 모형을 $f(\bar{Y}_g \mid \bar{\mathbf{X}}_g;\theta)$으로 표현하고 (13.6)의 표본오차 모형을 $g(\hat{\bar{Y}}_g \mid \bar{Y}_g)$으로 표현하면 $\hat{\bar{Y}}_g$의 주변분포 모형은 다음과 같이 표현된다.

$$\int f(\bar{Y}_g \mid \bar{\mathbf{X}}_g;\theta) g(\hat{\bar{Y}}_g \mid \bar{Y}_g) d\bar{Y}_g.$$

따라서 이러한 주변분포 모형으로부터 유도된 로그 우도함수

$$l(\theta) = \sum_{g=1}^{G} \log \int f(\bar{Y}_g \mid \bar{\mathbf{X}}_g;\theta) g(\hat{\bar{Y}}_g \mid \bar{Y}_g) d\bar{Y}_g \tag{13.12}$$

를 최대로 하는 θ를 찾아내면 된다. 이러한 계산에 다음과 같은 EM 알고리즘이 사용될수 있다.

[E-step] 현재 모수값 $\hat{\theta}^{(t)}$를 이용하여

$$Q(\theta \mid \hat{\theta}^{(t)}) = \sum_{g=1}^{G} E\{\log f(\bar{Y}_g \mid \bar{\mathbf{X}}_g;\theta) \mid \hat{\bar{Y}}_g, \bar{\mathbf{X}}_g; \hat{\theta}^{(t)}\} \tag{13.13}$$

을 계산한다.

[M-step] $Q(\theta \mid \hat{\theta}^{(t)})$를 최대로 하는 θ를 찾아서 $\hat{\theta}^{(t+1)}$로 모수 추정치를 업데이트 한다.

위의 두 스텝을 수렴할 때까지 반복하면 그 수렴값이 (13.12)를 최대화하는 최대우도 추정량이 된다. 이때 (13.13)의 조건부 기대값은 $\bar{Y}_g$의 예측 모형

$$p(\bar{Y}_g \mid \bar{\mathbf{X}}_g, \hat{\bar{Y}}_g) = \frac{g(\hat{\bar{Y}}_g \mid \bar{Y}_g) f(\bar{Y}_g \mid \bar{\mathbf{X}}_g; \theta)}{\int g(\hat{\bar{Y}}_g \mid \bar{Y}_g) f(\bar{Y}_g \mid \bar{\mathbf{X}}_g; \theta) d\bar{Y}_g}$$

을 이용하여 계산한다.

제 3 절 MSE 추정

이제는 (13.9)처럼 얻어진 복합추정량의 MSE를 표본으로부터 어떻게 추정할 수 있는지에 대한 내용을 살펴보기로 한다. 먼저 최적복합 추정량은 구조오차 모형의 모수추정값 $\hat{\theta}$에 의존하므로 $\hat{\bar{Y}}_g^* = \hat{\bar{Y}}_g^*(\hat{\theta})$의 EBLUP (Estimated Best Linear Unbiased Predictor)형태로 표현할수 있고 따라서 $\hat{\bar{Y}}_g^*(\theta)$은 모수 θ값을 안다고 가정했을 때의 (가상의) 최적 추정량으로써 그의 MSE는 (13.8)처럼 계산되어 진다. 다음의 보조 정리는 Kackar and Harville (1984)에 의해서 처음 증명된 것으로 복합추정량의 MSE 계산에 유용하다. 이 보조 정리의 증명은 이 책의 수준을 넘으므로 생략한다.

보조 정리 13.2. 적절한 조건 하에서

$$MSE\{\hat{\bar{Y}}_g^*(\hat{\theta})\} = MSE\{\hat{\bar{Y}}_g^*(\theta)\} + E\left[\{\hat{\bar{Y}}_g^*(\hat{\theta}) - \hat{\bar{Y}}_g^*(\theta)\}^2\right]$$

이 성립한다.

위의 보조 정리를 이용하면 $\hat{\bar{Y}}_g^* = \hat{\bar{Y}}_g^*(\hat{\theta})$의 MSE는 다음과 같이 계산되어 질수 있다.

$$\begin{aligned} MSE\left\{\hat{\bar{Y}}_g^*(\hat{\alpha}_g^*, \hat{\boldsymbol{\beta}})\right\} &= V\left\{\hat{\bar{Y}}_g^*(\hat{\alpha}_g^*, \hat{\boldsymbol{\beta}}) - \bar{Y}_g\right\} \\ &= V\left\{\hat{\alpha}_g^*\left(\hat{\bar{Y}}_{d,g} - \bar{Y}_g\right) + (1-\hat{\alpha}_g^*)\left(\bar{\mathbf{X}}_g'\hat{\boldsymbol{\beta}} - \bar{Y}_g\right)\right\} \\ &= \left(\alpha_g^*\right)^2 V_g + \left(1-\alpha_g^*\right)^2\left\{\sigma_u^2 + \bar{\mathbf{X}}_g' V(\hat{\boldsymbol{\beta}})\bar{\mathbf{X}}_g\right\} \\ &\quad + V\left(\hat{\alpha}_g\right)\left\{V_g + \sigma_u^2\right\} \\ &= \alpha_g^* V_g + \left(1-\alpha_g^*\right)^2 \bar{\mathbf{X}}_g' V(\hat{\boldsymbol{\beta}})\bar{\mathbf{X}}_g + V\left(\hat{\alpha}_g\right)\left\{V_g + \sigma_u^2\right\} \end{aligned} \tag{13.14}$$

위의 식에서 첫번째 항은 (13.8)에서 얻어지는 BLUP의 MSE값이고 나머지 두 항은 모수를 추정함으로써 생기는 MSE의 증가분으로써 $O(1/n)$의 크기를 갖는다.

다음의 정리는 복합추정량의 MSE 추정에 대한 추정 공식을 제시하는 것으로써 Prasad and Rao (1990)에 의해서 처음으로 증명되었다.

정리 13.1. 식 (13.14)로 얻어지는 MSE 값에 대한 근사적 비편향 추정치는 다음과 같다.

$$M\hat{S}E\left\{\hat{\hat{Y}}_g^*(\hat{\alpha}_g^*, \hat{\boldsymbol{\beta}})\right\} = \hat{\alpha}_g^*\hat{V}_g + \left(1-\hat{\alpha}_g^*\right)^2 \bar{\mathbf{X}}_g'\hat{V}(\hat{\boldsymbol{\beta}})\bar{\mathbf{X}}_g + 2\hat{V}\left(\hat{\alpha}_g^*\right)\left\{\hat{V}_g + \hat{\sigma}_u^2\right\}. \tag{13.15}$$

증명 먼저 (13.14)의 세 항을 각각 M_{1g}, M_{2g}, M_{3g}라고 하자. 식 (13.15)로 얻어지는 MSE 추정값의 근사적 비편향성을 보여주기 위해서 다음을 보여주고자 한다.

$$E\{\hat{\alpha}_g^* V_g\} = M_{1g} - M_{3g} + o(G^{-1}) \tag{13.16}$$

$$E\{\left(1-\hat{\alpha}_g^*\right)^2 \bar{\mathbf{X}}_g'\hat{V}(\hat{\boldsymbol{\beta}})\bar{\mathbf{X}}_g\} = M_{2g} + o(G^{-1}) \tag{13.17}$$

$$E\left[\hat{V}\left(\hat{\alpha}_g\right)\left\{V_g + \hat{\sigma}_u^2\right\}\right] = M_{3g} + o(G^{-1}). \tag{13.18}$$

먼저 (13.16)을 보이기 위해서는

$$f(\sigma_u^2) = \frac{\sigma_u^2 V_g}{V_g + \sigma_u^2}$$

으로 정의하고 테일러 이차 전개를 사용하여

$$\begin{aligned}\hat{\alpha}_g^* V_g &= f(\hat{\sigma}_u^2) \\ &= f(\sigma_u^2) + f^{(1)}(\sigma_u^2)(\hat{\sigma}_u^2 - \sigma_u^2) + 0.5 f^{(2)}(\sigma_u^2)(\hat{\sigma}_u^2 - \sigma_u^2)^2 + o_p(G^{-1})\end{aligned}$$

을 얻어내면, (여기서 $f^{(k)}(\cdot)$는 $f(\cdot)$의 k-번째 도함수로 표현한다) 적절한 조건 하에서 다음이 성립함을 보일수 있다.

$$E\{f(\hat{\sigma}_u^2)\} = f(\sigma_u^2) + 0.5 f^{(2)}(\sigma_u^2) V(\hat{\sigma}_u^2) + o(G^{-1}).$$

따라서 $f(\sigma_u^2)$의 정의에 의하면

$$f^{(2)}(\sigma_u^2) = -\frac{2V_g^2}{(\sigma_u^2 + V_g)^3}$$

이 성립하고 따라서

$$E\{f(\hat{\sigma}_u^2)\} = f(\sigma_u^2) - \frac{V_g^2}{(\sigma_u^2 + V_g)^3} V(\hat{\sigma}_u^2) + o(G^{-1}). \tag{13.19}$$

이 얻어진다. 또한 테일러 전개에 의하면 다음이 얻어진다.

$$V(\hat{\alpha}_g^*) \doteq \left\{ \frac{V_g}{(\sigma_u^2 + V_g)^2} \right\}^2 V(\hat{\sigma}_u^2). \tag{13.20}$$

따라서 (13.20)을 (13.19)에 대입하면

$$E\{\hat{\alpha}_g^* V_g\} = \alpha_g^* V_g - \frac{V_g^2}{(\sigma_u^2 + V_g)^3} \left\{ \frac{V_g}{(\sigma_u^2 + V_g)^2} \right\}^{-2} V(\hat{\alpha}_g^*) + o(G^{-1})$$

을 얻어내게 되고 따라서 (13.16)이 증명되게 된다. 식 (13.17)와 (13.18) 는 테일러 전개와 $V(\hat{\boldsymbol{\beta}}) = O(G^{-1})$ and $V(\hat{\alpha}_g^*) = O(G^{-1})$을 이용해서 증명할 수 있다. □

MSE 추정을 위의 테일러 전개 공식을 사용하지 않고 bootstrap 방법을 사용하는 것도 고려해 볼수 있다. 구조오차 모형이 모수적 모형 $f(\bar{Y}_g \mid \bar{\mathbf{X}}_g; \theta)$을 따르고 표본오차 모형 역시 $g(\hat{\bar{Y}}_g \mid \bar{Y}_g)$을 따른다고 하면 parametric bootstrap 을 다음과 같이 사용할 수 있다.

1. 최대우도 추정치 $\hat{\theta}$을 이용하여 $f(\bar{Y}_g \mid \bar{\mathbf{X}}_g; \hat{\theta})$으로 부터 $\bar{Y}_g$의 붓스트랩 복제치 $\bar{Y}_g^{(b)}$를 발생시킨다.

2. $\bar{Y}_g^{(b)}$를 이용하여 $g(\hat{\bar{Y}}_g \mid \bar{Y}_g^{(b)})$으로부터 $\hat{\bar{Y}}_g^{(b)}$를 발생시킨다.

3. $(\bar{\mathbf{X}}_g, \hat{\bar{Y}}_g^{(b)})$를 이용하여 θ의 최대우도 추정치를 계산한다. 이를 $\hat{\theta}^{(b)}$이라고 하자.

4. $\hat{\theta}^{(b)}$와 $(\bar{\mathbf{X}}_g, \hat{\bar{Y}}_g^{(b)})$를 이용하여 (13.9)의 EBLUP 을 다시 계산한다. 이를 $\hat{\bar{Y}}_g^{*(b)}$이라고 하자.

위의 1-4 스텝을 여러번 반복하면 $\hat{\hat{Y}}_g^{*(b)}$와 $\bar{Y}_g^{(b)}$가 얻어진다. 이를 이용하면 다음과 같은 붓스트렙 MSE 추정치를 계산할수 있다.

$$\widehat{MSE}_{bs} = \frac{1}{B}\sum_{b=1}^{B}\left(\hat{\hat{Y}}_g^{*(b)} - \bar{Y}_g^{(b)}\right)^2.$$

제 4 절 원소단위 모형

보조변수 **X**가 지역 단위로 얻어지지 않고 표본 내의 원소 단위로 얻어지는 경우에는 보다 정확한 예측이 가능해진다. 소지역 g에 속하는 모집단 원소 i에 대한 보조 변수값을 $\mathbf{x}_{gi}$라고 하고 관심 변수값을 y_{gi}라고 하면 다음과 같은 원소단위 모형을 생각할수 있다.

$$y_{gi} = \mathbf{x}'_{gi}\boldsymbol{\beta} + u_g + e_{gi} \tag{13.21}$$

이 때 u_g는 소지역 g 고유의 특성을 나타내는 잠재 변수로 $N(0, \sigma_u^2)$을 가정하고 e_{gi}는 원소 개체의 고유한 특성을 나타내는 오차항으로 $N(0, \sigma^2)$을 가정한다. Battese et al. (1988)은 이러한 모형 하에서

$$\hat{Y}_g^* = \sum_{i\in U_g}\left(\mathbf{x}'_{gi}\hat{\boldsymbol{\beta}} + \hat{u}_g\right) \tag{13.22}$$

을 $Y_g = \sum_{i\in U_g} y_{gi}$에 대한 최적 예측치로 사용할 것을 제안하였다. 이때 $\hat{u}_g$는 잠재 변수 u_g에 대한 최적 예측치로써 이를 계산하기 위해서는

$$\hat{Y}_{d,g} \mid u_g \sim N\left[\hat{\mathbf{X}}'_{d,g}\boldsymbol{\beta} + N_g u_g, \hat{V}(\hat{e}_{d,g} \mid u_g)\right]$$

와 $N_g u_g \sim N(0, N_g^2\sigma_u^2)$을 결합하여

$$\hat{u}_g = E(u_g \mid \hat{Y}_{d,g}) = \frac{1}{N_g}\frac{N_g^2\sigma_u^2}{N_g^2\sigma_u^2 + \hat{V}(\hat{e}_{d,g} \mid u_g)}\left(\hat{Y}_{d,g} - \hat{\mathbf{X}}_{d,g}\boldsymbol{\beta}\right)$$

을 계산한후 $\boldsymbol{\beta} = \hat{\boldsymbol{\beta}}$와 $\sigma_u^2 = \hat{\sigma}_u^2$을 대입하면 된다. 이때 $\hat{V}(\hat{e}_{d,g} \mid u_g)$은 u_g를 상수로 간주하였을때 $\hat{e}_{d,g} = \sum_{i\in A_g}\pi_i^{-1}e_{gi}$의 분산 추정량으로써 $\hat{Y}_{d,g}$의 분산 추정량 공식에 $\hat{e}_{gi} = y_{gi} - \mathbf{x}'_{gi}\hat{\boldsymbol{\beta}}$를 대입해서 얻어낼수 있다.

따라서 (13.22)의 EBLUP 추정량은

$$\begin{aligned}\hat{Y}_g^* &= \mathbf{X}_g'\hat{\boldsymbol{\beta}} + \hat{\alpha}_g^*\left(\hat{Y}_{d,g} - \hat{\mathbf{X}}_{d,g}'\hat{\boldsymbol{\beta}}\right) \\ &= \hat{\alpha}_g^*\hat{Y}_{reg,g} + (1-\hat{\alpha}_g)\,\mathbf{X}_g'\hat{\boldsymbol{\beta}}\end{aligned}$$

의 형태로 나타낼수 있는데 여기서

$$\hat{Y}_{reg,g} = \hat{Y}_{d,g} + (\mathbf{X}_g - \hat{\mathbf{X}}_{d,g})'\hat{\boldsymbol{\beta}}$$

의 회귀 추정량이 되고

$$\hat{\alpha}_g^* = \frac{N_g^2\hat{\sigma}_u^2}{N_g^2\hat{\sigma}_u^2 + \hat{V}(\hat{e}_{d,g} \mid u_g)}$$

으로 계산된다. 즉, 원소기반모형을 사용한 (13.22)의 EBLUP 추정량은 회귀 추정량과 합성 추정량을 최적 결합한 복합 추정량의 형태로 이해될수 있다.

식 (13.21)의 모수 추정은 샘플링 디자인이 비정보적(non-informative)인 경우에는 랜덤효과 모형에서의 모수 추정 방식을 그대로 이용할수 있다. 만약 샘플링 디자인이 informative 한 경우에는 추정이 훨씬 어려워지는데 이와 관련하여서는 14.4절에서 간단하게 소개될 랜덤효과 모형에서의 모수 추정 방법론을 사용할 수 있다. 이에 대한 더 많은 향후 연구가 필요한 실정이다.

제 14 장

통계모형분석

제 1 절 서론

14장에서는 확률추출로 얻어진 표본 자료에서 통계모형을 이용한 통계분석에 대해 다루고자 한다. 통계 모형은 자료에서 관측되는 주요 변수들 간의 관계를 확률적 관계식으로 기술하고자 하는 이해의 틀로써 단순화를 통해 지식을 획득하고 보다 정확한 예측을 하고자 하는데 사용되는 도구라고 할수 있다. 이러한 통계적 모형은 자료의 구조를 반영해야 하고 또 자료 관측을 통해 대답하고자 하는 질문을 가설검정의 형태로 구현하여 답할수 있는 방향으로 설정되는 것이 좋다. 좋은 모형은 자료의 구조에 대한 보다 정확한 기술을 해주기 때문에 모형 오차를 낮혀주고 따라서 가설검정의 검정력을 높혀주는 효과가 있다.

먼저 모집단 자료가 $f(y;\theta)$라는 모수적 모형을 따르는 경우 어떤 모수 참값 θ_0이 존재하여 모집단 자료$(y_1, \cdots, y_N)$가 $f(y;\theta_0)$에서 랜덤하게 얻어진 것으로 가정하자. 이러한 경우 θ_0에 센서스 추정량이라는 개념을 생각해 볼수 있는데 이것은 만약 A가 센서스라면 (즉, $A = U$ 이라면) 어떻게 θ_0를 추정할 것인가라는 관점으로 접근한다. 이러한 경우에는

$$l_N(\theta) = \sum_{i=1}^{N} \log f(y_i;\theta)$$

을 최대로 하는 θ값을 생각할 수 있는데 이를 θ_N이라고 표현하자. 이 θ_N값은 유일하다고 가정하자. 이 센서스 추정량인 θ_N은 $N \to \infty$인 경우 θ_0으로 확률

적으로 수렴하는 일치 추정량(consistent estimator)이 되므로 따라서 우리는 주어진 표본 A의 관측치로부터 θ_N에 대해 일치 추정량인 $\hat{\theta}$을 얻어내면 된다. 따라서

$$\hat{l}_w(\theta) = \sum_{i \in A} w_i \log f(y_i;\theta) \tag{14.1}$$

으로 정의하면 (이때 $w_i = 1/\pi_i$이다) $\hat{l}_w(\theta)$는 $l_N(\theta)$로 확률적으로 수렴하고 따라서 $\hat{l}_w(\theta)$ 을 최대로 해주는 추정량 $\hat{\theta}$이 유일하다면 이는 θ_N으로 확률적으로 수렴하고 따라서 θ_0으로도 확률적으로 수렴한다. 이렇게 (14.1)을 최대화하는 추정량을 유사 최대우도추정량 (pseudo maximum likelihood estimator; PMLE)라고 부른다.

식 (14.1)을 미분하면 유사 최대우도 추정량(PMLE)은

$$S_w(\theta) \equiv \sum_{i \in A} w_i S(\theta; y_i) = 0$$

의 해로도 이해될수 있다. 여기서 $S(\theta; y) = \partial \log f(y;\theta)/\partial\theta$이다. 따라서 테일러 전개를 사용하면 근사적으로 다음의 식이 성립한다.

$$0 = S_w(\hat{\theta}) \quad \cong \quad S_w(\theta_0) + E\left\{\frac{\partial}{\partial\theta'} S_w(\theta_0)\right\}(\hat{\theta} - \theta_0).$$

여기서

$$I(\theta; y) = -\frac{\partial}{\partial\theta'} S(\theta; y)$$

라고 정의하면

$$\hat{\theta} - \theta_0 \cong \{\sum_{i=1}^{N} I(\theta_0; y_i)\}^{-1} S_w(\theta_0) \tag{14.2}$$

이 성립한다. 따라서 주어진 샘플과 모집단이

$$S_w(\theta_0) \xrightarrow{\mathcal{L}} N\left[0, V\{S_w(\theta_0)\}\right]$$

을 만족하는 경우 (14.2)을 이용하면

$$\hat{\theta} - \theta_0 \xrightarrow{\mathcal{L}} N\left[0, V(\hat{\theta})\right] \tag{14.3}$$

을 얻을수 있는데

$$V(\hat{\theta}) = \{\sum_{i=1}^{N} I(\theta_0; y_i)\}^{-1} V\{S_w(\theta_0)\}\{\sum_{i=1}^{N} I(\theta_0; y_i)\}^{-1'} \tag{14.4}$$

으로 표현된다. 흔히 (14.4)을 샌드위치 공식(sandwich formula)이라고 부른다.

식 (14.4)으로 표현되는 분산식 추정을 위해서는

$$\hat{V}(\hat{\theta}) = \{\sum_{i\in A} w_i I(\hat{\theta}; y_i)\}^{-1}\hat{V}\{S_w(\theta_0)\}\{\sum_{i\in A} w_i I(\hat{\theta}; y_i)\}^{-1'} \tag{14.5}$$

을 사용할 수 있다. 이때 $\hat{V}\{S_w(\theta_0)\}$은

$$\hat{V}\{S_w(\theta_0)\} = \sum_{i\in A}\sum_{j\in A}\frac{\pi_{ij}-\pi_i\pi_j}{\pi_{ij}} w_i w_j S(\hat{\theta}; y_i)S(\hat{\theta}; y_j)' + \sum_{i\in A} w_i S(\hat{\theta}; y_i)S(\hat{\theta}; y_i)'$$

으로 계산될수 있는데 첫번째 항은 $E_\zeta\left[V\left\{S_w(\theta_0) \mid \mathcal{F}_N\right\}\right]$을 추정한 것이고 두번째 항은

$$V_\zeta\left[E\left\{S_w(\theta_0) \mid \mathcal{F}_N\right\}\right] = V_\zeta\left\{\sum_{i=1}^{N} S(\theta_0; y_i)\right\}$$

을 추정한 것으로 이해될수 있다. 만약 $n/N = o(1)$이면 두번째 항이 첫번째 항보다 근사적으로 작아져 무시할수 있게 된다.

예제 14.1. 표본 자료로부터 (x_i, y_i)을 관측하고 y_i가 0 또는 1의 값을 갖는 지시변수일때 이로부터 X를 독립변수로 하고 Y를 종속변수로 하는 로지스틱 회귀 모형을 세운다고 하자. 로지스틱 회귀 모형은

$$P(Y=1 \mid x) = \frac{\exp(\beta_0+\beta_1 x)}{1+\exp(\beta_0+\beta_1 x)} := p(x;\beta)$$

의 형태로 표현되고 표본 자료로 부터 $\beta = (\beta_0, \beta_1)$을 추정하고자 한다.

이때 β에 대한 스코어 함수는

$$S(\beta; x, y) = \{y - p(x;\beta)\}(1, x_i)' \tag{14.6}$$

의 형태로 표현되므로

$$\sum_{i\in A} w_i\{y - p(x;\beta)\}(1, x_i)' = (0,0)' \tag{14.7}$$

의 방정식을 풀어서 PMLE를 구하면 된다. 실제로 (14.7)를 풀기 위해서는 $\mathbf{x}_i = (1, x_i)'$이라 놓고 Fisher scoring 방법을 이용하여

$$\beta^{(t+1)} = \beta^{(t)} + \left\{\sum_{i\in A} w_i p_i^{(t)}(1-p_i^{(t)})\mathbf{x}_i\mathbf{x}_i'\right\}^{-1}\sum_{i\in A} w_i(y_i - p_i^{(t)})\mathbf{x}_i$$

으로 반복적으로 구할수 있는데 여기서 $p_i^{(t)} = p(x;\beta^{(t)})$이다.

유사 최대우도 추정량 $\hat{\beta}$의 분산 추정을 위해서는 (14.6)와

$$I(\beta;y) = p(x;\beta)\{1-p(x;\beta)\}\mathbf{x}_i\mathbf{x}_i'$$

을 이용하여 (14.5)에 적용하여 계산하면 된다.

제 2 절 회귀 분석

표본 조사 자료를 바탕으로 회귀 분석을 하고자 할때에는 모집단 원소에 다음과 같은 가정을 바탕으로 한다.

$$y_i = \mathbf{x}'\boldsymbol{\beta} + e_i \tag{14.8}$$

여기서 $E(e_i \mid \mathbf{x}_i) = 0$이고 $V(e_i \mid \mathbf{x}_i) = 0$이라고 하자. 이러한 모수 $\boldsymbol{\beta}$에 대한 센서스 추정량은

$$Q_N(\boldsymbol{\beta}) = \sum_{i=1}^{N}(y_i - \mathbf{x}_i'\boldsymbol{\beta})^2$$

을 최소화하는 $\boldsymbol{\beta}$를 찾으면 된다. 따라서 $Q_N(\boldsymbol{\beta})$의 추정량

$$\hat{Q}_w(\beta) = \sum_{i\in A} w_i(y_i - \mathbf{x}_i'\boldsymbol{\beta})^2 \tag{14.9}$$

을 사용해서 이를 최소화하는 $\hat{\boldsymbol{\beta}}_w$를 찾아내면 이 추정량이 적절한 조건하에서 $\boldsymbol{\beta}$에 대해 확률적으로 수렴함을 보일수 있다. 이렇게 해서 얻어진 추정량의 분산을 추정하기 위해서는

$$\hat{U}_w(\boldsymbol{\beta}) = \sum_{i\in A} w_i(y_i - \mathbf{x}_i'\boldsymbol{\beta})\mathbf{x}_i$$

을 사용하여 테일러 정리를 이용한 샌드위치 공식을 사용하면 되는데 이를 나타내면

$$\hat{V}(\hat{\boldsymbol{\beta}}_w) = \left(\sum_{i\in A} w_i\mathbf{x}_i\mathbf{x}_i'\right)^{-1} \hat{V}\{\hat{U}_w(\boldsymbol{\beta})\} \left(\sum_{i\in A} w_i\mathbf{x}_i\mathbf{x}_i'\right)^{-1} \tag{14.10}$$

으로 표현되고 여기서

$$\hat{V}\{\hat{U}_w(\boldsymbol{\beta})\} = \sum_{i\in A}\sum_{j\in A}\frac{\pi_{ij}-\pi_i\pi_j}{\pi_{ij}}w_iw_j\hat{e}_i\hat{e}_j\mathbf{x}_i\mathbf{x}_j' + \sum_{i\in A}w_i\hat{e}_i^2\mathbf{x}_i\mathbf{x}_i'$$

으로 계산된다. (이때 $\hat{e}_i = y_i - \mathbf{x}_i'\hat{\boldsymbol{\beta}}_w$이다.) 적절한 조건 하에서

$$\left\{\hat{V}(\hat{\boldsymbol{\beta}}_w)\right\}^{-1/2}\left(\hat{\boldsymbol{\beta}}_w - \boldsymbol{\beta}\right) \xrightarrow{\mathcal{L}} N(0, I) \tag{14.11}$$

임을 보일수 있고 이를 이용하여 회귀계수의 신뢰구간을 건설하거나 가설검정을 하면 된다.

위의 방법론은 표본설계를 반영하여 설계기반 추정에 입각하여 추정을 하는 방식이다. 그런데 많은 경우 가중치를 사용하는 방법은 분산을 크게 계산되어 추정의 효율이 떨어진다는 단점이 있다. 만약 (12.25)이 성립하여 표본설계가 비정보적(noninformative)이 된다면 (14.8)의 회귀 모형이 표본에 대해서도 성립하므로 가중치를 사용하지 않고

$$\sum_{i\in A}(y_i - \mathbf{x}_i'\boldsymbol{\beta})^2$$

를 최소화하는 최소자승 추정량 $\hat{\boldsymbol{\beta}}_{ols}$을 구하면 되고 이에 따른 분산 추정도 가중치를 무시하고 계산하면 된다. 그렇다면 어떻게해야 현재 주어진 표본의 표본설계가 비정보적인지 아닌지를 알아낼수 있을까?

이렇게 표본설계가 비정보적인 아닌지를 확인하기 위한 방법으로 DuMouchel and Duncan (1983)이 제시한 가설 검정 방법은 다음과 같다. 결국 검정하고자 하는 귀무가설은

$$H_0 : E(\hat{\boldsymbol{\beta}}_{obs}) = \boldsymbol{\beta} \tag{14.12}$$

으로 표현된다. 이를 검정하기 위해서는 다음과 같은 확장된 회귀 모형을 고려한다.

$$y_i = \mathbf{x}_i'\boldsymbol{\beta} + \mathbf{z}_i\boldsymbol{\gamma} + a_i \tag{14.13}$$

이때 $E(a_i \mid \mathbf{x}_i, \mathbf{z}_i) = 0$이고 $\mathbf{z}_i = w_i\mathbf{x}_i$이다. 이 모형하에서 $E(\hat{\boldsymbol{\beta}}_{obs}) = \boldsymbol{\beta} + (X'X)^{-1}X'Z\boldsymbol{\gamma}$이므로 (14.12)를 테스트 하는 것은 식 (14.13)에서 $H_0 : \boldsymbol{\gamma} = 0$를 테스트 하는 것과 동일해진다. 여기서 (14.13)의 확장된 모형은 모형의 설명변수에 가중치를 넣어줌으로써 비정보적 표본설계 조건이 성립하게 되므로

가중치를 사용하지 않고 최소자승 (ordinary least squares) 방법으로 추정량을 구현할수 있고 따라서 $H_0 : \boldsymbol{\gamma} = 0$의 가설 검정도 쉽게 할수 있다.

일반적으로 말해서 가중치를 모형설정 단계에 설명변수로 포함시키면 모형을 제대로 적합하는 경우에 표본설계는 비정보적이 된다. 이는 다음의 보조 정리를 통해서 쉽게 이해될수 있다.

보조 정리 14.1. 유한 모집단에서 (X, Y, π)가 얻어지고 이 중 일부를 표본으로 뽑는다고 할때 표본포함 지시변수 I가

$$Pr(I = 1 \mid X, Y, \pi) = Pr(I = 1 \mid \pi) \tag{14.14}$$

를 만족하면

$$f(Y \mid X, \pi, I = 1) = f(Y \mid X, \pi) \tag{14.15}$$

가 성립한다.

증명 베이즈 정리를 사용하면

$$f(Y \mid X, \pi, I = 1) = f(Y \mid X, \pi) \frac{Pr(I = 1 \mid X, Y, \pi)}{Pr(I = 1 \mid X, \pi)}$$

인데 (14.14)를 이용하면 (14.15)이 얻어진다. □

다음으로는 이러한 비정보적 표본설계 조건이 성립하지 않을 경우 추정량의 효율을 개선하는 방법에 대해 살펴보자. 회귀 모형 (14.8)을 바탕으로 다음의 추정식을 고려해 보자.

$$\hat{U}_q(\boldsymbol{\beta}) \equiv \sum_{i \in A} w_i q(\mathbf{x}_i)(y_i - \mathbf{x}_i' \boldsymbol{\beta})\mathbf{x}_i = 0. \tag{14.16}$$

여기서 $q(\mathbf{x})$는 $\mathbf{x}$으로 결정되는 임의의 함수이다. 이를 샘플링 메카니즘에 대해 기대값을 취하면

$$E\{\hat{U}_q(\boldsymbol{\beta}) \mid \mathcal{F}_N\} = \sum_{i=1}^{N} q(\mathbf{x}_i)(y_i - \mathbf{x}_i' \boldsymbol{\beta})\mathbf{x}_i$$

이고 이를 $U_q(\boldsymbol{\beta})$라고 정의하면 모형 (14.8)하에서 $E\{U_q(\boldsymbol{\beta})\} = 0$이 성립한다. 따라서 식 (14.16)의 추정식의 해

$$\hat{\boldsymbol{\beta}}_q = \left(\sum_{i\in A} w_i q_i \mathbf{x}_i \mathbf{x}_i'\right)^{-1} \sum_{i\in A} w_i q_i \mathbf{x}_i y_i \tag{14.17}$$

는 $q_i = q(\mathbf{x}_i)$의 값에 상관없이 근사적으로 비편향성을 만족한다.

그렇다면 어떠한 q_i값이 (14.17)로 정의된 추정량의 분산을 최소화 할수 있을 것인가? 이를 알아보기 위하여 샌드위치 공식을 사용하여 $\hat{\boldsymbol{\beta}}_q$의 분산을 구하면 다음과 같이 계산된다.

$$V(\hat{\boldsymbol{\beta}}_q) \doteq \left(\sum_{i=1}^{N} q_i \mathbf{x}_i \mathbf{x}_i'\right)^{-1} V\{\sum_{i\in A} w_i q_i \mathbf{x}_i e_i\} \left(\sum_{i=1}^{N} q_i \mathbf{x}_i \mathbf{x}_i'\right)^{-1} \tag{14.18}$$

여기서 $w_i = 1/\pi_i$이므로 e_i가 서로 독립인 경우

$$\begin{aligned} V\{\sum_{i\in A} w_i q_i \mathbf{x}_i e_i\} &= E\left\{\sum_{i=1}^{N}\sum_{j=1}^{N}(\pi_{ij} - \pi_i\pi_j)\frac{q_i e_i}{\pi_i}\frac{q_j e_j}{\pi_j}\mathbf{x}_i \mathbf{x}_j\right\} + V\left\{\sum_{i=1}^{N} q_i \mathbf{x}_i e_i\right\} \\ &= E\left\{\sum_{i=1}^{N}\frac{1}{\pi_i} q_i^2 e_i^2 \mathbf{x}_i \mathbf{x}_i'\right\} \end{aligned}$$

이므로 (14.18)은, $E(\pi_i^{-1} e_i^2 \mid \mathbf{x}_i) = v_i$라고 하면,

$$\left(\sum_{i=1}^{N} q_i \mathbf{x}_i \mathbf{x}_i'\right)^{-1} \sum_{i=1}^{N} q_i^2 v_i \mathbf{x}_i \mathbf{x}_i' \left(\sum_{i=1}^{N} q_i \mathbf{x}_i \mathbf{x}_i'\right)^{-1}$$

으로 표현된다. 이를 최소화하는 q_i를 찾으면

$$q_i^* = v_i^{-1} = \{E(w_i e_i^2 \mid \mathbf{x}_i)\}^{-1} \tag{14.19}$$

으로 얻어진다.

이렇게 (14.19)의 최적 q_i^*값을 사용하여 (14.17)의 회귀계수를 추정하면 이는

$$Q^*(\boldsymbol{\beta}) = \sum_{i\in A} \frac{w_i\,(y_i - \mathbf{x}_i'\boldsymbol{\beta})^2}{E(w_i e_i^2 \mid \mathbf{x}_i)}$$

을 최소화하는 일반화 최소자승 (Generalized least squares; GLS) 추정량과 동일해진다. 이러한 GLS 추정량을 구현하기 위해서는 먼저 (14.19)에 정의된 q_i^*의 추정량 $\hat{q}_i^*$을 구하고 이를 바탕으로 GLS 추정량을 구현하는 EGLS (Estimated GLS)방법을 사용해야 할 것이다. 이를 위해서는 다음의 이단계 추정방법을 사용한다.

[Step 1] 먼저 $q_i = 1$로 놓고 식 (14.17)의 $\hat{\boldsymbol{\beta}}$값을 계산한다. 이를 $\hat{\boldsymbol{\beta}}^{(1)}$이라고 하자.

[Step 2] 위에서 얻어진 $\hat{\boldsymbol{\beta}}^{(1)}$을 이용하여 $\hat{e}_i = y_i - \mathbf{x}_i'\hat{\boldsymbol{\beta}}^{(1)}$을 구하고 이를 이용하여 $w_i\hat{e}_i^2$을 종속변수로 하고 $\mathbf{x}_i$를 독립변수로 하는 비선형 회귀 모형을 다음과 같이 세우고

$$w_i\hat{e}_i^2 = q(\mathbf{x}_i;\gamma) + a_i \tag{14.20}$$

회귀 계수 γ를 추정하여 $\hat{q}_i^* = q(\mathbf{x}_i;\hat{\gamma})$을 구현한후 (14.17)을 사용하여 $\boldsymbol{\beta}$에 대한 EGLS 추정량을 계산한다.

식 (14.20)의 비선형 회귀 모형의 회귀 계수를 추정할때 가중치를 사용해서 추정하는 것이 바람직하다. 이렇게 해서 얻어진 EGLS 추정량의 분산은 식 (14.10)을 이용하되 w_i 대신에 $w_i\hat{q}_i$를 넣어준 것을 사용할수 있다. 여기서 γ의 추정량 $\hat{\gamma}$를 사용한 효과는 근사적으로 무시되어 질수 있다. Kim and Skinner (2013)는 이러한 최적 추정에 대한 일반화 선형모형(Generalized linear model)으로의 확장을 고려하였다. 식 (14.20)의 비선형 회귀모형 외에도 비모수적 회귀 모형 방법론을 적용할 수도 있을 것이다.

제 3 절 측정 오차 모형

측정 오차 모형은 여러가지 상황에서 발생할수 있다. 마케팅 연구 등에서 많이 사용하는 설문조사에서 측정하고자 하는 변수가 "만족도"와 같은 추상적인 변수일때에는 이에 대한 관련 설문 문항을 여러개 넣어서 그 여러 문항에서의 응답값에 대한 평균을 이용하여 "만족도"에 대한 점수를 만드는 경우 이때 얻어지는 점수는 측정 오차를 수반한다. 이렇게 측정 오차가 있는 변수를 독립변수로 사용하여 회귀 분석을 하는 경우에는 회귀계수가 편향이 생긴다는

것은 잘 알려져 있는 사실이다. 이러한 문제점을 해결할 때에 측정오차 모형을 이용하여 올바른 추정을 할수 있다.

논의를 좀더 간단하게 하기 위하여 표본 자료 A에서 잠재변수 (X_i, Y_i)에 대한 측정값 $(\hat{X}_i, \hat{Y}_i)$을 관측한다고 하자. 이러한 경우 원하는 회귀 분석 모형은

$$Y_i = \beta_0 + \beta_1 X_i + e_i, \quad e_i \sim (0, \sigma_e^2) \tag{14.21}$$

이라고 하자. 식 (14.21)은 구조 오차 모형(Structural error model)의 가장 간단한 형태이다. 우리는 X_i와 Y_i를 직접 관측하지는 못하고 그에 대한 도구 변수인 $\hat{X}_i$와 $\hat{Y}_i$만을 관측한다. 이러한 경우 측정 오차 $a_i = \hat{X}_i - X_i$와 $b_i = \hat{Y}_i - Y_i$에 대한 모형은 다음과 같이 세울수 있다.

$$\begin{pmatrix} a_i \\ b_i \end{pmatrix} \sim \left[\begin{pmatrix} 0 \\ 0 \end{pmatrix}, \begin{pmatrix} \sigma_a^2 & 0 \\ 0 & \sigma_b^2 \end{pmatrix} \right]. \tag{14.22}$$

식 (14.22)는 측정오차에 대한 모형이다. 이때 σ_a^2와 σ_b^2은 측정 오차에 대한 분산으로 설문 문항 응답값들의 변동을 이용하여 구할수 있다.

이러한 자료에서 구조오차 모형의 모수 추정을 위해서는

$$Q(\beta_0, \beta_1) = \sum_{i \in A} w_i \frac{(\hat{Y}_i - \beta_0 - \beta_1 \hat{X}_i)^2}{V(\hat{Y}_i - \beta_0 - \beta_1 \hat{X}_i)} \tag{14.23}$$

을 최소화하는 β_0와 $\bar{\beta}_1$을 찾으면 된다. 이때 (14.21)을 이용하면

$$\begin{aligned} \hat{Y}_i &= Y_i + b_i \\ &= \beta_0 + \beta_1 X_i + e_i + b_i \\ &= \beta_0 + \beta_1 \hat{X}_i - a_i \beta_1 + b_i + e_i \end{aligned}$$

이므로

$$V(\hat{Y}_i - \beta_0 - \beta_1 \hat{X}_i) = \beta_1^2 \sigma_a^2 + \sigma_b^2 + \sigma_e^2 \tag{14.24}$$

을 계산한후 (14.23)에 대입하여 $Q(\beta_0, \beta_1)$을 최소화하는 β_0와 β_1값을 구하면 된다. 여기서 σ_a^2과 σ_b^2값은 미리 정해져 있으므로 (14.23)을 최소화하는 일반화 최소자승 추정량은

$$\begin{aligned} \hat{\beta}_0 &= \bar{Y}_w - \hat{\beta}_1 \bar{X}_w \\ \hat{\beta}_0 &= \frac{\sum_{i \in A} w_i (\hat{X}_i - \bar{X}_w)(\hat{Y}_i - \bar{Y}_w)}{\sum_{i \in A} w_i \{(\hat{X}_i - \bar{X}_w)^2 - \sigma_a^2\}} \end{aligned}$$

으로 얻어지고 여기서

$$(\bar{X}_w, \bar{Y}_w) = \{\sum_{i\in A} w_i\}^{-1} \sum_{i\in A} w_i(\hat{X}_i, \hat{Y}_i)$$

이다. 식 (14.21)의 σ_e^2의 추정은 (14.24)를 이용한 적률 방법 (Method of moments)을 사용하여

$$\sum_{i\in A} w_i \left\{ \frac{(\hat{Y}_i - \hat{\beta}_0 - \hat{\beta}_1\hat{X}_i)^2}{\hat{\beta}_1^2\sigma_a^2 + \sigma_b^2 + \sigma_e^2} - 1 \right\} = 0 \tag{14.25}$$

를 σ_e^2에 대해서 풀면 된다. 식 (14.25)는 σ_e에 대한 비선형 방정식이므로 뉴톤 방법과 같은 반복적 계산법을 사용해서 풀아야 할 것이다.

만약 (14.21)의 구조오차 모형이 정규분포와 같은 모수적 모형을 가정할수 있다면 EM 알고리즘과 같은 방법을 사용하여 모수 추정을 할수 있다. 기본적인 아이디어는 구조오차 모형을 $f(X_i, Y_i; \theta)$로 놓고 측정오차 모형을 $g(\hat{X}_i, \hat{Y}_i \mid X_i, Y_i)$로 놓으면 이를 베이즈 정리를 사용하여 예측모형(prediction model)을 다음과 같이 얻어낼수 있다.

$$p(X_i, Y_i \mid \hat{X}_i, \hat{Y}_i; \theta) \propto f(X_i, Y_i; \theta) g(\hat{X}_i, \hat{Y}_i \mid X_i, Y_i). \tag{14.26}$$

따라서 θ에 대한 스코어 방정식을

$$\sum_{i\in A} w_i S(\theta; X_i, Y_i) = 0$$

이라고 하면 (14.26)을 사용하여

$$\sum_{i\in A} w_i E\{S(\theta; X_i, Y_i) \mid \hat{X}_i, \hat{Y}_i; \hat{\theta}^{(t)}\} = 0 \tag{14.27}$$

의 조건부 기대값을 계산할수 있는데 이것이 E-step 이 되고 M-step 은 (14.27)을 θ에 대해 풀어서 $\hat{\theta}^{(t+1)}$로 업데이트 하는 것이다. 이렇게 해서 수렴된 $\hat{\theta}$이 최대우도 추정법을 사용한 θ의 추정량이 된다.

측정오차 모형의 또다른 중요한 응용 분야는 혼합 모드 (mixed mode) 서베이가 될수 있을 것이다. 혼합 모드 라는 것은 서베이에서 한가지 방식 만으로 응답을 얻는 것이 아니라 전화조사와 면접을 병행한다던지 인터넷 조사를 병행한다든지 하는 방식으로 두개 이상의 자료 수집 모드를 한 조사에서 함께

사용하여 자료를 얻는 경우에 사용될수 있다. 이러한 경우 조사 방식 간에 얻어지는 것은 구조적인 차이라기 보다는 측정 방법에 의한 차이이므로 측정오차 모형을 사용하는 것이 합리적이다. 논의를 간단하게 하기 위하여 샘플 집단을 랜덤하게 두개의 집단으로 나누고 첫번째 집단에서는 A 의 방법으로 조사를 하고 두번째 집단에서는 B 의 방법으로 조사를 했다고 하자. 이러한 경우 B 의 방법으로 조사된 집단을 A 방법으로 조사된 것처럼 통일시키고자 한다고 하자. 즉, 다음의 테이블에서처럼 자료구조를 생각해보면 Y_1은 모드 A 로부터 얻어진 측정값이고 Y_2는 모드 B로부터 얻어진 측정값이다. 이때 X는 인구학적 변수처럼 모드에 따른 측정 오차가 거의 없는 변수라고 하자.

표 14.1: 두개의 서베이 모드로 얻어진 자료 구조

샘플	X	Y_1	Y_2
A	o	o	
B	o		o

이러한 자료 구조 하에서 원하는 목표는 샘플 B 에서 얻어진 X와 Y_2값을 바탕으로 Y_1을 예측하는 것이다. 문제는 세 변수 (X, Y_1, Y_2)에 대한 관측한 자료가 없으므로 $f(Y_1 \mid X, Y_2)$을 직접 구해낼수는 없다는 것이다. Kim et al. (2016)는 이러한 문제에 대해

$$f(Y_2 \mid X, Y_1) = f(Y_2 \mid Y_1) \tag{14.28}$$

의 가정하에서 모수 추정 방식을 제안하였다. 식 (14.28)은 Y_2를 설명하는데 Y_1으로 충분하다는 의미로 이해할수 있으며 Y_2를 Y_1에 측정오차가 더해진 경우일때 성립한다. 측정오차 모형을

$$Y_2 = \alpha_0 + \alpha_1 Y_1 + u, \quad u \sim (0, \sigma_u^2)$$

으로 가정하고 구조 모형을

$$Y_1 = \beta_0 + \beta_1 X + e, \quad e \sim (0, \sigma_e^2)$$

라고 하면 샘플 A 자료를 바탕으로 $\beta_0, \beta_1, \sigma_e^2$를 추정할수 있고 이러한 경우 Y_2의 모형이

$$Y_2 = \alpha_0 + \alpha_1(\beta_0 + \beta_1 X + e) + u \tag{14.29}$$

이므로 샘플 B로부터

$$Q(\alpha_0, \alpha_1) = \sum_{i \in B} w_i \frac{\{Y_{2i} - \alpha_0 - \alpha_1(\hat{\beta}_0 + \hat{\beta}_1)X_i\}^2}{\alpha_1^2 \hat{\sigma}_e^2 + \sigma_u^2}$$

를 최소화하는 $\hat{\alpha}_0$과 $\hat{\alpha}_1$을 σ_u^2의 함수로 구현할수 있다. σ_u^2의 추정은 (14.25)에서처럼

$$\sum_{i \in B} w_i \left[\frac{\{Y_{2i} - \hat{\alpha}_0 - \hat{\alpha}_1(\hat{\beta}_0 + \hat{\beta}_1 X_i\}^2}{\hat{\alpha}_1^2 \hat{\sigma}_e^2 + \sigma_u^2} - 1 \right] = 0$$

을 사용하여 반복적으로 계산하여 구할수 있을 것이다. 만약 측정 오차 모형과 구조 오차 모형이 모수적 모형을 따르는 것으로 가정할 경우에는 EM 알고리즘을 사용하여 추정하는 것이 가능하다. 보다 자세한 내용은 Kim et al. (2016)에서 찾아볼 수 있다.

측정오차 모형은 또한 동일한 모집단에서 두개의 독립적인 서베이를 통합하는 서베이 통합(survey integration) 문제에도 적용될수 있다. 동일한 모집단에서 동일한 항목을 조사하더라도 두 서베이 추정치에서 유의한 차이가 일어날수 있는데 그 원인은 두 서베이의 측정 방식의 차이 때문에 표본 오차 외에도 구조적인 차이가 생기는 것이고 그러한 차이는 측정오차 모형을 사용하여 보정할 수 있다. Park et al. (2017)은 USAID 에서 실시한 과테말라 보건통계 조사 사례를 통해서 이와 관련된 통계적 방법론을 소개 하였다.

제 4 절 혼합 효과 모형

모집단의 자료구조가 독립을 따르지 않고 상관관계가 존재하는 경우 혼합효과 모형(mixed effect model)이 흔히 사용된다. 혼합 효과 모형은 고정 효과(fixed effect)와 랜덤 효과 (random effect)가 함께 존재하는 모형을 지칭하고 여기서 랜덤 효과로 인해 자료의 상관관계가 발생하게 된다. 여기서는 자료가 집락 구조를 가질때에 한정해서 논의를 하기로 하자.

먼저 표본 자료에서 (x_{ij}, y_{ij})를 관측한다고 가정하자. 이때 y_{ij}는 집락 i에 있는 원소 j에서 관측된 관심 변수이고 x_{ij}는 그에 해당되는 보조 변수라고 하자. 편의상 다음과 같은 혼합효과 모형을 가정하자.

$$y_{ij} = \beta_0 + \beta_1 x_{ij} + a_i + e_{ij}. \tag{14.30}$$

여기서 a_i는 집락 i의 고유 효과를 나타내고 e_{ij}는 원소 자체의 오차로써 $e_{ij} \sim N(0, \sigma_e^2)$을 가정할수 있다. 만약 집락 i와 관련하여 어떤 집락 단위 보조 변수 z_i 가 있는 경우 다음과 같은 모형을 세울수 있을 것이다.

$$a_i \mid z_i \sim N(\alpha_0 + \alpha_1 z_i, \sigma_a^2). \tag{14.31}$$

여기서 $\alpha_0, \alpha_1, \sigma_a^2$은 집락 단위 모형 (14.31)을 특징짓는 모수이다. 모형 (14.30)은 a_i를 주어진 것으로 간주한 조건부 모형으로써 제 1층 모형이고 모형 (14.31)은 제 2층 모형이 된다. 위의 두 모형이 이층 모형(two-level model)을 이루고 있으며 이 경우 모수 추정이 가능하기 위해서는 $\beta_0 = 0$이라 가정한다. 위의 두 모형은 모집단 자료에 대한 모형이고 이 모형이 샘플에서 성립한다는 보장은 없다.

이러한 집락 자료에서 w_{ij}를 원소 (ij)에 부여된 가중치라고 하자. 제 1층 모형의 모수는 $\theta_1 = (\beta_1, \sigma_e^2)$이고 제 2층 모형의 모수는 $\theta_2 = (\alpha_0, \alpha_1, \sigma_a^2)$이다. 먼저 θ_1 추정을 위해서 a_i를 고정된 값으로 간주한 다음의 스코어 식을 고려하자.

$$\begin{aligned}
\sum_{(ij)\in A} w_{ij}\{y_{ij} - a_i - \beta_1 x_{ij}\} x_{ij} &= 0 \\
\sum_{(ij)\in A} w_{ij}\{y_{ij} - a_i - \beta_1 x_{ij}\} &= 0 \\
\sum_{(ij)\in A} w_{ij}\left\{(y_{ij} - a_i - \beta_1 x_{ij})^2 - \sigma_e^2\right\} &= 0.
\end{aligned}$$

이때

$$\hat{a}_i(\theta_1) = \frac{\sum_{(ij)\in A} w_{ij}\,(y_{ij} - \beta_1 x_{ij})}{\sum_{(ij)\in A} w_{ij}}$$

으로 정의하면 $\hat{a}_i(\theta_1)$은 위의 식을 만족한다. 모형 (14.30)에 의하면 $\hat{a}_i(\theta_1) = a_i + \bar{e}_i$이 성립하고 $\bar{e}_i = (\sum_{(ij)\in A} w_{ij})^{-1}(\sum_{(ij)\in A} w_{ij} e_{ij})$이므로 근사적으로

$$\hat{a}_i(\theta_1) \mid a_i \sim N(a_i, \hat{V}(\hat{a}_i)) \tag{14.32}$$

을 가정할수 있는데 이때 $\hat{V}(\hat{a}_i)$은 θ_1이 주어졌을 때의 $\hat{a}_i(\theta_1)$의 분산 추정량이다.

따라서 (14.32)를 (14.31)과 결합하면 $\hat{a}_i$의 주변 분포가 얻어진다. 즉 $\hat{a}_i$를 종속변수로 하고 z_i를 설명변수로 하는 집락 단위 회귀 모형을 만들수 있으므로 가중치를 사용하여 집락 단위 회귀 모형의 모수를 추정하면 된다. 만약 EM 알고리즘을 사용하여 모수를 추정하고자 하는 경우에는 두 모형으로부터

$$a_i \mid \hat{a}_i(\theta_1) \sim N[c_i\hat{a}_i(\theta_1) + (1 - c_i)E(a_i \mid z_i; \theta_2), c_i\hat{V}_i(\beta)] \tag{14.33}$$

의 예측 모형을 얻어낼수 있는데 이때 $c_i = \sigma_a^2/\{\hat{V}_i(\theta_1) + \sigma_a^2\}$과 $\hat{V}_i(\theta_1) = \hat{V}(\hat{a}_i)$을 나타낸다. 따라서 (14.33)의 예측모형을 이용하면 θ_1에 대한 EM 알고리즘을 다음과 같이 구현할수 있다.

$$\begin{aligned} \sum_{(ij)\in A} w_{ij}\left\{y_{ij} - \hat{a}_i^{(t)} - \beta_1 x_{ij}\right\}(1, x_{ij}) &= (0, 0) \\ \sum_{(ij)\in A} w_{ij}\left\{\left(y_{ij} - \hat{a}_i^{(t)} - \beta_0 - \beta_1 x_{ij}\right)^2 + c_i^{(t)}\hat{V}_i(\theta_1^{(t)}) - \sigma_e^2\right\} &= 0. \end{aligned}$$

where $\hat{a}_i^{(t)} = \{c_i^{(t)}\hat{a}_i(\theta_1^{(t)}) + (1 - c_i^{(t)})E(a_i \mid z_i; \theta_2^{(t)})\}$ and $c_i^{(t)} = \sigma_a^{2(t)}/\{\hat{V}_i(\theta^{(t)}) + \sigma_a^{2(t)}\}$. 또한 θ_2에 대한 EM 알고리즘은 다음과 같다.

$$\sum_{i\in A_I}\{\hat{a}_i^{(t)} - \alpha_0 - \alpha_1 z_i\}(1, z_i) = (0, 0) \tag{14.34}$$

$$\sum_{i\in A_I}\left[\{\hat{a}_i^{(t)} - \alpha_0 - \alpha_1 z_i\}^2 + c_i^{(t)}\hat{V}_i(\beta^{(t)}) - \sigma_a^2\right] = 0, \tag{14.35}$$

이때 A_I는 표본에 포함된 집락의 집합을 나타낸다. 표본 조사 자료에서 다층모형의 모수 추정에 대한 보다 자세한 내용은 Kim et al. (2017)을 참고할수 있다.

참고문헌

Anderson, R. L. (1957). Maximum likelihood estimates for the multivariate normal distribution when some observations are missing. *Journal of the American Statistical Association 52*, 200–203.

Ballin, M. and G. Barcaroli (2014). Joint determination of optimal stratification and sample allocation using genetic algorithm. *Survey Methodology 39*, 369–393.

Bankier, M. D. (1988). Power allocations: determining sample sizes for subnational areas. *The American Statistician 42*, 174–177.

Basu, D. (1971). An essay on the logical foundations of survey sampling, part 1. In *Foundations of Statistical Inference, edited by V.P. Godambe and D.A. Sprott*, pp. 203–242. Holt, Reinhart and Winston.

Battese, G. E., R. M. Harter, and W. A. Fuller (1988). An error components model for prediction of county crop areas using survey and satellite data. *Journal of the American Statistical Association 83*, 28–36.

Berg, E., J. K. Kim, and C. J. Skinner (2016). Imputation under informative sampling. *Journal of the Survey Statistics and Methodology 4*, 436–462.

Bethel, J. (1989). Sample allocation in multivariate surveys. *Survey Methodology 15*, 47–57.

Brewer, K. R. W. (1963). A method of systematic sampling with unequal probabilities. *Australian journal of Statistics 5*, 93–105.

Chao, M. T. (1982). A general purpose unequal probability sampling plan. *Biometrika 69*, 653–656.

Dalenius, T. and J. L. J. Hodges (1959). Minimum variance stratification. *Journal of the American Statistical Association 54*, 88–101.

Day, C. D. (2010). A multi-objective evolutionary algorithm for multivariate optimal allocation. In *2010 Proceedings of the Survey Research Methods section*, pp. 3351–3358. American Statistical Association.

Deville, J. C. and C. E. Särndal (1992). Calibration estimators in survey sampling. *Journal of the American Statistical Association 87*, 376–382.

Deville, J. C., C. E. Särnndal, and O. Sautory (1993). Generalized raking procedures in survey sampling. *Journal of the American Statistical Association 88*, 1013–1020.

Deville, J. C. and Y. Tillé (2004). Efficient balanced sampling: The cube method. *Biometrika 91*, 893–912.

DuMouchel, W. H. and G. J. Duncan (1983). Using sample survey weights in multiple regression analysis of stratified samples. *Journal of the American Statistical Association 78*, 535–543.

Durbin, J. (1967). Design of multi-stage surveys for the estimation of sampling errors. *Applied Statistics 16*, 152–164.

Efron, B. (1979). Bootstrap methods: another look at the jackknife. *Annals of Statistics 7*, 1–26.

Fay, R. E. and R. A. Herriot (1979). Estimates of income for small places. an application of James-Stein procedures to census data. *Journal of the American Statistical Association 74*, 269–277.

Firth, D. and K. E. Bennett (1998). Robust models in probability sampling. *Journal of the Royal Statistical Society, Series B 60*, 3–21.

Fuller, W. A. (1990). Analysis of repeated surveys. *Survey Methodology 16*, 167–180.

Fuller, W. A. (2002). Regression estimation for sample surveys. *Survey Methodology 28*, 5–23.

Fuller, W. A. (2009). *Sampling Statistics.* Wiley.

Fuller, W. A. and J. K. Kim (2005). Hot deck imputation for the response model. *Survey Methodology 31*, 139–149.

Fuller, W. A., M. M. Loughin, and H. D. Baker (1994). Regression weighting in the presence of nonresponse with application to the 1987-1988 nationwide food consumption survey. *Survey Methodology 20*, 75–85.

Godambe, V. P. and V. M. Joshi (1965). Admissibility and bayes estimation in sampling finite populations, 1. *Annals of Mathematical Statistics 36*, 1707–1722.

Godfrey, J., A. Roshwalb, and R. L. Wright (1984). Model-based stratification in inventory cost estimation. *Journal of Business and Economic Statistics 2*, 1–9.

Groves, R. M., F. J. F. Jr., M. P. Couper, J. M. Lepkowski, E. Singer, and R. Tourangeau (2009). *Survey Methodology* (2nd ed.). Wiley.

Hansen, M. H. and W. N. Hurwitz (1943). On the theory of sampling from finite populations. *The Annals of Mathematical Statistics 14*, 333–362.

Hansen, M. H., W. N. Hurwitz, and W. G. Madow (1953). *Sample Survey Methods and Theory: Volume 1. Methods and Applications.* John Wiley & Sons, Inc.

Horvitz, D. G. and D. J. Thompson (1952). A generalization of sampling without replacement from a finite universe. *Journal of the American Statistical Association 42*, 663–685.

Isaki, C. T. and W. A. Fuller (1982). Survey design under the regression superpopulation model. *Journal of the American Statistical Association 77*, 89–96.

Kackar, R. N. and D. A. Harville (1984). Approximations for standard errors of estimators of fixed and random effects in mixed linear models. *Journal of the American Statistical Association 79*, 853–862.

Kalton, G. and L. Kish (1984). Some efficient random imputation methods. *Communications in Statistics A 13*, 1919–1939.

Kim, J. K. (2011). Parametric fractional imputation for missing data analysis. *Biometrika 98*, 119–132.

Kim, J. K., E. Berg, and T. Park (2016). Statistical matching using fractional imputation. *Survey Methodology 42*, 19–40.

Kim, J. K. and W. A. Fuller (2004). Fractional hot deck imputation. *Biometrika 91*, 559–578.

Kim, J. K. and J. J. Kim (2007). Nonresponse weighting adjustment using estimated response probability. *Canadian Journal of Statistics 35*, 501–514.

Kim, J. K., A. Navarro, and W. A. Fuller (2006). Replication variance estimation for two-phase stratified sampling. *Journal of the American Statistical Association 101*, 312–320.

Kim, J. K. and M. Park (2010). Calibration estimation in survey sampling. *International Statistical Review 78*, 21–39.

Kim, J. K., S. Park, and Y. Lee (2017). Statistical inference using generalized linear mixed models under informative cluster sampling. *Canadian Journal of Statistics 45*, 479–497.

Kim, J. K. and J. N. K. Rao (2009). Unified approach to linearization variance estimation from survey data after imputation for item nonresponse. *Biometrika 96*, 917–932.

Kim, J. K. and J. N. K. Rao (2012). Combining data from two independent surveys: a model-assisted approach. *Biometrika 99*, 85–100.

Kim, J. K. and J. Shao (2013). *Statistical Methods for Handling Incomplete Data.* Chapman & Hall/CRC.

Kim, J. K. and C. J. Skinner (2013). Weighting in survey analysis under informative sampling. *Biometrika 100*, 358–398.

Kott, P. S. (1985). A note on model-based stratification. *Journal of Business and Economic Statistics 3*, 284–286.

Krewski, D. and J. N. K. Rao (1981). Inference from stratified samples: properties of the linearization, jackknife and balanced repeated replication methods. *Annals of Statistics 9*, 1010–1019.

Kruskal, W. and F. Mosteller (1979). Representative sampling. I. non-scientific literature. *International Statistical Review 47*, 13–24.

Little, R. J. A. (1995). Modeling the drop-out mechanism in longitudinal studies. *Journal of the American Statistical Association 90*, 1112–1121.

Matloff, N. S. (1981). Use of regression functions for improved estimation of means. *Biometrika 68*, 685–689.

McLeod, A. I. and D. R. Bellhouse (1983). A convenient algorithm for drawing a simple random sample. *Applied Statistics 32*, 182–184.

Montanari, G. E. (1987). Post-sampling efficient qr-prediction in large-scale surveys. *International Statistical Review 55*, 191–202.

Nedyalkova, D. and Y. Tillé (2008). Optimal sampling and estimation strategy under the linear model. *Biometrika 95*, 521–537.

Neyman, J. (1934). On the two different aspects of the representative method: The method of stratified sampling and the method of purposive selection. *Journal of the Royal Statistical Society 97*, 558–625.

Park, S., J. K. Kim, and D. Stukel (2017). A measurement error model for survey data integration: combining information from two surveys. *Metron 75*, 345–357.

Prasad, N. G. N. and J. N. K. Rao (1990). The estimation of the mean squared error of the small area estimation. *Journal of the American Statistical Association 85*, 163–171.

Quenouille, M. H. (1956). Notes on bias in estimation. *Biometrika 43*, 353–360.

Raj, D. (1966). Some remarks on a simple procedure of sampling without replacement. *Journal of the American Statistical Association 61*, 558–625.

Rao, J. N. K. (1994). Estimating totals and distribution functions using auxiliary information at the estimation stage. *Journal of Official Statistics 10*, 153–165.

Rao, J. N. K. and I. Molina (2015). *Small Area Estimation, 2nd edition.* Wiley.

Rao, J. N. K. and R. R. Sitter (1995). Variance estimation under two-phase sampling with application to imputation for missing data. *Biometrika 82*, 453–460.

Rao, J. N. K. and C. F. J. Wu (1988). Resampling inference with complex survey data. *Journal of the American Statistical Association 83*, 231–241.

Royall, R. M. and W. G. Cumberland (1981). The finite-population linear regression estimator and estimators of its variance—an empirical study. *Journal of the American Statistical Association 76*, 924–930.

Rubin, D. B. (1976). Inference and missing data. *Biometrika 63*(3), 581–592.

Rubin, D. B. (1987). *Multiple Imputation for Nonresponse in Surveys.* New York: Wiley.

Särndal, C. E., B. Swensson, and J. H. Wretman (1989). The weighted residual technique for estimating the variance of the generalized regression estimator of the finite population total. *Biometrika 76*, 527–537.

Särndal, C. E., B. Swensson, and J. H. Wretman (1992). *Model Assisted Survey Sampling.* New York: Springer-Verlag.

Sen, A. (1953). On the estimate of the variance in sampling with varying probabilities. *Journal of the Indian Society of Agricultural Statistics 5*, 119–127.

Shao, J. and D. Tu (1995). *The Jackknife and Bootstrap.* New York: Springer-Verlag.

Statistics Canada (2003). *Survey Methods and Practices.* Available at "http://www.statcan.gc.ca/pub/12-587-x/12-587-x2003001-eng.pdf".

Stokes, L. and J. Plummer (2004). Using spreadsheet solvers in sample design. *Computational Statistics and Data Analysis 44*, 527–546.

Sugden, R. A. and T. M. F. Smith (1984). Ignorable and informative designs in survey sampling inference. *Biometrika 71*, 495–506.

Tillé, Y. (2006). *Sampling Algorithms.* New York: Springer-Verlag.

Tukey, J. W. (1958). Bias and confidence in not quite large samples. *The Annals of Mathematical Statistics 29*, 614–623.

Wolter, K. M. (1984). An investigation of some estimators of variance for systematic sampling. *Journal of the American Statistical Association 79*, 781–790.

Wolter, K. M. (2007). *Introduction to Variance Estimation* (2 ed.). New York: Springer-Verlag.

Yang, S. and J. K. Kim (2016a). Fractional imputation in survey sampling: A comparative review. *Statistical Science 31*, 415–432.

Yang, S. and J. K. Kim (2016b). A note on multiple imputation for method of moments estimation. *Biometrika 103*, 244–251.

Yates, F. and P. Grundy (1953). Selection without replacement from within strata with probabilities proportion to size. *Journal of the Royal Statistical Society, Series B 15*, 235–261.

찾아보기

저자 소개

김재광

서울대학교 계산통계학과 졸업

미국 Iowa 주립대학교 통계학 박사(표본론 전공)

미국 Census Bureau 및 Westat 근무

자문 경력: 통계청, 미국 Census Bureau, 노동부, 국민연금 연구원, 노동 연구원, 보건 사회 연구원 등 다수

현) KAIST 수리과학과 교수 및 미국 Iowa 주립대학교 통계학과 교수

표본조사론 - 제2판 -

저 자 김재광

발 행 인 주정희

발 행 처 자유아카데미

주 소 경기도 파주시 회동길 37-42 파주출판도시

전 화 031-955-1321

팩 스 031-955-1322

홈페이지 www.freeaca.com

전자우편 main@freeaca.com (대표)
editor@freeaca.com (편집)
crm@freeaca.com (영업)

등 록 제406-2003-017호, 1980. 7. 12

제2판1쇄 2017년 12월 15일 발행

정 가 20,000원

저자와의 협의하에 인지생략

ISBN 979-11-5808-156-0 93310